EL
LICENCIADO

EL LICENCIADO

García Luna, Calderón y el narco

J. Jesús Lemus

Para BORIS, *materia de esto que soy.*
Porque sin su ayuda, sus ojos
y cariño, que me sostienen,
no habría sido posible esta investigación.

Para MARTHA ALICIA, *por toda*
su paciencia y cariño irrenunciable
que no han dejado de ser luz y faro
en este andar. Porque sus amorosos cuidados me
sostuvieron en la prisión de Puente Grande.

A todos los policías y militares honestos
que con su vida pagaron la perversa traición hecha
desde el poder.

Índice

Agradecimientos

Mi gratitud por siempre a mis editores Édgar Krauss, Daniel Mesino y José Antonio García, por su paciencia, diligencia y consejos para hacer posible y entendible este texto.

A los periodistas Laura Islas, Saíd Hernández, José Luis Portilla, Luis Cardona, Ere Mendoza, Omar Bello, Gildo Garza, Demis Santana, Édgar Morín, Luis Carlos Sainz, María Teresa Sarabia, Francisco Sarabia, Julio Ramírez, María Lupe Jaramillo, Marco Aviña, Roberto Arellano, Margarita Rodríguez y Erick Almanza, por sus consejos y amistad que fueron un baluarte a lo largo de esta investigación.

A Rolando Flores, Mayra Labastida, Noemí Flores, América Pelcastre, Johnatan Landeros y Félix Ochoa, que sin saberlo contribuyeron con sus ideas y apoyo en este trabajo.

A los informantes secretos, agentes y ex agentes del Cisen, de la Sedena, Policía Federal, FGR y de la Marina, que pese al riesgo de su integridad optaron por aportar su verdad, en aras de clarificar la historia.

Prólogo

EL SOL YA SE HABÍA OCULTADO. El aire fresco de mediados de septiembre comenzaba a soplar sobre las casas de la colonia Las Quintas. Un convoy, rechinando a toda velocidad, desperezó la mansa calma de esa tarde de Culiacán. El primero en descender de una camioneta fue Sergio Enrique Villarreal Barragán, alias el Grande, jefe de escoltas de Arturo Beltrán Leyva, el Barbas. Después, rodeado de media docena de hombres armados, el Barbas se apeó.

Era 2006. La alianza entre los cárteles de Sinaloa y de los hermanos Beltrán Leyva vivía sus mejores momentos. Ninguna de las cúpulas de estas dos organizaciones criminales hacía movimientos de importancia sin antes consultarlos con la otra parte. Esa era la fórmula que hasta ese momento les había dado la posibilidad de mantener la preponderancia en el tráfico de drogas. Era la base que había permitido que La Gerencia —como se conocía a la alianza

de estos dos cárteles— fuera la organización criminal más importante de México.

El Barbas —según contó en prisión Sergio Enrique Villarreal—,
viendo a todos lados, cruzó de prisa la calle. No hubo necesidad de
tocar. La puerta de la casa donde sería la reunión estaba abierta. Dentro, como si fuera el cliché de una película de narcos que tanto gustan
a Hollywood, Ismael Zambada García, el Mayo, esperaba sentado sobre un mullido sofá de piel, rodeado por tres de sus escoltas. Una sonrisa, un apretón de manos y la entrega de una botella de Buchanan's
y un vaso para que se sirviera fue el saludo con que recibió al Barbas.

La reunión entre ambos había sido convocada por Ismael Zambada. El objetivo, que hizo desplazar a Arturo Beltrán Leyva desde Cuernavaca hasta Culiacán en un vuelo en avioneta de más de
tres horas, era establecer el acuerdo y las formas en que La Gerencia
impulsaría la postulación de Genaro García Luna para ser el nuevo
secretario de Seguridad Pública en la administración del presidente
Felipe Calderón, que estaba por comenzar.

Genaro García Luna, el Licenciado, como se le llamaba dentro
de los cárteles de Sinaloa y de los Beltrán Leyva, era un viejo conocido del Barbas y del Mayo. Desde que fue coordinador general de
Inteligencia de la Policía Federal Preventiva, en el inicio del gobierno
del presidente Vicente Fox, García Luna había prestado ya algunos
servicios a La Gerencia. El más importante había sido facilitar la fuga
de Joaquín Guzmán Loera, el Chapo, de la prisión federal de Puente
Grande, en Jalisco.

El Barbas se acomodó frente a Zambada. Transcurrieron unos
minutos antes de que comenzara el diálogo. En la antesala de cualquier negociación de importancia, era costumbre de Arturo Beltrán,
casi una especie de mantra o superstición, primero beber unos tragos
en silencio. El Barbas paladeó el *whisky* con hielo, que miró abstraí-
do en el fondo del vaso que sostenía entre las manos. Con la mirada
—contó el Grande—, el Barbas ordenó a sus hombres que lo dejaran
solo. Únicamente, como también era su costumbre, le pidió a su jefe

de escoltas permanecer en la sala. Ismael Zambada hizo lo propio. Sólo se quedó su jefe de seguridad, Manuel Tafolla, el Meño.

De los cuatro, nada más los dos principales tenían derecho a la palabra. "Los escoltas éramos de palo; sólo estábamos para servir de meseros y confidentes", referiría el Grande años después, hacia finales del 2010, dentro de las mazmorras de la cárcel de Puente Grande, donde deleitaba a la concurrencia de presos que escuchábamos desde nuestras celdas sus historias nutridas de detalles, y donde desgranó la historia —entre otras— de cómo operó La Gerencia para colocar a García Luna como secretario de Seguridad Pública.

Tras terminar su primer vaso de *whisky*, el Barbas centró su atención en su interlocutor. No hubo necesidad de antecedentes, ya habían sido hablados por teléfono. Fue directo al grano. Le preguntó a Ismael Zambada cuál sería la estrategia para influir en el entonces presidente electo Felipe Calderón, a fin de que se decidiera por el Licenciado para dejarlo al frente de la seguridad pública del país, tal como convenía a La Gerencia. Ismael sonrió y le contestó:

—El dinero.

El soborno era un camino que ya tenía bien andado el jefe conjunto del Cártel de Sinaloa. Y el antecedente con García Luna ya lo había establecido Jesús Zambada García, alias el Rey, hermano del Mayo, quien por instrucciones de este había contactado al Licenciado para pagar varios millones de dólares a cambio de posibilitar la primera fuga de Joaquín Guzmán Loera.

El Barbas también sabía de la proclividad de Genaro García Luna al soborno. Él mismo había hecho llegar algunos pagos al Licenciado, con la ayuda del abogado Óscar Paredes, para obtener información sobre las averiguaciones previas que se emitían desde la entonces Procuraduría General de la República y que involucraban a miembros de su cártel.

Sin embargo, ahora no se trataba de sobornar a García Luna, sino al propio presidente de la República, para que accediera a las ambiciosas intenciones de La Gerencia de tener un secretario de Seguridad

Pública a modo. El Barbas y el Mayo estaban tocando a la puerta de la historia, intentando llegar hasta donde ningún otro narcotraficante en México había podido: corromper el poder presidencial.

—¿Y cómo vamos hacer para llegar hasta el presidente? —inquirió el Barbas, consciente de que el dinero necesario para la encomienda era lo de menos.

El Mayo no borraba la sonrisa de su rostro. Se dio tiempo de servirse otro trago antes de contestar.

—Allí está la respuesta —dijo, mirando fijamente a Sergio Enrique Villarreal, que permanecía sentado en una esquina de la sala y que fue sorprendido mientras encendía un cigarro Marlboro.

El Barbas volteó a ver a su jefe de escoltas y también se le iluminó el rostro. Eso le daba confianza. Si de algo presumía Arturo Beltrán, era de su desconfianza. En todos los acuerdos que estableció con el Cártel de Sinaloa siempre buscó mantener el control de las operaciones, y para ello invariablemente exigía la intervención del hombre en quien depositaba toda su escasa confianza, incluso su misma vida. Por eso se sintió tranquilo ante aquella posibilidad.

—Él nos va acercar con el presidente Calderón —sentenció el Mayo—. En nuestro amigo va a recaer la responsabilidad para que el Licenciado sea el secretario de Seguridad Pública, cueste lo que cueste.

A la luz de los años que pasaron desde aquel momento, el Grande comentaría dentro de la cárcel de Puente Grande que en un principio se sintió desconcertado por la encomienda. "Ni puta idea tenía cómo era que 'El Mayo' quería que yo me acercara al presidente de la República, para llevarlo a designar a uno de los miembros más importantes del gabinete". Luego todo cobró sentido. El Mayo siempre ha sido de pocas palabras, pero de ideas concretas.

Con la atención del Barbas y del Grande puesta en él, el Mayo expuso su plan. Fue directo. Les explicó que el círculo del presidente Calderón era reducido, pero que quienes estaban dentro de él ejercían un alto grado de influencia sobre sus decisiones políticas. Después mencionó a uno de los hombres más cercanos a Felipe Calderón: Guillermo Anaya Llamas.

"Cuando 'El Mayo' mencionó el nombre de mi pariente", narraría en prisión Sergio Villarreal, "todo tuvo sentido; Guillermo Anaya era cuñado de mi hermano Adolfo [Hernán]. Desde que él fue presidente municipal de Torreón trabamos buena amistad, por eso nos decíamos parientes". Fue entonces cuando el Grande se dio cuenta de que la encomienda de llegar al presidente de México sería algo menos que fácil, con toda la posibilidad de éxito.

Ni Arturo Beltrán ni mucho menos Sergio Villarreal pusieron objeción a la propuesta del Mayo. Menos aún cuando Ismael Zambada dijo que no escatimarían en dinero y que el Grande contaba con todo el apoyo de recursos y logística para abocarse a esa tarea. Sugirió que el contacto con el presidente Calderón se diera a la mayor brevedad.

La reunión de Culiacán entre Arturo Beltrán e Ismael Zambada, de la cual Sergio Enrique Villarreal salió con la mayor encomienda criminal que hubiera recibido hasta entonces, no duró más de media hora. Como colofón del encuentro, el Barbas sirvió un vaso de *whisky* y lo llevó hasta la esquina donde estaba el Grande. Se lo entregó en la mano. Los tres brindaron por el éxito del proyecto y la segura posibilidad de llevar a García Luna a la Secretaría de Seguridad Pública.

La despedida fue efusiva, relató el Grande. Arturo Beltrán e Ismael Zambada se abrazaron. Se desearon suerte. En un acto que el Grande nunca había visto en la parca personalidad de Ismael Zambada, este lo abrazó también. Le encargó resultados lo más antes posible y signó su confianza con dos manotazos suaves que le dio a Sergio Villarreal sobre el cachete izquierdo.

Con la misma fiereza con que había llegado, el convoy de Arturo Beltrán se retiró de la casa de seguridad del Mayo, en la colonia Las Quintas. Enfiló hacia el aeropuerto de Culiacán. No hubo diálogos dentro de la camioneta en la que viajaban el Grande y su patrón. Todo estaba dicho. Desde ese momento, ayudar a Genaro García Luna a

escalar en su carrera política fue la prioridad de Sergio Enrique Villarreal Barragán, como emisario de los cárteles de los hermanos Beltrán
Leyva y de Sinaloa.

Esa misma noche, el Grande planeó el acercamiento formal con
Felipe Calderón. Mientras el convoy circulaba a gran velocidad sobre el bulevar Emiliano Zapata, con dirección al aeropuerto de Culiacán, el Grande llamó a su pariente Guillermo Anaya, que entonces ya
era senador de la República por el PAN. Le dijo que necesitaba reunirse con el presidente Calderón. La llamada no pudo ser más oportuna: Guillermo Anaya y su esposa, María Teresa Aguirre Gaytán,
estaban organizando la fiesta de bautizo de su hija, cuyos padrinos
serían Felipe Calderón y Margarita Zavala.

El evento tendría lugar en menos de diez días, el 25 de septiembre, en la parroquia de la Encarnación, en la ciudad de Torreón. En
esa llamada, Guillermo Anaya invitó al Grande a la recepción que se
ofrecería después del acto sacramental. Ahí tendría la posibilidad de
hablar con el entonces presidente electo Felipe Calderón y con ello
cambiar la historia de la relación del narco con el gobierno federal.

Sergio Villarreal relataría más adelante que, tras la llamada con
su pariente, no pudo menos que sentir una gran satisfacción. Apenas
cortó la comunicación, con la certeza de que nunca había fallado en
ninguna de sus encomiendas, buscó la mirada de Arturo Beltrán para
hacerlo partícipe de su logro.

—Ya estuvo, jefe —le dijo para su propia tranquilidad—. Voy a ver
al presidente, en unos días. Ya puede dar por un hecho que el Licenciado será nuestro secretario de Seguridad Pública.

El Barbas se limitó a sonreír. La rueda de la historia había comen-
zado a rodar.

ANTES DE QUE GENARO GARCÍA LUNA fuera
detenido en diciembre de 2019 por el gobierno de Estados Unidos,
las historias en torno a la colusión del gobierno federal de México

con los cárteles de las drogas para permitir el libre trasiego se consideraban mitos e incluso conspiraciones. Ni la detención ni el encarcelamiento de cinco gobernadores vinculados al narcotráfico, ni el procesamiento de otros 12 en los últimos siete años, daban la certeza de que existiera una federación que agrupaba a los señores de las drogas: una hipótesis que plantearon, a costa de su integridad física, algunos periodistas.

Sin embargo, la captura de García Luna, el otrora poderoso subdirector del Centro de Investigación y Seguridad Nacional (Cisen) en el gobierno de Vicente Fox Quesada, y titular de la Secretaría de Seguridad Pública (SSP) en el de Felipe Calderón Hinojosa, habla de otra realidad: una verdad que, aunque ya se sospechaba, es difícil de entender por su crueldad. Su detención corrió el telón del teatro político de lo absurdo: dejó al descubierto el surrealismo mexicano, propio de una novela negra donde el culpable del asesinato es el mayordomo, la figura apacible y silenciosa que se mueve en el escenario del crimen sin ninguna sospecha, porque es el encargado de cuidar la casa.

El señalamiento formal del gobierno estadounidense, fincado en la declaración del narcotraficante Jesús Zambada García, alias el Rey, revela que el Licenciado —conocido de esa manera García Luna entre diversos jefes de los cárteles de las drogas— recibió entre 2005 y 2007 sobornos por al menos ocho millones de dólares a cambio de permitir la libre operación de los cárteles de Sinaloa y de los hermanos Beltrán Leyva. Esto no sólo sacudió al sistema político mexicano, sino también acrecentó la animadversión hacia la clase gobernante, un sentimiento cada vez más arraigado en la hastiada sociedad mexicana, que dejó de confiar en la clase política.

La duda fundada de los mexicanos acerca del comportamiento privado de sus gobernantes, principalmente por sus nexos con grupos del narcotráfico, no ha sido fortuita. Los casos de procesamiento judicial de los ex gobernadores —Jorge Torres López, de Coahuila; Eugenio Hernández Flores y Tomás Yárrington Ruvalcaba, de Tamaulipas; Jesús Reyna García, de Michoacán, y Mario Villanueva Madrid, de

Quintana Roo—, todos acusados de permitir la operación de cárteles en sus estados durante sus gobiernos, ya apuntaba hacia la insolvencia moral del sistema político. Aun así, todavía se dudaba, en un dejo de esperanza ciega, de la infiltración del narco en las estructuras del gobierno federal.

La sociedad mexicana tampoco terminó por convencerse del grado de infiltración del crimen organizado pese a las sospechas de enriquecimiento ilícito y lavado de dinero que llevaron al encarcelamiento de una larga lista de otros ex gobernadores, señalados de alta corrupción: Roberto Borges Angulo, de Quintana Roo; Javier Duarte de Ochoa y Flavino Ríos Alvarado, de Veracruz; Guillermo Padrés Elías, de Sonora; Andrés Granier Melo, de Tabasco, o de Luis Armando Reynoso Femat, de Aguascalientes. O bien, los procesos penales iniciados contra Roberto Sandoval Castañeda, de Nayarit; César Duarte Jáquez, de Chihuahua; Rodrigo Medina de la Cruz, de Nuevo León; Fidel Herrera Beltrán, de Veracruz; Miguel Alejandro Alonso Reyes, de Zacatecas, o Fausto Vallejo Figueroa, de Michoacán.

Hasta entonces se suponía que el cáncer de la corrupción únicamente había tocado las estructuras de los gobiernos estatales y locales. Al menos así lo referían las detenciones de 16 alcaldes ocurridas durante el sexenio de Enrique Peña Nieto, los cuales fueron encarcelados por la presunción de sus nexos con células del crimen organizado y de los cárteles de las drogas: Érick Ulises Ramírez Crespo y César Miguel Peñaloza Santana, de Cocula, Guerrero; Juan Mendoza Acosta, de San Miguel Totolapan, Guerrero; José Luis Abarca, de Iguala, Guerrero; Salma Karrum Cervantes, de Pátzcuaro (muerta en prisión), Michoacán; Dalia Santana Pineda, de Huetamo, Michoacán; Arquímides Oseguera, de Lázaro Cárdenas, Michoacán; Jesús Cruz Valencia, de Aguililla, Michoacán; Enrique Alonso Plascencia, de Tlaquiltenango, Morelos; Uriel Chávez Mendoza, de Apatzingán, Michoacán; José Luis Madrigal, de Numarán, Michoacán; Juan Hernández Ramírez, de Aquila, Michoacán; Francisco Flores Mezano, de Tancoco, Veracruz; Feliciano Álvarez Mesino, de Cuetzala del Progreso, Guerrero; Ricardo Gallardo Cardona, de Soledad de Graciano Sánchez, San Luis Potosí, y Enoc Díaz Pérez, de Pueblo Nuevo Solistahuacán, Chiapas.

Con todo, quedaba el resquicio de la duda de que la estructura federal del gobierno no hubiese sido tocada por el perverso amo del dinero del crimen organizado. Pero la realidad salió a flote con las declaraciones de los narcotraficantes Alexander Hildebrando Cifuentes Villa, Jesús Zambada García —el Rey— y Vicente Zambada Niebla —el Vicentillo—, quienes deposaron en una corte de Nueva York durante el desahogo del juicio a Joaquín Guzmán Loera, el Chapo (que se llevó a cabo del 13 de noviembre de 2018 al 17 de julio de 2019 y en el cual se le condenó a cadena perpetua más 30 años adicionales). Con esto se confirmó la sospecha.

Durante el juicio del Chapo, los narcotraficantes Alexander Hildebrando Cifuentes Villa, Jesús Zambada García —el Rey— y Vicente Zambada Niebla —el Vicentillo— mencionaron los nombres de los ex presidentes Enrique Peña Nieto y Felipe Calderón Hinojosa; del ex secretario de Seguridad Pública, García Luna; del ex subsecretario de Seguridad Pública de la Ciudad de México, Gabriel Regino García; de un alto mando militar señalado como "un general de la nación"; y de los generales Roberto Miranda y Humberto Eduardo Antimo Miranda, así como el coronel Marco Antonio León Adams.

A los siete ex funcionarios mencionados por los narcotraficantes testigos en el juicio del Chapo, de los que cinco eran del máximo rango gubernamental en el país, se les acusó —como se señala enseguida—, por parte de Alexander Hildebrando Cifuentes Villa, Jesús Zambada García y Vicente Zambada Niebla, de recibir millones de dólares para hacerse de la "vista gorda" ante las operaciones de los cárteles encabezados por Joaquín Guzmán Loera —el Chapo— y Alfredo Beltrán Leyva —el Mochomo—; del penalista Gabriel Regino, un hombre muy cercano al actual presidente Andrés Manuel López Obrador, se dijo —por parte de Jesús Zambada García, el Rey— que fue sobornado "con algunos millones de dólares" con el fin de permitir el libre trasiego de drogas en la Ciudad de México; del "general de la nación", cuyo nombre no fue señalado durante el juicio, se dijo que era atendido con fiestas particulares por la emisaria del Cártel de Sinaloa, Andrea Vélez Fernández, quien por instrucción del Chapo le ofreció 10 millones de dólares, versión que sostuvo el narcotraficante colombiano Alexander Hildebrando Cifuentes Villa.

Cifuentes Villa, que trabajó para el Chapo entre 2007 y 2013, también manifestó en el juicio que Peña Nieto, en su calidad de recién nombrado presidente electo en 2012, habría recibido al menos 100 millones de dólares de parte del Chapo en una negociación en la que pretendía un cobro de 250 millones de dólares. A cambio, agregó el colombiano, ofreció omitir durante su administración cualquier captura del capo sinaloense.

La versión de la entrega de millones de dólares al entonces presidente Calderón Hinojosa por parte del Cártel de Sinaloa se sostuvo en los alegatos de defensa del abogado Jeffrey Lichtman, quien —tal vez en una estrategia legal— responsabilizó del hecho al narcotraficante Ismael Zambada García, el Mayo, a quien señaló como el verdadero jefe del cártel. El abogado argumentó, además, que el monto de sobornos que habría dado el Mayo a Calderón Hinojosa puso a disposición del cártel a toda la estructura policial y militar, a tal grado que —según Lichtman—: " 'El Mayo' puede lograr que la gente sea arrestada y que el ejército y la policía de México maten a quien él quiera".

Por su parte, en el testimonio del Vicentillo se consignó que el Cártel de Sinaloa llegó a tener contacto y comunicación con el general Roberto Miranda, jefe del Estado Mayor Presidencial en el sexenio de Ernesto Zedillo Ponce de León. El contacto habría ocurrido en 1997, derivado del temor del Mayo ante la instrucción oficial de congelar por lo menos cinco de las empresas operadas por su familia, las cuales ya investigaba por lavado de dinero la Oficina de Control de Bienes de Extranjeros (OFAC, por sus siglas en inglés) del Departamento del Tesoro de Estados Unidos.

A pesar del señalamiento del gobierno estadounidense, las empresas de la familia Zambada se volvieron intocables para el gobierno de Zedillo Ponce de León, protección que se extendió hasta el sexenio de Fox Quesada gracias a la presunta intervención del general Miranda. No fue sino hasta 2007, ya en el gobierno de Calderón Hinojosa, cuando el Departamento del Tesoro* boletinó oficialmente las siguientes empresas asociadas al imperio de Zambada García: Multiservicios Jeviz, S.A. de C.V.; Gasolinera Rosario, S.A.; Nueva Industria de Ganaderos de Culiacán, S.A. de C.V. (Lechería Santa Mónica); Establo Puerto Rico, S.A. de C.V., y Jamaro Constructores, S.A. de C.V.

El Vicentillo, además, puso al descubierto una reunión con el general Humberto Eduardo Antimo Miranda, efectuada en 2007 en la Ciudad de México, cuya finalidad era que el entonces oficial mayor de la Secretaría de la Defensa Nacional (Sedena) brindara información de inteligencia sobre los movimientos de las organizaciones enemigas del Cártel de Sinaloa. Se trataba de las actividades de los cárteles de Los Zetas, de los hermanos Arellano Félix y de los hermanos Beltrán Leyva, quienes buscaban asesinar a Guzmán Loera y Zambada García. A cambio de la información filtrada, se acordó un pago mensual de 50 mil dólares. Un año después del encuentro, el general Antimo Miranda se jubiló y dejó el cargo.

De acuerdo con el Vicentillo, en la lista de funcionarios de la Sedena que recibían pagos por parte del Cártel de Sinaloa también estaba el coronel Marco Antonio León Adams, aunque no se precisó el monto. Sin embargo, sí se estableció que el también jefe de Escoltas del presidente Fox Quesada se reunió de manera frecuente con el Mayo entre los años 2001 y 2006, con el objetivo de filtrarle información sobre la Estrategia Nacional de Seguridad. Esta fue fundamental para que el Chapo se mantuviera a salvo de una recaptura tras fugarse, en enero de 2001, del penal federal de Puente Grande.

Como ya se mencionó, durante el juicio del Chapo, hasta ahora la mayor ventana para asomarse a esa corrupción que se creía inexistente en las estructuras del gobierno federal, por lo menos en relación con el narcotráfico, también surgió el nombre de Genaro García Luna. Según la testimonial del Rey, el ex secretario de Seguridad Pública recibió pagos millonarios, por lo menos en dos ocasiones, de lo cual fue testigo un abogado de nombre Óscar Paredes; el primero de los sobornos, por un monto de tres millones de dólares, tuvo lugar en 2005, cuando García Luna era aún el coordinador general de la Agencia Federal de Investigación (AFI), perteneciente a la entonces Procuraduría General de la República (PGR), en el sexenio de Fox Quesada; el segundo se registró en diciembre de 2006 por la cantidad de cinco millones de dólares, cuando ya era secretario de Seguridad Pública del gobierno calderonista.

El propósito de ambos pagos era comprar información e impunidad que posibilitaran las acciones de trasiego de drogas del Cártel de Sinaloa hacia Estados Unidos, así como obtener protección para sus jefes. No obstante, a juzgar por el historial, evidentemente esos no fueron los únicos pagos que le hizo el cártel a García Luna. Sólo así se entiende el crecimiento exponencial de la organización sinaloense, el cual se reflejó tanto en el traslado de cocaína hacia Estados Unidos como en el control de las principales rutas del narcotráfico dentro del territorio mexicano durante los dos sexenios en que García Luna tuvo la encomienda oficial de frenar precisamente el narcotráfico.

Fuentes de la Centro Nacional de Inteligencia (CNI) y de la Fiscalía General de la República (FGR) indicaron que, entre 2001 y 2012 —periodo en el que García Luna mantuvo una estrecha relación de colaboración con los emisarios de Guzmán Loera y Zambada García—, el Cártel de Sinaloa pasó de mantener el control del trasiego de drogas en cinco estados del país (Sinaloa, Nayarit, Durango, Sonora y Baja California Sur) a dominar todas las operaciones de narcotráfico y delincuencia organizada en otros 15 (Colima, Michoacán, Jalisco, Baja California, Chihuahua, Puebla, Tlaxcala, Aguascalientes, Guerrero, Morelos, Oaxaca, Estado de México, Ciudad de México, Hidalgo y Querétaro), ya fuera como cártel único, en alianza con grupos criminales locales o con otros cárteles.

Cierto es que la acusación contra García Luna y los otros funcionarios federales podría ser circunstancial, ya que habría sido inducida por los interrogatorios que la defensa de Guzmán Loera, conformada por los abogados William Purpura y Jeffrey Lichtman, realizaron a los testigos de cargo que presentó la fiscalía de Estados Unidos. Es posible que la intención de los interrogatorios no haya sido *per se* develar la corrupción que sacudió las estructuras del sistema político mexicano, ni poner en entredicho la solvencia del Estado mexicano en su tarea de combate a la delincuencia, sino sólo tratar de encuadrar la defensa del jefe del Cártel de Sinaloa dentro de la *teoría general de las circunstancias modificativas de la responsabilidad criminal,* con el fin de lograr una reducción de sentencia.

Es decir, en un afán de diluir la carga de la acusación repartiendo responsabilidades con otros actores, tal vez la defensa quiso demostrar que el Chapo no actuó solo cuando cometió los delitos que se le imputaron, siendo también producto de las circunstancias; asimismo, que su trayectoria delincuencial fue protegida y alentada por la corrupción de algunos funcionarios públicos del gobierno federal mexicano. Sin embargo, todo ello no causó ningún efecto atenuante, ni en los cargos ni en la sentencia que se le dictó a Joaquín Guzmán Loera, el Chapo.

No obstante, la sospecha de corrupción de los mandos mencionados en el llamado Juicio del Siglo, aun cuando en el aparato gubernamental de México no ha pasado del escándalo mediático, sí tuvo efecto legal en Estados Unidos: una fuente del Departamento de Justicia de ese país que opera en México explicó que dicho Departamento movilizó a sus agencias —el Buró Federal de Investigaciones (FBI), la Oficina de Alcohol, Tabaco, Armas de Fuego y Explosivos (ATF) y la Administración para el Control de Drogas (DEA, todas por sus siglas en inglés)— en cuanto emergieron los nombres de Peña Nieto, Calderón Hinojosa, García Luna, Regino García,

Roberto Miranda, Antimo Miranda y León Adams, para dar seguimiento a lo afirmado durante los interrogatorios realizados por Purpura y Lichtman.

Hasta el cierre de este trabajo solamente las indagatorias sobre García Luna han arrojado resultados positivos para el gobierno estadounidense. Si bien los testigos del Cártel de Sinaloa refirieron sobornos por ocho millones de dólares, se detectó que al menos tres cuentas bancarias del Licenciado sumaban fondos por más de 87 millones de dólares y que contaba con propiedades valuadas en poco más de cuatro millones de dólares, nada más en Estados Unidos.

La desproporcionada acumulación de riqueza del ex secretario de Seguridad Pública durante el calderonismo, tasada en 91 millones de dólares —2 mil 14 millones 666 mil 290 pesos al tipo promedio de cambio del dólar frente al peso mexicano, en agosto de 2020—, resulta resulta inverosímil. De acuerdo con las 13 declaraciones patrimoniales que García Luna presentó entre el 30 de mayo de 2002 y el 21 de enero de 2013,* que pueden consultarse en la página *DeclaraNet* de la Secretaría de la Función Pública (SFP) —de las cuales sólo en ocho especificó percepciones por salarios como funcionario público—, obtuvo durante esos años un ingreso total y legal de apenas 18 millones 360 mil 578 pesos, equivalentes a 829 mil 324 dólares.

Los salarios que declaró exclusivamente durante su trayectoria como coordinador de la Policía Federal Preventiva (PFP), subdirector del Cisen y coordinador general de la AFI —porque como secretario de Seguridad Pública nunca quiso hacer públicos sus ingresos ni sus bienes patrimoniales— representan tan sólo el 1.08 por ciento del total de la riqueza detectada por el gobierno estadounidense. Por eso

---

* Esta investigación periodística se basa en una amplio trabajo documental. Los asteriscos indican que existe un documento que puede consultarse. En el Anexo documental se muestra un ejemplo. El autor ofrece la posibilidad de consulta digital de más de 50 reportes, informes y denuncias que se presentan por primera vez en el siguiente enlace: www.ellicenciado.mx

fue sujeto a un proceso formal: aparentemente no hay forma razonable de entender cómo se hizo de más de 90 millones de dólares sin que estos provinieran de los sobornos de que habló el Rey, ex miembro del Cártel de Sinaloa. En ninguna de las 13 declaraciones de García Luna se establecen otros ingresos económicos por actividades industriales, comerciales, financieras o de servicios profesionales, lo cual acrecienta más la duda.

Con esta evidencia en su contra, el gobierno de Estados Unidos fue más allá. No se limitó a investigar el enriquecimiento ilícito de García Luna; a final de cuentas, ese sería un delito extraterritorial del que podría librarse fácilmente al no haber infringido la legislación estadounidense, dado que los hechos de corrupción sucedieron en México. Así que el gobierno estadounidense se dio a la tarea de recabar evidencia para procesar al Licenciado por tráfico de drogas.

De conformidad con la acusación formal CR19-576,* emitida por la Corte Este de Nueva York el 4 de diciembre de 2019, firmada por el fiscal Richard P. Donoghue, a García Luna se le imputan cuatro cargos considerados graves en la legislación estadounidense: el primero señala que, desde enero de 2001 hasta 2019, el acusado conspiró para introducir a Estados Unidos una sustancia controlada que contenía cocaína; el segundo apunta su responsabilidad por conspirar junto con otros para distribuir cinco kilogramos de cocaína dentro del distrito de Nueva York; el tercero hace alusión a su participación, junto con otros, para distribuir en el distrito de Nueva York una sustancia con contenido de cocaína; y el cuarto cargo es sobre la falsedad de declaraciones, en las que presuntamente incurrió el ex secretario al decir a funcionarios aduanales el 1 de junio de 2018 que no tenía en su haber delitos cometidos contra Estados Unidos, ni pensaba conspirar contra el gobierno de ese país, a sabiendas de que sí lo había hecho.

Este procesamiento es histórico, no sólo porque Genaro García Luna es hasta hoy el primer ex funcionario federal mexicano sentado en el banquillo de los acusados de Estados Unidos, sino porque es el de mayor rango de la estructura del gobierno mexicano inculpado de complicidad con el narco. Antes habíamos visto sometidos a la justicia estadounidense a ex gobernadores, como Jorge Juan Torres López, de Coahuila; Mario Villanueva Madrid, de Quintana Roo, así como Eugenio Javier Hernández Flores y Tomás Jesús Yárrington Ruvalcaba, de Tamaulipas, a quienes se les acusó de nexos con el narcotráfico, pero nunca a un ex servidor público federal con nivel de secretario de Estado.

Para entender cómo sucedió esto, es necesario dar contexto a los hechos y examinar una muestra de la clase gobernante. Conocer la vida pública y privada del hombre que aprovechó el endeble sistema político para enriquecerse y sumir al país en un caos de violencia y sangre, derivado de la libre operación de muchos de los principales cárteles de las drogas, a los que oficialmente tenía la encomienda de combatir, pero que todo indica que decidió proteger en una suerte de fatal alianza.

1

El factor García Luna

"La estrategia de las organizaciones criminales se centró en controlar al hampa común, lo cual fue sustantivo para su fortalecimiento operativo".
—Genaro García Luna,
en su libro *Seguridad con bienestar*

EN LOS PRÓXIMOS AÑOS seguiremos hablando del ex funcionario Genaro García Luna, cuya figura se encamina a ocupar un lugar preponderante en la historia criminal del país. Se ha ganado a pulso un espacio en la memoria colectiva por la perversidad con que presuntamente puso al servicio de la actividad delincuencial toda la estructura de seguridad pública del Estado. No hablamos del mayor narcotraficante de los últimos años, sino del funcionario más importante que desde la administración pública federal potencializó el narcotráfico en territorio nacional, lo que no tiene precedentes en México.

Como lo refiere un ex funcionario —quien pidió ser identificado como el "Lince" y que coincidió con García Luna en diversos cargos del Cisen y la PFP entre el 16 de marzo de 1994 y el 31 de julio de 2006—, "el narcotráfico por sí solo no explicaría nunca la riqueza que hoy se le señala a García Luna. Hay que voltear a ver las relaciones de las que se hizo como funcionario para entender que esa riqueza podría ser entendida sólo en razón de ese tráfico de influencia, ese aprovechamiento del cargo que no es solamente atribuible a Genaro García", sino a otros que, como él, se han beneficiado del servicio público para fines poco transparentes.

La evidencia indica que el nivel de corrupción del Licenciado no tiene parangón y que, a causa de su desmedida ambición económica, las principales figuras del narcotráfico se hicieron de un poder casi absoluto. Sin su ayuda, los cárteles de Joaquín Guzmán Loera, Ismael Zambada García, Rafael Caro Quintero, Enedina Arellano Félix, Alfredo Beltrán Leyva, Vicente Carrillo Fuentes, Jesús Méndez Vargas, Nemesio Oseguera Cervantes, Servando Gómez Martínez y Nazario Moreno González jamás habrían alcanzado el nivel de expansión territorial y de estructura que registraron de 2006 a 2012, justo cuando la política oficial era el combate frontal a esos grupos del narcotráfico.

Más allá del inédito nivel de impunidad que les otorgó a dichos grupos, producto de los nexos con sus principales cabezas, García Luna también será recordado porque contribuyó a detonar la violencia que conlleva el trasiego de drogas y a sumir al país en una desestabilización social, cuya cauda aún se resiente a más siete años de haber dejado el cargo.

Siendo el principal protagonista de la llamada "guerra contra el narco" —iniciativa del entonces presidente Felipe Calderón Hinojosa, que intentaba legitimarse como presidente de la República tras el cuestionamiento social del fraude electoral denunciado por el entonces candidato presidencial de la izquierda Andrés Manuel López Obrador—, el efecto García Luna ha sido transexenal. Mucha de la violencia que hoy golpea al país es producto de sus decisiones oficiales. La institucionalización de la guerra contra el narco, luego respaldada técnica y jurídicamente por Enrique Peña Nieto, sigue doliendo a los mexicanos. Las bases diseñadas en esta violenta estrategia de seguridad hablan de una responsabilidad moral por los homicidios dolosos de 229 mil 176 mexicanos, de los cuales al menos 103 mil 537 se cometieron mientras el Licenciado estuvo al frente de la SSP federal.

La falsa imagen pública

A ello hay que agregar que García Luna utilizó el sistema judicial de manera omnipotente para encarcelar a sus enemigos y posiblemente a miles de inocentes con el único afán de montar un escenario mediático en el que los resultados de la guerra contra el narco parecieran alentadores ante la opinión pública. Durante su gestión, como principal artífice de la fallida estrategia oficial para pacificar un país relativamente en paz, por lo menos —según refiere la Secretaría de Gobernación (Segob) a través del *Cuaderno Mensual de Información Estadística Penitenciaria Nacional*, con datos de diciembre de 2006 a noviembre de 2012— 25 mil 949 personas fueron recluidas en cárceles federales, todas ellas acusadas de mantener relaciones con células del narcotráfico. La mayoría de esos acusados resultaron sin culpa.

Entre 2006 y 2012, García Luna convirtió el sistema carcelario nacional en algo más allá de los sui géneris: las cárceles mexicanas fueron verdaderos centros de confinamiento de inocentes. Eso nadie me lo cuenta. Yo mismo lo pude ver. Entre mayo de 2008 y mayo de 2011 estuve recluido —durante un solo proceso penal— en dos cárceles: la estatal de Puentecillas, en la ciudad de Guanajuato, y la federal de Puente Grande, en El Salto, Jalisco. En las dos conocí lo mismo a ingenieros, abogados y maestros que a carpinteros, albañiles y meseros, que igual fueron llevados a prisión sin ningún elemento de prueba, como era mi caso, y que terminaron acusados de ser los grandes capos de las drogas, sólo para engordar las estadísticas que hablaran de una lucha sin cuartel contra el crimen organizado, pero que en realidad no eran más que una puesta en escena.

En Puente Grande, donde padecí tres años y cinco días de encarcelamiento, conocí a decenas de presos a quienes los arrebataron de su día a día y los exhibieron mediáticamente como lo peor de la sociedad. Y así, como si fueran lo peor de la sociedad, en lo que era un Estado sin derecho, también los sometieron a inclementes torturas: privación del sueño, incomunicación, falta de alimentos, aislamiento... Era la moneda de cambio con que teníamos que pagar dentro de la prisión. La cotidianidad de la cárcel era por demás cruel, porque a la injusta privación de la libertad se sumaba la tortura física, el hostigamiento a mitad de la noche por parte de los custodios, las golpizas y la condena anticipada por crímenes no cometidos. Todo eso hacía más pesado el encierro.

De acuerdo con el *Cuaderno Mensual de Información Estadística Penitenciaria Nacional,* apenas el 7 por ciento de esos encarcelados en el periodo de García Luna como titular de la SSP —entre 2006 y 2012—, es decir, mil 816 detenidos, recibieron sentencia condenatoria; el resto, de un total de 24 mil 133 personas, resultaron inocentes, a veces por carecer de relación alguna con el narcotráfico y la delincuencia organizada, y otras porque el personal bajo el mando del Licenciado violentó sus derechos constitucionales o imputó cargos a partir de evidencias falseadas, que no pudieron sostenerse ante los jueces federales.

Para hacerse una idea de la magnitud del daño que la SSP infligió a la sociedad mexicana con el uso injustificable de la prisión preventiva oficiosa, basta señalar que la población de presos que había en todo el país al inicio de la administración de Calderón Hinojosa en 2006 era de 210 mil 140 personas, mientras que al término, en 2012, ascendió a 236 mil 89. El año 2009 fue el de más encarcelamientos: se procesó a 51 mil 369 personas, de las cuales por lo menos a 17 mil 562 se les acusó de narcotráfico y/o delincuencia organizada.

Esta estrategia del uso desmedido de la prisión le valió a García Luna no sólo apropiarse de los espacios informativos de mayor audiencia en los medios de comunicación nacional, sino también obtener el reconocimiento internacional a su aparente labor de combate a la delincuencia organizada. En mayo de 2011, el gobierno de Colombia, encabezado por Juan Manuel Santos —uno de los principales jefes de Estado aliados de Calderón Hinojosa— le otorgó la Medalla al Mérito Categoría Excepcional, que recibió sin autorización del Congreso federal, pero que lo posicionó como uno de los más destacados combatientes de los cárteles de las drogas.

Así era García Luna. Las investigaciones muestran que llevaba una doble vida. A diferencia de lo que sucedía en su vida privada, en el ámbito público era intachable: el superpolicía implacable contra la delincuencia. Su "talón de Aquiles" fue siempre el reconocimiento público. No le bastó el que compraba en la prensa nacional. Para ensalzar su figura de funcionario público honesto persiguió el reconocimiento internacional. Por todos los medios buscó y consiguió premios y distinciones a lo impoluto de su persona. Desde 2001, cuando era coordinador general de la AFI, se dio a la tarea de aprovechar sus relaciones internacionales para que los gobiernos extranjeros lo avalaran como el funcionario público honesto que en algún momento dejó de ser.

España, por ejemplo, lo designó en octubre de 2001 recipiendario de la Orden del Mérito Policial con Distintivo Rojo, la cual se otorga a funcionarios del ámbito policial de otros países que se distinguen por su labor en el combate al terrorismo internacional. El gobierno español lo condecoró por la captura de tres terroristas: Enrique Gorriarán Merlo, Manuel Quintáns López y Ricardo Miguel Cavallo, que realizó mientras fungía como subdirector A de Seguridad Institucional del Cisen y, luego, coordinador general de Inteligencia para la Prevención en la PFP. Aprovechó estas capturas, sin duda apegadas a derecho como parte de su encomienda, para catapultarse en el ámbito global.

A Gorriarán Merlo —quien encabezó en Argentina el Ejército Revolucionario del Pueblo (ERP), de filiación trotskista, y participó directamente en el asesinato del ex dictador nicaragüense Anastasio Somoza, en septiembre de 1980— se le detuvo en octubre de 1995 en la Ciudad de México, luego de que se hizo pasar por un maestro jubilado durante más de siete años. García Luna siempre lo tuvo ubicado, pues era uno de los objetivos del Cisen con seguimiento permanente. Pero, por decisión propia, esperó el momento propicio para mediatizar la captura y posicionarse ante los ojos del mundo.

Igual sucedió con Manuel Quintáns López y Ricardo Miguel Cavallo; el primero, un español acusado de militar en el Exército Guerrilheiro do Povo Galego Ceive (EGPGC, Ejército Guerrillero del Pueblo Gallego Libre), fue aprehendido en 1998 en la ciudad de Morelia, donde se desempeñaba como reportero del periódico *La Voz de Michoacán*. El segundo, un ex capitán del ejército de Argentina, era responsable de decena de desapariciones forzadas de personas. Fue arrestado en 2000 en Cancún, Quintana Roo, tras infiltrarse en el gobierno mexicano, donde fue director del Registro Nacional de Vehículos (Renave) en la administración de Ernesto Zedillo Ponce de León. Ambas detenciones le valieron a García Luna el aplauso internacional.

Ya como hombre de confianza del presidente Fox Quesada, y a la cabeza de la AFI en abril de 2004, García Luna anunció que en el primer trimestre de aquel año habían sido capturados 2 mil 143 presuntos narcotraficantes. Por tal motivo, como reconocimiento a su desempeño en la procuración de justicia, la Asociación Internacional de Analistas de Inteligencia de Aplicación de la Ley (IALEIA, por sus siglas en inglés) de Estados Unidos le concedió el Premio al Servicio Profesional. En ese momento no se sabía, desde luego, que muchos de los detenidos que el Licenciado presumía como logros de su gestión eran en realidad "chivos expiatorios" que servían a su cometido de sobredimensionar el combate al narcotráfico.

En septiembre de aquel mismo año, García Luna recibió uno de los mayores espaldarazos a que puede aspirar cualquier responsable de seguridad pública en el mundo: el FBI de Estados Unidos lo reconoció por su eficiencia operativa como policía, tras conseguir la detención de 32 fugitivos de la justicia estadounidense que se ocultaban en México. Lo que no se dijo fue que muchas esas detenciones ni siquiera las realizaron agentes de la AFI, sino células del Cártel de Sinaloa que ya operaban como brazo auxiliar de la PGR.

El ejemplo más palpable de esa relación fue la desarticulación de Los Arreola, grupo delincuencial dedicado al cultivo de amapola y trasiego de heroína desde la zona serrana de Jalisco y Nayarit con destino a los mercados de Hawái, Pensilvania y California. La presencia de Los Arreola en el mercado estadounidense de las drogas afectaba tanto a la AFI como al Cártel de Sinaloa. Para García Luna significaba el desbordamiento del crimen organizado en México y una mala imagen ante el gobierno de Estados Unidos, mientras que para el Cártel de Sinaloa representaba una competencia en los mercados que estaba abriendo en ese país.

Por eso el superpolicía García Luna —como lo llamaron los medios luego de que el presidente Felipe Calderón, en diversos discursos, se refiriera a él como el modelo eficiente de policía— encomendó la desarticulación de la organización de Los Arreola al Chapo, quien pagaba al titular de la AFI la suma de dos millones de dólares anuales para poder operar libremente, sin ser buscado, después de que se fugó de la cárcel federal de Puente Grande, en Jalisco, el 19 de enero de 2001. Según una fuente del interior del Cártel de Sinaloa, García Luna tenía contacto directo por teléfono con Guzmán Loera. Fue así como le solicitó el apoyo del Cártel de Sinaloa para desarticular a Los Arreola, lo cual implicaba capturar a sus principales jefes.

El Chapo, a su vez, encomendó la tarea a Isidro Meza Flores, alias el Chapito Isidro, quien posteriormente debía entregarlos a la AFI. Para ello contaron con la ayuda del grupo criminal de Los Dámaso, cuyo dominio se extiende por Nayarit y el cual es encabezado por Dámaso López Núñez, alias el Lic, compadre de Guzmán Loera. Cumplieron la misión en enero de 2003 y entregaron a la AFI a Magdaleno García Arreola, alias el Leno, y Esteban Arreola o Efrén Mendoza, conocido como el Gato. En octubre de ese mismo año, la AFI anunció en un comunicado oficial que la PGR había extraditado a Estados Unidos a Los Arreola. Oficialmente quedaron desarticulados.

Con la captura de las cabezas se beneficiaron todos: Guzmán Loera afianzó el pacto de colaboración con García Luna; Meza Flores fue ascendido de simple jefe de Los Mazatlecos —brazo paramilitar al servicio del Cártel de Sinaloa y de los hermanos Beltrán Leyva— a operador financiero a través de las empresas Autotransportes Terrestres, S.A. de C.V.; la gasolinera Auto Servicio Jatziry, S.A. de C.V., y la Constructora Jatziry de Guasave, S.A. de C.V., en la zona de Guasave, Sinaloa. El Lic obtuvo del Chapo el permiso para operar libremente el narcomenudeo en la zona de La Paz, Baja California Sur, como siempre lo había deseado. Por su parte, García Luna se hizo del respaldo del FBI para posicionarse como el superpolicía mexicano vencedor ante los cárteles.

Ya bajo el padrinazgo del entonces procurador general de la República, Rafael Macedo de la Concha, y de su amigo José Luis Santiago Vasconcelos, titular de la Subprocuraduría de Investigación Especializada en Delincuencia Organizada (SIEDO), García Luna redobló esfuerzos en 2005 a fin de seguir cosechando distinciones internacionales. Para ese año ya había incrementado el número de detenciones de personas acusadas de narcotráfico con respecto a 2004; de los 51 mil 471 procesos penales federales, al menos 19 mil 838 estaban vinculados con los delitos de fomento al narcotráfico y delincuencia organizada.

Las feroces detenciones de la AFI, algunas efectuadas en poblados enteros bajo la acusación de narcotráfico, le merecieron a García Luna, en mayo de ese año, la Medalla Insignia Policía Nacional de Ecuador, la cual reconoció su aporte a la desarticulación de los cárteles que operaban el trasiego de drogas en México, con impacto en América Latina. En el mismo año, pero en junio, el Licenciado también fue reconocido por la DEA de Estados Unidos. La jefa de la oficina, Karen P. Tandy, elogió públicamente "el valor y la decisión" del titular de la AFI "para sacar a los capos de las drogas de las calles". García Luna escuchó con beneplácito, igual que en septiembre de ese año, cuando en Berlín, Alemania, durante la 74 Asamblea General de la Organización Internacional de Policía Criminal (Interpol) recibió el Distintivo de Plata de la Secretaría General.

Calderón, el primer contacto

Antonio Mejía Robles, un comandante de la AFI cercano a García Luna, comentó que, precisamente después del acto en Berlín, fue cuando quizá se fermentó el sueño del Licenciado de convertirse en el director general de la Interpol. Ese era su objetivo inmediato, pero lo pospuso ante la invitación que le haría Felipe Calderón Hinojosa de asumir la titularidad de la SSP. Fueron Vicente Fox Quesada, siendo aún presidente, y el otrora titular de la SSP, Eduardo Medina Mora, quienes recomendaron a García Luna para el cargo. Trabajó de cerca con Medina Mora durante los casi tres años en que este estuvo al frente de la PGR, cuya agenda de combate al narcotráfico prácticamente la dirigió el Licenciado.

Cabe señalar que, antes de ser secretario de Seguridad Pública, García Luna y Calderón Hinojosa ya se conocían: desde mediados de 1990, cuando Calderón fue asambleísta plurinominal del Distrito Federal y García Luna iniciaba su carrera como agente de investigación del Cisen. La relación surgió, recuerda Ricardo López, un agente compañero de García Luna en el Cisen, luego de que a este se le encomendó hacer un perfil de la bancada panista en la Asamblea de Representantes de la Ciudad de México, para conocer los posibles actores políticos con los que el Partido Acción Nacional (PAN) contendería en las elecciones de 1991.

"Genaro era muy práctico. Era espía, pero le gustaba interrelacionarse con sus fuentes. Sabía hacer su trabajo con discreción, pero a veces le gustaba el trato directo con sus fuentes", contó López. Por eso, en lugar de investigar desde lo subterráneo a los 18 legisladores capitalinos del PAN, optó por obtener directamente de ellos su propia percepción política. De ahí viene el nexo entre García Luna y Calderón Hinojosa, que se fortaleció no al grado de amistad, pero al menos sí en términos de empatía, sobre todo cuando este último fue candidato a la gubernatura de Michoacán en 1995.

En esa elección, Calderón Hinojosa, ajeno a la idiosincrasia y la problemática del pueblo michoacano, recurrió a García Luna para que, desde la óptica imparcial y fría de un analista de inteligencia, ya especializado en seguridad pública y antiterrorismo, le hiciera un diagnóstico social de la entidad que aspiraba a gobernar, cuyos desafíos instó a García Luna a conocer, porque él sería su secretario estatal de Seguridad. Fue así como el ya coordinador general del Cisen llegó a Michoacán.

Durante sus visitas a Michoacán para apoyar a Calderón Hinojosa, principalmente en lo tocante a su seguridad personal, se interrelacionó con el círculo cercano del aspirante a gobernador. Allí conoció a Carlos Mejía Villaseñor, un hombre muy allegado a la familia Calderón Hinojosa, quien era el encargado del contacto con los grupos del crimen organizado. Mejía Villaseñor era el responsable de negociar el permiso de libre tránsito para la caravana política del entonces candidato por las regiones que controlaba el naciente Cártel de La Familia Michoacana, en especial en Tierra Caliente, la Costa y el Bajío.

Mejía Villaseñor demostró en noviembre de 2006 hasta qué grado guardaba relación con La Familia Michoacana y servía a la familia Calderón Hinojosa. Luego de que Felipe Calderón perdiera la elección para gobernador, y tras conseguir una victoria marginal como candidato del PAN en la elección presidencial, logró posicionarlo ante La Familia Michoacana como un hombre de confianza y aliado del cártel. Mejía Villaseñor también intervino —con lo que se posicionó más en la relación de los Calderón con el Cártel de La Familia— en la liberación de Alfonso Reyes Hinojosa, un primo hermano Felipe, quien fue secuestrado por La Familia Michoacana a causa de una deuda de 30 millones de pesos.

Reyes Hinojosa era un empresario de la construcción deshonesto. Como parte de sus negocios adquirió un préstamo de otros empresarios de Morelia para desarrollar un fraccionamiento urbano. Amparado por su cercanía personal y sanguínea con el entonces recién nombrado presidente electo, se negó a pagar. Los empresarios afectados se vieron orillados a solicitar la intervención de La Familia Michoacana, que en ese entonces actuaba como mediador, llevándose una comisión del 10 por ciento por "servicios de cobranza". Tras la negativa que le hizo personalmente al jefe del cártel, Servando Gómez Martínez, alias la Tuta, se tomó la decisión de secuestrarlo. La privación de su libertad duró unas cuantas horas, pues fue liberado luego de que los hermanos del presidente, Juan Luis y Luisa María Calderón Hinojosa, hablaron directamente con la Tuta. Sin embargo, para cumplir el objetivo, la negociación fue llevada a cabo por Mejía Villaseñor, quien a su vez obtuvo ayuda de García Luna.

En las negociaciones —reconocidas públicamente por la Tuta en una grabación filtrada a medios nacionales en noviembre del 2013—, Mejía Villaseñor, en su calidad de mediador, se comprometió a pagar 12 millones de pesos a La Familia Michoacana a cambio de salvaguardar la integridad del primo del presidente Calderón. Este pago, no obstante, jamás se hizo porque Carlos Mejía Villaseñor buscó el cobijo del Cártel Jalisco Nueva Generación (CJNG), cuya presencia ya era notoria y disputaba el territorio michoacano por el control del trasiego de drogas. Finalmente, Carlos Mejía fue cobijado por Genaro García Luna y lo convirtió en testigo protegido.

De acuerdo con Carlos Hugo Cervantes, ex miembro de La Familia Michoacana que purga una condena de 31 años en un penal federal por los delitos de delincuencia organizada y fomento al narcotráfico, cuando García Luna conoció a Mejía Villaseñor "quedó emocionado por el conocimiento que Mejía tenía de toda la estructura criminal" de La Familia Michoacana. No lo poseía ninguno de los agentes del Cisen desplegados en ese estado. Por eso García Luna acogió a Mejía Villaseñor como su principal informante durante la campaña de Calderón Hinojosa a la gubernatura del estado y después cuando ya era coordinador general de la AFI.

El vínculo entre García Luna y Mejía Villaseñor no paró ahí. Más adelante, una vez que el calderonismo arribó al poder y García Luna asumió el mando de la SSP, este orilló a Mejía Villaseñor a adherirse como testigo protegido de la PGR, figura contemplada desde 1996 en la Ley Federal Contra la Delincuencia Organizada. Al parecer, García Luna tuvo dos razones para ello: brindarle a Mejía Villaseñor protección federal de la SSP y cuadrar procesos abiertos contra personas inocentes, valiéndose del sistema de justicia inquisitivo de aquel entonces, para imputar delitos de narcotráfico mediante un solo testimonio.

Mejía Villaseñor se unió a una lista de 174 testigos protegidos. Entre 2004 y 2007,* García Luna, primero como titular de la AFI y luego de la SSP, echó mano de él para incriminar a quienes fuera necesario y demostrar el éxito de la guerra contra el narcotráfico. En ese periodo, el costo de los testigos protegidos por concepto de manutención —porque vivían a "cuerpo de rey"— fue de 36 millones 295 mil 744 pesos. En el mismo lapso, los gastos con cargo al erario para pagar la renta de estos colaboradores de la PGR y de la PFP ascendieron a 12 millones 456 mil 379 pesos, según lo reconoció la PGR en una respuesta pública emitida a través del portal de transparencia el 6 de noviembre de 2007, con el oficio DGPDSC/UEAI/5362/2007.*

Sin memoria documental

Después de 2007 ya no hubo información pública sobre los testigos protegidos que permitiera conocer con exactitud las excesivas cantidades que se desembolsaban en ellos. García Luna promovió una iniciativa para reformar la Ley Federal de Transparencia y Acceso a la Información Pública Gubernamental, con el fin de clasificar esta información como reservada hasta por 12 años. Sin embargo, al no conseguirlo, buscó la forma de destruirla, valiéndose de las lagunas del marco jurídico nacional. Fue el caso de numerosos expedientes que hablaban de su actuar en la función pública; a causa de su destrucción, no sólo se perdió la memoria documental de ese periodo gubernamental, sino que muchos inocentes permanecieron presos al verse imposibilitados para demostrar, en su defensa, la instrucción oficial del Licenciado.

Uno de esos casos fue el de Miguel Colorado González, un ex militar preso a quien conocí en la cárcel federal de Puente Grande, en Jalisco, cuyas inclemencias padecimos juntos entre 2008 y 2011. Él estaba acusado dentro del proceso penal denominado mediáticamente *Operación Limpieza*, un supuesto entramado de corrupción que resultó, como muchos otros casos que García Luna impulsó, un verdadero fiasco, pero que en su momento se anunció como un logro de la entonces titular de la Subprocuraduría de Investigación Especializada en Delincuencia Organizada (SIEDO) de la PGR, Marisela Morales Ibáñez, la única mujer de peso dentro del círculo de confianza del poderoso secretario de Seguridad Pública.

Cada vez que Colorado González y yo teníamos oportunidad de sentarnos a tomar el sol en las escasas horas de patio que nos tocaban una vez al mes en el Módulo 1 de procesados de Puente Grande, él hacía alusión al "México Esponja, propiedad de unos cuantos funcionarios públicos". Su lamento tenía todo el sentido: ¿cómo, en este México, todo se sepulta en la cárcel? Y ¿cómo, todavía hoy, es fácil borrar la memoria documental de cualquier hecho?

Colorado González padeció los efectos de la desaparición de la memoria documental, la cual lo hizo pasar casi cinco años en prisión aun cuando era inocente. De haber localizado las órdenes que dictó por escrito la subprocuradora Morales Ibáñez para investigar y dar seguimiento a la actuación de un grupo de militares asignados al servicio de la PGR, tal vez nunca se le habría procesado como parte de una supuesta red de corrupción infiltrada por el Cártel de los Beltrán Leyva dentro de la Procuraduría, o por lo menos su exoneración habría sido más rápida. Pero ni él, ni los otros acusados Antonio Mejía

Robles y Jorge Alberto Zavala Segovia, pudieron recuperar los documentos oficiales —manifiestos en órdenes de trabajo y oficios de comisión— que les habría evitado la prisión y el señalamiento social.

En el caso de la *Operación Limpieza*, a Colorado González, Mejía Robles y Zavala Segovia se les señaló de utilizar sus cargos (coordinador técnico de la SIEDO, comandante de la Policía Federal Ministerial y agente de la misma corporación, respectivamente) para recibir sobornos millonarios del Cártel de los Beltrán Leyva. Según declaraciones de testigos protegidos, a este cártel se le filtraba información sobre órdenes de aprehensión y averiguaciones previas contra elementos de esa organización criminal. Pero, en realidad, esos tres funcionarios sólo seguían órdenes de trabajo, establecidas mediante oficios de asignación y ejecución, los cuales eran emitidos y firmados por la propia Morales Ibáñez y el otrora procurador Medina Mora.

Dichos documentos y otros más desaparecieron. Ese fue el signo de García Luna durante su gestión. Así actuaba. Le obsesionaba cubrirse las espaldas. No le gustaba dejar rastros documentales. No sólo era su estrategia para perseguir a quienes estaban cerca de descubrir sus nexos con el narcotráfico o para quitar de su camino a los que estorbaban a sus intereses personales, sino también para borrar cualquier indicio que lo comprometiera a largo plazo. La desaparición de la memoria histórica del servicio público de García Luna y de su supuesta lucha contra el narcotráfico ni siquiera se hizo a hurtadillas. Hay indicios de que contó con el respaldo del presidente Calderón Hinojosa, quien puso a su disposición el aparato oficial para desaparecer de manera legal, pero inmoral, todos los expedientes que le pudieran causar escozor en el futuro, como a continuación se puede observar. Es claro que las argucias legales para la destrucción del acervo documental que evidenciaba la cuestionada actuación del superpolicía de Calderón sólo tuvieron la intención de no dejar rastros de la inmundicia oficial.

No es aventurado decir que, hoy en día, gran parte de la memoria histórica plasmada en documentos oficiales podría clarificar en buena medida el comportamiento oficial del denominado "superpolicía". Y más todavía si se considera que fueron destruidos muchos de los expedientes integrados por la Coordinación General de Análisis contra la Delincuencia del Centro Nacional de Planeación, Análisis e Información para el Combate a la Delincuencia (Cenapi) de la entonces PGR, donde García Luna fue actor principal entre 1990 —como subdirector de Seguridad Institucional del Cisen— y 2006 —como coordinador de Inteligencia de la PFP y coordinador general de la AFI—,* en tanto que los expedientes de combate a la delincuencia de la SSP, donde fue titular de 2006 a 2012, están reservados hasta 2028.

Para destruir los expedientes de la labor pública de García Luna de 1990 a 1999 y de 2001 a 2007,* que tenían un peso de 2 toneladas 600 kilogramos, el argumento oficial fue que carecían de valor alguno. Luego entonces, no había por qué incorporarlos al acervo de la Unidad de Archivo Histórico de la PGR o del Archivo General de la Nación (AGN). Tampoco ameritaba reproducirlos o respaldarlos en otro tipo de soporte, por ejemplo digital.

Araceli Alday García, directora del Sistema Nacional de Archivos, quien en 2017 autorizó e informó sobre la destrucción de muchos de los expedientes que resguardaban el comportamiento laboral de García Luna, comentó: "[Ninguno] contiene objetos o valores de conservación semejantes a los descritos en la legislación vigente para la protección del patrimonio documental del país, o para la administración de los bienes del dominio público de la federación". Esta decisión fue avalada el 25 de mayo de 2011 por Silvia González Campos, subdirectora de Seguimiento y Archivo del Cenapi de la PGR, y Miguel Ángel Solano Ruiz, director general adjunto de Planeación, también del Cenapi. Esto sucedió a unos meses de que terminara la carrera de 27 años como servidor público del Licenciado.

Pero hubo una extraña coincidencia: la trayectoria de los tres funcionarios involucrados en la destrucción de la memoria documental del combate a la delincuencia empató en algunos momentos con la de García Luna. Por ejemplo, González Campos se desempeñó como jefa de un departamento administrativo de la PFP de febrero de 2000 a febrero de 2008; después, de febrero a diciembre de este último año, pasó a ser administrativa del Cenapi, y de enero a marzo de 2009 se le designó analista del mismo, justo cuando García Luna fue titular de la AFI y luego de la SSP. Por su parte, Solano Ruiz fue director general adjunto de Planeación del Cenapi entre enero de 2010 y septiembre de 2015, es decir, le tocó el último trienio del secretario de Seguridad, cuando fue mayor la injerencia de la SSP en la operación de la PGR.

Ahora bien, Alday García estuvo al servicio del AGN, dependiente de la Segob, de enero de 2000 a enero de 2001. Posteriormente, de enero de 2001 a marzo de 2004, la asignaron como jefa de departamento en la Dirección General de Administración de la Presidencia de la República. De marzo a mayo de 2004 fue instalada de nueva cuenta al servicio del AGN, pero esta vez como directora de área. En esa trayectoria de servicio público no se puede negar la influencia de García Luna en las decisiones oficiales para evitar que salieran a la luz los documentos de la guerra contra el narco, uno de los capítulos más oscuros de la historia reciente de México.

2

Los orígenes

De la mano de Wilfrido Robledo

ERA METÓDICO como funcionario público. Disciplinado. No dejaba nada al azar. Era un controlador compulsivo. Rudo. Así era el Licenciado. Durante su paso como agente de campo del Cisen, entre agosto de 1990 y enero de 1991, tras haber sido reclutado como espía en la Dirección de Servicios Técnicos para olfatear los movimientos sociales capitalinos, sobresalió por eso: la obsesión por controlar todo. De los 82 agentes que el aparato de inteligencia mexicano tenía para vigilar la capital del país, él siempre se distinguió no sólo por su diligencia, sino por la obsesión de control sobre sus fuentes informativas.

No era el típico agente discreto y silencioso que requería el sistema. Era de acción. Más bien le gustaba enfrentar a sus fuentes informativas. Prefería las entrevistas abiertas en lugar de espiar y esperar a obtener al azar la información encomendada. Así lo recuerda Ricardo López, ex agente del Cisen, compañero de García Luna. Relata: "Eso le daba resultado. Por eso se hizo el preferido del almirante Wilfrido Robledo Madrid", quien lo acogió bajo su mando cuando García Luna aún no concluía los estudios de Ingeniería Mecánica en la Universidad Autónoma Metropolitana (UAM), plantel Azcapotzalco.

De hecho, estaba por terminar el cuarto año de la carrera cuando comenzó a filtrar información al Cisen sobre el movimiento estudiantil que se gestaba al interior de la UAM para remover al rector Óscar Manuel González Cuevas, quien finalmente dejó el puesto para que lo ocupara Gustavo Chapela Castañares. No fue fortuito el reclutamiento de García Luna en las filas del Cisen. Lo invitó a colaborar Eduardo Pontones Chico, en ese entonces director de Administración del Cisen, institución que fue fundada por Jorge Carrillo Olea, el 13 de febrero de 1989, y dirigida por Fernando del Villar Moreno entre 1990 y 1993, en la administración del presidente Carlos Salinas de Gortari.

Para ese tiempo fue asignado a la Dirección de Servicios Técnicos, bajo el mando de Robledo Madrid. Esta dirección donde inició García Luna, en palabras del ex agente del Cisen con clave "Lince", no era otra cosa que "el área que captaba la información de inteligencia técnica, que no tenía ni juez de control ni proceso judicial, desde donde se podía escuchar a quien se quisiera, de acuerdo con una agenda política o de seguridad nacional". Desde allí se vigilaba —a través de las líneas telefónicas— a cualquier persona considerada de importancia dentro de la agenda política o social del país.

Lo mismo se podían intervenir, por citar algunos ejemplos, "las comunicaciones del movimiento campesino del Barzón como de otros actores sociales de la época, entre ellos Martha de los Ríos Merino, del grupo de madres de desaparecidos políticos; o de actores políticos como Andrés Manuel [López Obrador] o Cuauhtémoc Cárdenas, pues eran objetivos prioritarios que en el tema de la Seguridad Nacional se volvían sujetos de este tipo de intervención de comunicaciones, lo que para el Cisen era información técnica, no de inteligencia".

Esta información técnica, obtenida interviniendo comunicaciones privadas y recabada por García Luna y otros agentes del Cisen, bajo la coordinación de Robledo Madrid, sólo se gestionaba con los empleados de primer nivel de la única empresa —el monopolio— que ofrecía el servicio de telefonía en todo el país en los años noventa: Teléfonos de México. Ellos facilitaban sus consolas y equipos técnicos para respaldar el trabajo de espionaje que precisaba el gobierno federal y, así, cumplir su tarea de seguridad nacional.

Según recuerda el ex agente "Lince", García Luna escaló dentro del Cisen gracias a la amistad que entabló con el almirante Robledo Madrid en la Dirección de Servicios Técnicos. Cuando Robledo dejó dicha dirección en 1993 para ser el titular —hasta 1997— de la Dirección de Protección, García Luna fue nombrado subdirector A en esta. "La Dirección de Protección era la que hacía el proceso de seguridad institucional y de contrainteligencia del gobierno federal, para lo que contaba con el apoyo técnico, logístico y económico de la CIA, del gobierno de Estados Unidos", comenta el otrora espía.

Ya en su calidad de subdirector A de la Dirección de Protección, en el área de Contrainteligencia, García Luna manejaba un grupo especial de la Agencia Central de Inteligencia (CIA, por sus siglas en inglés), comandado por el capitán Sergio Gustavo Mandujano Puentes, alias la Tehuana. Él era el enlace directo del gobierno mexicano con la CIA, la cual, sin ningún tipo de restricción, proveía de aparatos de intervención, camionetas con cámaras instaladas, equipos sofisticados para escucha, micrófonos de cercanía, así como toda la tecnología y la capacitación para llevar a cabo la labor de espionaje, no propia de un cuerpo policial, sino de un equipo táctico antiterrorista.

Fue entonces cuando se empoderó García Luna, que partió de una relación respetuosa a una institucional con la CIA, hasta pasar a una de cofradía y de complicidad. Usó para su beneficio los trabajos de investigación, en contraste con diversos objetivos de seguridad nacional que le ordenaban seguir o que realizaba *motu proprio*, "siempre en aras de la seguridad del país", como decía la leyenda a la entrada de las intalaciones del Cisen. Para 1994 ya era una leyenda dentro del Cisen con su rango de subdirector, a raíz de las labores de contrainteligencia que implementó y por la bonhomía con que lo trataba el entonces director de la dependencia, Jorge Tello Peón.

Infiltrar el EZLN, su primera misión

Antes de ser protegido del almirante Robledo Madrid, el superpolicía tuvo la fortuna de conocer a Pontones Chico quien, como se relató antes, lo invitó a ser informante del Cisen acerca de la revuelta estudiantil que en ese tiempo se daba en la UAM. En el Cisen ya se habían encendido los focos de alerta sobre un grupo estudiantil, organizado por el profesor Rafael Sebastián Guillén Vicente, quien se presentaría ante el mundo el 1 de enero de 1994 como el Subcomandante Marcos —después Subcomandante Galeano—, ideólogo y rostro encapuchado visible del Ejército Zapatista de Liberación Nacional (EZLN).

García Luna y Pontones Chico se encontraron en las instalaciones de la UAM Azcapotzalco. Pontones, economista —hoy afectado por la enfermedad de Alzheimer—, solía dar conferencias en esa casa de estudios. Pero mayor que su amor por la cátedra era la necesidad de saber lo que pasaba en el interior de la UAM, pues sospechaba el inicio de una guerrilla urbana en la Ciudad de México. De modo que Pontones se apropió de algunos espacios de enseñanza para estar en contacto con los estudiantes. Así ubicó a García Luna como opositor a la corriente casi generalizada de estudiantes que comulgaban con las ideas del profesor Guillén Vicente.

Con apenas 20 años, buena presentación, siempre de camisa de manga larga y mocasines bien lustrados, se distinguía por hablar abiertamente contra el movimiento de apoyo a los pueblos indígenas que Guillén Vicente promovía a su paso por las aulas de la universidad. El gancho del encuentro entre Pontones Chico y García Luna fue una aparente relación familiar, cuenta el ex agente del Cisen Ricardo

López. Pontones Chico abordó astutamente al joven García Luna preguntándole si eran parientes en algún grado. Barajaron nombres y antecesores hasta que identificaron de dónde eran conseguíneos.

Aquel primer acercamiento no tardó en convertirse en una relación laboral. Antes de que a García Luna se le incluyera oficialmente y se le capacitara como parte del equipo de Servicios Técnicos, fue "colaborador" del Cisen durante casi cuatro meses. Pudo haber sido su periodo de prueba, pues de manera rutinaria se reunía con un enviado de Pontones Chico, a veces con alguno de los agentes o con el entonces contraalmirante Robledo Madrid. Los encuentros se daban en las inmediaciones de la UAM, generalmente en paradas del transporte público sobre la avenida Ceylán o en la estación del metro El Rosario.

Allí, el estudiante García Luna filtraba verbalmente los últimos acontecimientos que observaba en el movimiento estudiantil dentro de la universidad: lugar, hora y nombres de los asistentes a las reuniones que selectamente convocaba Rafael Sebastián Guillén Vicente, quien ya estaba organizando el alzamiento armado del EZLN en Chiapas. Por cada informe que García Luna entregaba al Cisen, recibía un pago en efectivo en el mismo sitio, hasta que fue incorporado formalmente a la nómina, aun sin la licenciatura.

Desde ese entonces hasta la fecha, ingresar al Cisen, refiere el ex agente "Lince", ha sido muy difícil. La selección de cuadros es exhaustiva: "Tiene que ver con un profundo proceso de integración", donde pesan mucho "los resultados que arrojen las pruebas psicológicas, psicométricas, poligráficas, de entorno socioeconómico, de estudio de la personalidad. De cien aspirantes sólo uno era y es aceptado". Aún no se instituía el Centro de Control y Confianza, que posteriormente ordenó Tello Peón, si bien eso no le restaba dificultad al acceso de nuevos aspirantes al Cisen. En el caso de García Luna, sin demeritar su capacidad, el solo hecho de haber sido invitado por el director de Administración le aseguró el ingreso sin mayor problema.

Cuando el joven García Luna terminó su carrera en agosto de 1991, ya llevaba casi un año de servicio activo como agente del Cisen.

El título universitario, que era obligatorio en la dependencia, no fue obstáculo gracias a la amistad y padrinazgo de Pontones Chico, complacido como estaba con los resultados del ambicioso estudiante.

Pues bien, una de sus encomiendas fue infiltrarse en el movimiento estudiantil que apoyaba al entonces naciente EZLN, para descifrar con precisión, paso por paso, el alzamiento guerrillero zapatista en Chiapas.

Gracias a García Luna, el gobierno federal conoció, en tiempo y forma, la fecha y el lugar exacto del nacimiento del movimiento armado indígena. Pontones Chico tuvo siempre a la mano, y los dio a conocer a la cadena de mando, los elementos para que las fuerzas federales sofocaran el alzamiento aun antes de que este se hiciera público la madrugada del 1 de enero de 1994. Es todavía un misterio por qué el gobierno federal del entonces presidente Carlos Salinas de Gortari no detuvo el movimiento a tiempo. Incluso, a ese hecho se atribuye la salida de Pontones Chico de la dirección del Cisen, a la cual había ascendido en 1993. No obstante, en la trayectoria pública de García Luna eso fue un acierto que más tarde sería recompensado. (Véase el anexo documental.)

El secuestro de Harp Helú

Ya como subdirector de la Dirección de Servicios Técnicos, dependiente del área de Antiterrorismo, García Luna comenzó a recibir capacitación altamente especializada por parte del gobierno estadounidense —a través de la CIA— y de otros gobiernos preocupados por la seguridad pública global. Por ejemplo, asistió a un curso sobre Seguridad Pública que ofreció el gobierno de Japón, en Tokio. Tomó un seminario contra actos terroristas en la aviación civil, cuyo gasto lo cubrió el gobierno mexicano a invitación de la Organización de Aviación Civil Internacional (OACI), impartido por la Real Policía Montada de Canadá, en Toronto. A lo anterior se sumó un seminario de Negociación para Casos de Secuestro que el FBI dio en la Academia de Policía del Estado de Morelos.

Con estas credenciales, y ya reconocido como figura prominente en el área de inteligencia, García Luna perfiló al Cisen como una institución de reacción y respuesta ante delitos de alto impacto, entre ellos el secuestro, superando en eficiencia a la PGR. Por los resultados que demostraba, los secuestros de alto impacto político, social y económico registrados en esa época ya no se le encomendaron a la PGR, sino al Cisen, concretamente a García Luna.

Uno de los casos resueltos positivamente, como narra el ex agente "Lince", fue el secuestro del español Miguel Rivera y su novia Aidé Villatoro, ocurrido en Chiapas. Los dos turistas fueron "levantados" a finales de abril de 1999 en las inmediaciones de Tuxtla Gutiérrez y liberados sólo seis días después gracias al operativo que dirigió García Luna, por instrucción de Luis Rodríguez Bucio, quien era el coordinador del Grupo Antiterrorista (GAT) y se ocupaba de los secuestros por subversión.

En esa ocasión —señala "Lince"—, "llegó un Genaro García para hacerse cargo de la situación: muy seguro de sí mismo, que había sido debidamente capacitado, pero muy inseguro en su persona". La inseguridad se le notaba al hablar, debido a una tartamudez que lo hacía parecer retraído, parco y huidizo, aunque en realidad era firme. El ex agente apunta que sus órdenes no se entendían con claridad: "En aquel entonces había que decirle: 'Por favor, ingeniero, hábleme más despacio porque no le entiendo'". Así que repetía las órdenes de forma pausada. Un temblor de labios y achicamiento de los ojos delataban su esfuerzo. Ese solo hecho parecía causarle incomodidad.

Sin embargo, eso nunca le impidió llegar a ser un policía eficiente. En palabras de "Lince", García Luna destacó dentro del aparato de inteligencia del Estado mexicano a base de la cultura del esfuerzo. Incluso, como un experto en materia antisecuestro, hizo equipo con Facundo Rosas y Luis Cárdenas Palomino, al grado tal que obtuvo el reconocimiento de otras figuras de la inteligencia nacional, como

Humberto Martínez, director de Monitoreo; Rosaura Paz, subdirectora de Operaciones Especiales; Eduardo Cano Barberena, subdirector de Vínculos Internacionales; Braulio Quintero Gómez, subdirector de Infiltrados, Escoltas y Base Cubo, e Isidro González Blanco, subdirector de Extranjería.

Por tal razón, uno de los primeros y más importantes encargos que su jefe, Pontones Chico, le asignó a García Luna, cuando recién había sido nombrado subdirector A de Seguridad Institucional del Cisen, fue la investigación del secuestro del banquero Alfredo Harp Helú, presidente del Consejo de Administración de Banamex y uno de los hombres más ricos de México. El secuestro, que había tenido lugar el 14 de marzo de 1994 en la entonces delegación Coyoacán, puso nerviosos a los principales hombres de negocios del país, entre ellos Germán Larrea, Roberto Hernández, Alberto Baillères y Ricardo Salinas Pliego, solicitaron una reunión con el presidente Salinas de Gortari.

A la reunión, que se llevó a cabo la mañana del 15 de marzo en la entonces residencia oficial de Los Pinos, acudió una treintena de los miembros más importantes de la clase empresarial mexicana. Carlos Salinas les presentó al equipo designado para la investigación del caso, encabezado por García Luna. Todos los empresarios le dieron su aval al negociador. Esa fue la primera vez que García Luna se presentó ante el sínodo de la élite empresarial, con inmejorables perspectivas. Se comprometió ante ellos a dar resultados. Y cumplió.

Transcurridos 105 días después de aquella reunión, Alfredo Harp Helú fue liberado. Los secuestradores, una célula del Ejército Revolucionario del Pueblo Insurgente (ERPI), pedían un rescate de 100 millones de dólares. Pero García Luna, que conocía a la perfección el pensamiento terrorista, hizo que ese monto se redujera considerablemente y la familia del empresario terminó pagando sólo 30 millones de pesos. A partir de ese momento fue bien visto por la clase empresarial mexicana.

No obstante, la cobertura mediática del logro de García Luna no correspondió al resultado obtenido, porque la agenda informativa nacional estaba imbuida en la tragedia por el asesinato del candidato del PRI a la Presidencia de la República, Luis Donaldo Colosio, que había sido ejecutado en Tijuana, Baja California, el 23 de marzo de 1994, apenas siete días después del secuestro de Harp Helú. Eso explica la ausencia de García Luna en las investigaciones del magnicidio, aun cuando su figura ya era prominente dentro de la estructura del Cisen; estaba asignado y comprometido de tiempo completo a la investigación del secuestro del banquero, una prioridad para el presidente Salinas de Gortari.

Los empresarios reconocieron formalmente su labor como policía cuatro años después. A mediados de septiembre de 1998, Harp Helú ofreció una reunión en Oaxaca para agasajar al agente que negoció con buenos resultados su liberación. Estuvieron presentes todos los empresarios que años antes se habían apersonado ante el entonces presidente Salinas de Gortari para exigirle mayor seguridad en el sector de los negocios. El encuentro se dio a escasos días de que la PGR anunciara la detención de dos de los secuestradores de Harp Helú: Joviel Rafael Ventura —alias José Luis— y Salomé Aguirre Bahena —alias el Teniente—.

Ambos guerrilleros fueron capturados en Guerrero durante un aparente operativo del Cisen a cargo de García Luna. Ningún elemento regular de la PGR o la de la Procuraduría de Justicia del Estado participaron en las investigaciones ni en la detención. A fin de lograr la captura de los dos secuestradores, el Licenciado se habría valido de la fuerza operativa del crimen organizado. Para ello contó con la ayuda de su jefe, Wilfrido Robledo Madrid, quien puso a su disposición a un hombre que trabajó bajo su mando cuando fue director de Seguridad Pública en 1982 en Tabasco, durante la administración de Enrique González Pedrero.

Aquel hombre que apoyó a García Luna en el operativo para detener a dos de los ocho secuestradores de Harp Helú era Alcides Ramón Magaña, alias el Metro, uno de los principales operadores del Cártel de Juárez, que negociaba el trasiego de cocaína desde Colombia hasta

Estados Unidos, vía Cancún, con Mario Villanueva Madrid, entonces gobernador de Quintana Roo. Tras la captura de los dos secuestradores, el Metro los entregó a García Luna y este, luego de una sesión de tortura de más de 48 horas para indagar el paradero de los otros implicados, los envió a la Procuraduría de Guerrero. El titular de la dependencia, Servando Alanís Santos, hizo el anuncio oficial de las aprehensiones, en el que el gobernador interino, Ángel Aguirre Rivero, se llevó el reconocimiento público.

En lo privado, dentro del grupo empresarial mexicano, siempre se supo, tal vez no de fondo, pero sí de forma, que la captura de los plagiarios de Harp Helú fue obra de García Luna. Fue su mejor carta de presentación ante los empresarios, que lo vieron como el mejor garante de sus intereses. Por eso, unánimemente, simpatizaron con la solicitud que el propio Harp Helú le hizo al presidente Ernesto Zedillo de recompensar el esfuerzo de García Luna. Fue cuando ascendió a la Coordinación General de Contrainteligencia y quedaron a su cargo las direcciones de Contrainteligencia, Seguridad Institucional, Información Técnica y Atención a Grupos Subversivos, con el beneplácito de Tello Peón, director general del Cisen, quien siempre lo presumió en la esfera política como el orgullo del sistema de inteligencia del gobierno federal.

De esa manera, ya había escalado a la segunda coordinación de importancia dentro del Cisen. Para 1995 —como se describió en el capítulo anterior—, el entonces candidato al gobierno de Michoacán, Felipe Calderón Hinojosa, lo invitó a ayudarlo a diseñar su campaña electoral con base en sus conocimientos de inteligencia. En ese tiempo, a través de Carlos Mejía Villaseñor, conoció a fondo la estructura de los grupos aislados del narcotráfico que operaban en el estado en alianza con Los Zetas, y que 11 años después, en 2006, se autodenominarían la Familia Michoacana, pero con los mismos personajes ya plenamente conocidos. Algunos desde el campo de lo hipotético, pero que le ayudarían a elucubrar el operativo conocido como *El Michoacanazo*, cuyo desenlace sería una pifia.

El niño mimado y silencioso

Ese era García Luna: paciente y analítico. No se desesperaba ante ninguna circunstancia. Todo lo reservaba, lo acumulaba para el momento que le favoreciera más. Así lo recuerda Ramón, un amigo de la infancia —quien habló guardando el anonimato— que creció con él en la colonia Herón Proal, donde García Luna vio la luz primera, en la Ciudad de México. "Genaro era introvertido", cuenta. "No le gustaban las reuniones de amigos. A veces se juntaba con sólo dos o tres compañeros y era únicamente para platicar. Las únicas veces que se reunía en grupo era para jugar al futbol. Era bueno en el deporte, pero no le gustaba perder".

Genaro García Luna nació el 10 de julio de 1968 en el seno de una familia típica de la Ciudad de México: su padre, Juan Nicolás García Luna, entonces de 49 años, imbuido en el trabajo, le dedicaba poco tiempo. Prácticamente creció bajo la férrea tutela de su madre, doña Consuelo Luna Aceves, cuya sobreprotección a su hijo fue muy notoria, incluso cuando se trataba de darle permiso para jugar con sus compañeros de infancia. Refiere Ramón: "A Genaro le gusta leer. Siempre estaba clavado en algún tipo de lectura. Su casa era de las pocas que en la colonia tenían un acervo de libros. Tal vez no una biblioteca, pero al menos sí muchos libros que no se veían si no era en una biblioteca pública". Y agregó: "Era un intelectual para su época; siempre estaba leyendo, a veces libros, a veces cualquier tipo de revistas". Lo recuerda leyendo "revistas no muy comunes en aquel barrio de clase media baja", como *Duda, Chanoc, Superman, Impacto* y *Proceso*.

A Genaro le gustaba platicar con sus amigos sobre los contenidos de esas revistas. En cierta forma, así motivaba a leer a los pocos con quienes se reunía. Ramón cita sus palabras de rechazo a la televisión: "La tele atonta. No te deja pensar". Ese era el argumento de Genaro cuando alguno de los que se juntaban con él pretendía llevar en ese sentido las esporádicas charlas, principalmente los sábados por la tarde, en la banqueta de su casa, donde las reuniones eran casi obligadas después de regresar de jugar futbol. "Era un fanático de la Coca-Cola y las Sabritas", comenta.

Genaro hablaba poco, siempre con frases cortas y concisas. La razón era su tartamudeo. Por eso prefería aislarse y hablar lo menos posible frente a sus amigos. No soportaba que se burlaran de él, mucho menos que le dijeran Tartamudo, su apodo de niño. De ahí su ira. Ramón recuerda que pocas veces se lió a golpes: "Las ocasiones en que se agarró a trompadas con alguien del barrio fue porque lo provocaron". No siempre reaccionaba violentamente ante la provocación del apodo. La mayoría de las veces ignoraba la ofensa y se retiraba. "Lo hacía no tanto por miedo a la pelea, sino porque su mamá era estricta en ese sentido", pues cada vez que regresaba a su casa y su madre sabía que había peleado lo castigaba de manera ejemplar. Le prohibía leer sus revistas y libros. Lo confinaba dentro de la casa y la única lectura que le permitía era la Biblia. "Genaro tenía un increíble respeto, o miedo, a la autoridad de doña Consuelo".

Sin embargo, Guadalupe Martínez, una compañera que cursó con él la primaria, lo evoca de manera distinta: "Era impulsivo y violento. Provocador. Le gustaba tener autoridad entre el resto de sus compañeros". Aunque también era buen estudiante: "Tenía una memoria privilegiada. Se aprendía de memoria las lecturas del libro de español. Con las cuentas y los números era muy bueno. No necesitaba de calculadora para hacer las ecuaciones básicas". No participaba en la clase, pero siempre lograba buenas notas, sobre todo en ciencias naturales y matemáticas. Su comportamiento impulsivo provocaba que fuera sancionado muy frecuentemente. "Tiro por viaje se quedaba sin recreo o lo dejaban castigado durante toda la clase en una esquina del salón", dice Martínez, y agrega que también era muy popular, ya que su comportamiento no pasaba inadvertido. "La mitad de la clase lo odiaba; la otra mitad lo adorábamos".

Ramón lo recuerda como un galán por el que suspiraban las niñas más bonitas del barrio, aunque aclara: "No era noviero. Era tímido en el amor". En el barrio no se le conoció ninguna pareja "a pesar de su buen porte y de que siempre vestía impecable con camisas de manga larga, muy bien planchadas". Para Ramón, su desapego a las relaciones amorosas pudo deberse a dos factores: "Su marcada dificultad para hablar y la falta de dinero" —la cual era generalizada entre todos los chiquillos de aquel barrio—, pues dependía del poco dinero que su mamá le daba cada semana. Por ello nunca despilfarraba lo que traía en la bolsa. "Era extremadamente tacaño [...]. [Los] únicos gastos que se le conocían eran las revistas que gustaba leer, y a veces el refresco y las Sabritas".

Por esa falta de dinero o por su tacañería, Ramón nunca vio a Genaro participar en las "botanas" (las comidas que todos los muchachos del barrio a veces organizaban al final de los partidos de futbol). "Apenas terminaba el encuentro, Genaro tomaba su mochila y se alejaba del grupo. Después lo encontrábamos sentado en la banqueta de su casa tomando su refresco, comiendo Sabritas y leyendo alguna de sus revistas". Por eso mismo, piensa Ramón, García Luna siempre rehuyó a tener novia. "Al menos nunca se le conoció una en el barrio".

A pesar de la estrechez económica en que vivía, Genaro fue distinto a la mayoría de los amigos que crecieron con él: entre la niñez y la adolescencia, nunca trabajó. Mientras muchos de sus compañeros de juego poco a poco empezaban a laborar, "Genaro García fue un niño mimado de casa, al que su mamá le ordenaba mantenerse apegado al estudio". Fue de los pocos de la palomilla que llegaron al bachillerato, momento en que definitivamente "Genaro se alejó de los amigos del barrio". En el periodo de preparatoria —sigue Ramón— se le veía poco por el barrio: "Seguía siendo el mismo muchacho galán, retraído, pero que a la vez era distinto. Siempre llevaba una revista o un libro bajo el brazo". Era como una advertencia para que no se le acercaran sus antiguos compañeros, que ahora trabajaban en talleres mecánicos, de carpintería o en negocios familiares, de tal forma que pasaron "de ser amigos a sólo conocidos".

El rastro de García Luna en el barrio de Herón Proal se pierde durante su época preparatoria. Guadalupe Martínez apunta que en ese tiempo dejó la casa de sus padres para vivir en Coyoacán; las razones de que abandonara el seno familiar son hipotéticas. Desde la perspectiva de Ramón, sostuvo una fuerte discusión con su padre, quien le exigía trabajar mientras estudiaba, para contribuir económicamente a la familia, a lo cual Genaro se negó y optó por marcharse de la casa familiar. Por su parte, Guadalupe Martínez, quien reconoce que "efectivamente hubo conflictos económicos al interior de la familia en ese tiempo", atribuye su salida de Herón Proal a "una relación de amistad con un compañero de preparatoria que lo invitó a vivir a su casa de Coyoacán".

Ambas fuentes coinciden en que las visitas de Genaro a la casa familiar se volvieron cada vez más esporádicas. Prácticamente desapareció del barrio cuando ingresó a la universidad y reapareció por la zona "cuando ya era policía" —en realidad, miembro del Cisen—. "Llegaba a la casa [paterna] escoltado por muchos policías", refiere Ramón, quien reconoce que no dejaba de enorgullecerse cuando lo veía por televisión como "el director de la AFI" y luego como titular de la SSP.

Cristina, más que una esposa

En ese transcurso, García Luna se unió en matrimonio con Linda Cristina Pereyra Gálvez, dos años menor que él, originaria de Nezahualcóyotl y titulada como licenciada en Derecho en 2018 por la Facultad de Estudios Profesionales y Postgrados de la Ciudad de México. Con ella procreó dos hijos: Genaro y Luna.

Pereyra Gálvez se convirtió en más que el soporte emocional de García Luna: también participó en algunas operaciones económicas que le redituaron importantes beneficios al matrimonio. Con la puesta en marcha del restaurante Los Cedros —ubicado en el Paseo de los Cedros número 1, colonia Paseos del Sur, en Xochimilco, Ciudad de

México, registrado por su propietaria Linda Cristina Pereyra Gálvez ante el Instituto Mexicano de la Propiedad Industrial, bajo el número de expediente 878390 del 28 de agosto de 2007—, los García Pereyra se beneficiaron de la selectiva exención del pago de impuestos: el Sistema de Administración Tributaria (SAT) les perdonó impuestos del orden de los 4 millones 741 mil pesos cuando en 2010 ya era el hombre más fuerte del gobierno de Calderón Hinojosa.

Aun cuando el SAT no desglosa en ningún documento oficial los impuestos perdonados a la dueña del restaurante Los Cedros, si estos fueran solamente por el pago de IVA, significaría que el negocio de los García Pereyra tuvo ingresos en un año por más de 29 millones 631 mil pesos. Ahora bien, si la condonación corresponde únicamente al pago del ISR, entonces el negocio habría tenido ventas en un año por el orden de los 15 millones 803 mil pesos. Podría inferirse que era un excelente negocio… o que de alguna forma sirvió para el lavado de dinero.

Cuando García Luna se fue a radicar a Estados Unidos al término de su gestión pública en 2013, Pereyra Gálvez abrió dos nuevos negocios en Miami: Restaurant & Beverage Operator Los Cedros y Los Cedros and Best Friends Group LLC. Ambos están ligados al despacho Serber & Associates P.A., de Daniel J. Serber, quien, junto con Jonathan Alexis Weinberg, representa a ICIT Security Group Holding LLC, una de las empresas de venta de servicios y equipos de inteligencia beneficiadas por el ex secretario de Seguridad Pública.

J. Serber también está vinculado a la firma GL & Associates Consulting LLC, que actualmente dirige Gabriel Díaz Sarmiento, pero que García Luna fundó en Miami el 12 de diciembre de 2004. El matrimonio, además, dio vida a la firma Delta Integrator LLC, también en Miami, el 19 de noviembre de 2013. Estas dos firmas participaron en la compra de seis propiedades inmobiliarias en Miami, donde los esposos García Pereyra invirtieron seis millones de dólares.

Una tercera empresa donde intervino Pereyra Gálvez fue Nunvav Inc., fundada en 2011 en Panamá. A través de esta empresa, mediante contratos de servicios poco claros, se logró obtener del erario más de 2 mil 752 millones de pesos, según lo expuso en diciembre de 2019 Santiago Nieto, titular de la Unidad de Inteligencia Financiera (UIF) de la Secretaría de Hacienda y Crédito Público (SHCP). Los contratos otorgados por la Segob y la Tesorería de la Federación fueron por la venta de *software* de intervención de comunicaciones privadas vía telefónica y redes sociales.

La deslealtad de Nunvav Inc. no sólo estribó en el sobrecosto de los servicios ofrecidos al gobierno federal, sino en que el *software* vendido a la Segob y a la Tesorería de la Federación, que sería exclusivo, fue puesto en venta también a la empresa ICIT Security Group Holding LLC, lo que permitió que particulares tuvieran acceso en tiempo real a los trabajos de intervención de comunicaciones que realizaba el gobierno federal.

Los contratos de Nunvav Inc. con la Segob y la Tesorería de la Federación fueron hechos durante la administración del presidente Enrique Peña Nieto, cuando García Luna ya estaba fuera del servicio público. Para negociarlos se valió de la mediación de Ricardo Rafael Ríos García, quien fue director de Análisis en el Cisen de 1995 a 2005 y que a partir de 2006 se incorporó como director de Seguridad al consorcio minero Grupo México, perteneciente al empresario Germán Larrea Mota Velasco. Fue así como García Luna cobró el favor hecho a ese consorcio, cuando la PFP operó como guardia de seguridad de todas sus minas durante el gobierno de Calderón Hinojosa.

En efecto, en ese periodo la PFP actuó como vigilante particular de las minas de Grupo México, donde disolvió 18 manifestaciones sociales opositoras a las actividades en *Santa Eulalia* y *Santa Bárbara*, Chihuahua; *San Martín* y *Chalchihuites*, Zacatecas; *Las Charcas*, San Luis Potosí; Taxco, Guerrero; Nueva Rosita, Coahuila, y Cananea, Sonora. De manera extraña y coincidente, hasta la fecha están registradas siete desapariciones de líderes comunales que se opusieron a esos proyectos extractivos y que encabezaron los enfrentamientos contra agentes federales.

3

El Licenciado
y el poder económico

"La contagiosidad de la delincuencia es como
la de la peste".

—Napoleón Bonaparte

Si bien es cierto que Genaro García Luna fue muy
hábil para sostenerse dentro del sistema político mexicano, sorteando la transición del régimen priista al panista sin ser removido, resulta inequívoco que esencialmente fue gracias a sus relaciones con los hombres de negocios y al padrinazgo político de Wilfrido Robledo Madrid, que lo protegió a toda costa, tanto en el Cisen como en la PFP.

Desde el sector empresarial, el banquero Alfredo Harp Helú fue el hombre clave para que el Licenciado no se viera afectado por la marea política de transformación del país que el entonces presidente Vicente Fox Quesada provocó a finales de 2000. Harp Helú fue su aval. Su secuestro y la providencial encomienda a García Luna de que se encargara de la investigación del caso, con los resultados positivos ya descritos, fue lo que sostuvo su carrera dentro del sistema. No sólo fue por su eficiencia como policía al servicio del régimen establecido, sino por la recomendación del grupo empresarial que, desde 1990, controla los movimientos políticos en el país. Esto lo colocó durante dos sexenios como el hombre más poderoso de México, apenas después del presidente de la República, una posición que hasta entonces era exclusiva de los secretarios de Gobernación.

En el ámbito de lo político gozó en todo momento de la protección de Robledo Madrid, quien lo recibió en el Cisen cuando apenas era un estudiante. "Fue él quien lo mantuvo siempre bajo su cobijo", señala José Óscar Valdez Ramírez, doctor en Derecho y Ciencias Penales, quien ha seguido de cerca su trayectoria. "No es otra cosa que la hechura del corrupto sistema político mexicano, donde también influyó la participación del gobierno de Estados Unidos, que de alguna forma (a través de los reconocimientos públicos hechos a su carrera como policía) también lo empoderó, para convertirlo en lo que hoy es".

La policía al servicio de la iniciativa privada

Después de la cumbre empresarial de Oaxaca, en la que el empresario Harp Helú posicionó a García Luna como "un hombre del sistema", este ya no se alejó de su necesidad de asistir a los principales hombres de negocios. Alternó su trabajo de servicio a la sociedad, para el que oficialmente estaba designado, con tareas especiales de atención a los requerimientos de seguridad para las empresas de los principales potentados de México.

Cuando García Luna dejó su cargo del Cisen en 1999 y el presidente Ernesto Zedillo Ponce de León lo nombró coordinador general de Contrainteligencia para la Prevención del Delito de la PFP, lo primero que hizo fue poner al servicio de los empresarios del país la operación de esa unidad policial. El primer beneficiado fue el empresario Germán Larrea Mota Velasco, a quien le ofreció elementos operativos y de inteligencia sin restricciones para mantener a salvo los intereses de las mineras, agrupadas en el consorcio Grupo México. Para ese momento estaban "cercadas" por grupos de activistas que demandaban el cese de sus operaciones, dada la contaminación que producían, y asediadas por grupos del crimen organizado que reclamaban el "cobro de piso".

Larrea Mota Velasco no se hizo de rogar. Aceptó la propuesta debido al riesgo que representaban los activistas para la operación de sus minas y a la amenaza de algunas células del narco con las que no se pudo llegar a un acuerdo. Por disposición de García Luna, entre octubre y diciembre de 1999 fueron asignados 350 elementos de la PFP al cuidado de las minas de Grupo México. Su labor era rotativa. Tenían la consigna de cuidar los polígonos de las minas *El Arco,* en Baja California; la planta de cal, en Agua Prieta, Sonora; la mina *Buenavista del Cobre,* en Cananea, Sonora; el complejo metalúrgico *La Caridad* y la mina *Los Pilares,* en Sonora; las minas *Santa Eulalia* y *Santa Bárbara,* en Chihuahua; la mina de carbón *Pasta de Conchos,* en Nueva Rosita, Coahuila; las minas *Chalchihuites* y *San Martín,* en Zacatecas; la mina *Las Charcas* y la refinería de zinc, en San Luis Potosí, y la mina de zinc y plomo en Taxco, Guerrero.

Todo era con cargo al erario. Así lo dispuso García Luna. Al menos durante el último año del presidente Zedillo Ponce de León y todo el sexenio del presidente Fox Quesada, el empresario minero no pagó un solo peso por la seguridad que el Estado le brindó a su red minera que, no conforme con ello, pasó de 350 a 500 efectivos de la PFP que, además de cuidar las instalaciones, sofocaron movimientos de resistencia de grupos ambientalistas. Así ocurrió entre 1999 y 2001 en la mina *Buenavista del Cobre,* en Cananea, donde los efectivos policiales reprimieron en tres ocasiones a un grupo de 120 mineros disidentes despedidos que buscaban ingresar a las instalaciones para recuperar sus puestos de trabajo.

Se cuentan por decenas las intervenciones en todo el país de la PFP, por órdenes de García Luna como coordinador de Inteligencia, para reprimir movimientos sociales que ponían en riesgo la productividad minera de Grupo México y de otros consorcios trasnacionales. Uno de los casos más representativos tuvo lugar el 6 de mayo de 2009 en San José del Progreso, Oaxaca, en la mina *La Trinidad*. Ahí, después de 50 días de un bloqueo realizado por los pobladores para pedir el cese de operaciones contaminantes, los federales efectuaron un desalojo violento que dejó decenas de heridos. Lo mismo sucedió en las minas de *Chalchihuites*, en Zacatecas; *Pasta de Cochos*, en Coahuila; *La Platosa*, en Durango; *San Pedro*, en San Luis Potosí; *Las Encinas*, en Michoacán, y *Peña Colorada*, en Colima.

La relación de García Luna con Larrea Mota Velasco y el reducido grupo empresarial mexicano, entre los que están Alberto Baillères y Ricardo Salinas Pliego, fincada en la protección de intereses mutuos, trascendió hacia otros empresarios fuera del sector minero. Por considerar a la planta productiva en general como un asunto de seguridad nacional, el entonces coordinador de Inteligencia de la PFP propuso en 2002 al gobierno de Fox Quesada un esquema de seguridad especial para todos los hombres de negocios y sus empresas. Se aceptó su idea de asignar por lo menos 750 policías federales al frente de un grupo especial de protección del sector industrial. Este grupo se puso a la consideración de Harp Helú, quien determinaba cuáles empresas y empresarios debían contar con protección permanente sin costo alguno.

En una especie de triunvirato, Larrea Mota Velasco proponía a las empresas y empresarios que necesitaban mayor seguridad oficial. En seguida, Harp Helú avalaba el ingreso al selecto grupo de protegidos por el Estado. Luego, García Luna diseñaba los esquemas de seguridad y decidía el número de elementos destinados a la encomienda, el tipo de seguridad requerida y las acciones a ejercer para cumplir el encargo. Se beneficiaron cientos de empresas nacionales y trasnacionales. Plantas y empresarios desde el sector textil, agroindustrial, automotriz y extractivo hasta el maquilador, embotellador y de servicios financieros contaron con la protección irrestricta de García Luna. A cambio, los hombres de negocios respaldaron permanentemente el trabajo del

Licenciado no sólo para que evitar que el presidente en turno lo removiera de su cargo, sino para que a García Luna se le otorgaran más funciones en el ámbito de la seguridad nacional.

Wilfrido Robledo Madrid no fue ajeno a los nexos de García Luna con el sector empresarial. Como comisionado general de la PFP del 4 de julio de 1999 al 31 de diciembre de 2000, Robledo siempre secundó las acciones de su protegido. Con su visto bueno, García Luna pudo desarticular el esquema original de trabajo implementado por el primer comisionado general, Omar Fayad Meneses, que había diseñado a la PFP como un instrumento de seguridad para la población, no como guardia de los intereses económicos de los empresarios más acaudalados del país.

Por eso, cuando Robledo Madrid dejó el cargo de comisionado general de la PFP, para que lo sucediera Alejandro Gertz Manero, vino la confrontación. Gertz Manero había aceptado, por recomendación de Fox Quesada y a petición de Harp Helú, la continuidad de García Luna como su subalterno en la Coordinación General de Inteligencia de la PFP. Pero una vez que el nuevo comisionado se enteró de los intereses que protegía García Luna, puso su renuncia —aun sin asumir el cargo— en el escritorio del presidente Fox Quesada, quien optó por una salida mediadora, que no lo contrapusiera con los empresarios que reclamaban la presencia de García Luna en el área de seguridad, ni fracturara la relación de amistad que mantenía con Gertz Manero: a cambio de su salida de la PFP, encargó a García Luna el diseño de una policía federal con la cual pudiera seguir al servicio de las necesidades de seguridad de la élite empresarial, pero que dependiera directamente de la PGR, bajo el mando de Rafael Macedo de la Concha.

Fue una tarea fácil para García Luna, convertido ya en un habilidoso policía. Así, de la mano de Carlos Paredes Leyva, el cerebro detrás del secretario de Gobernación, Santiago Creel Miranda, creó la Agencia Federal de Investigación (AFI). Tras la recomposición de la caduca Policía Judicial Federal (PJF), la AFI nació oficialmente, por decreto presidencial, el 1 de noviembre de 2000. Alrededor de

8 mil 500 efectivos estaban bajo las órdenes del Licenciado. Si bien es cierto que la cantidad de elementos de la AFI era una cuarta parte menor a la de los integrados en la PFP, García Luna, desde su nuevo cargo, pronto encontró la forma de hacerse del control de la seguridad pública del país, específicamente de la clase empresarial.

Al participar en la elaboración del Decreto de la AFI, cuyo artículo 19 quáter, fracción VI, inicialmente contemplaba la operación de los elementos de esta agencia para la labor de "Organizar el servicio de protección y seguridad a los servidores públicos de la Institución", García Luna agregó cinco palabras: "así como a otras personas". Con lo anterior logró operar la AFI como lo venía haciendo con la PFP: poniéndola al servicio de los empresarios.

Rafael Caro Quintero y Carlos Rosales Mendoza

Cuando inició la reestructuración de la vieja PJF para conformar la nueva AFI, el Licenciado se encontró con que muchos de los elementos que pasarían a estar bajo su mando mantenían claros nexos con grupos del narcotráfico. Todo indica que no hizo nada por depurar la institución. Finalmente los dejó pasar. Quizá esa fue la primera ocasión en que García Luna se relacionó de manera consciente con miembros del crimen organizado. Sólo él lo sabe.

Uno de los elementos a quien recibió como subalterno, pese a las evidencias de vínculos con el narcotráfico, fue el comandante Guillermo González Calderoni, quien ingresó a la corporación como agente investigador durante la gestión del procurador Sergio García Ramírez, en el sexenio de Miguel de la Madrid Hurtado (1982-1988). Más tarde fue ascendido como comandante regional con Enrique Álvarez del Castillo, procurador general de la República, ya en la administración de Salinas de Gortari.

No hay que olvidar que, antes de ser el titular de la PGR, Álvarez del Castillo, en su calidad de gobernador de Jalisco, estuvo estrechamente vinculado a Rafael Caro Quintero, Ernesto Fonseca Carrillo y Miguel Ángel Félix Gallardo, los fundadores del narcotráfico moderno, a través del Cártel de Guadalajara. Incluso, la DEA lo acusó de encubrir los asesinatos del agente infiltrado de esa corporación, Enrique Camarena Salazar, y del piloto Alfredo Zavala Avelar, cargos por los que estuvieron presos más de 27 años los tres narcotraficantes.

En la cárcel de Puente Grande, Jalisco, donde coincidí con Caro Quintero, entre 2008 y 2010, él mismo reconoció en sus esporádicas pláticas —dichas a manera de cátedra, a veces para escapar de la monotonía de la cárcel, entre algunos de los presos que nos arremolinábamos cuando algún guardia se mostraba flexible— que el ex gobernador Álvarez del Castillo facilitó la operación del Cártel de Guadalajara. Por ejemplo, entregó credencial y placa de la PJF a Caro Quintero, Félix Gallardo y Fonseca Carrillo, lo que prácticamente los hizo intocables, cosa que reconoció el capo en su momento.

González Calderoni era el hombre de las confianzas de Álvarez del Castillo. No fue distinto con Macedo de la Concha, ni con los procuradores anteriores Ignacio Morales Lechuga, Jorge Carpizo McGregor, Diego Valadez Ríos, Humberto Benítez Treviño, Fernando Antonio Lozano Gracia y Jorge Madrazo Cuéllar. Por eso García Luna lo acogió con los brazos abiertos al momento de integrar la AFI. No pesó demasiado el hecho de que González Calderoni tuviera una estrecha relación con Óscar Malherbe de León y Arturo Guzmán Decena, cuyo nombre en clave era el Z-1, los principales operadores del Cártel del Golfo, fundado por Juan García Ábrego.

Resulta imposible creer que las operaciones de González Calderoni, ya entronizado como comandante de la AFI, fueran desconocidas para la coordinación general de esta corporación, sobre todo porque eran públicas y notorias, como las reuniones que mantenía en Morelia, a principios del 2001, con los representantes del narco en Michoacán, aliados entonces con Los Zetas, y que luego formarían el Cártel de La Familia Michoacana. González Calderoni negoció con Los Valencia y el grupo encabezado por Jesús Méndez Vargas, alias el Chango, a fin de otorgarles una porción de territorio michoacano para el trasiego de drogas; esto, a cambio de permitir la presencia de un grupo de sicarios enviados por García Ábrego, que seguía operando desde prisión para controlar el puerto de Lázaro Cárdenas. Dicho grupo atendía directamente las instrucciones de Osiel Cárdenas Guillén —líder del Cártel del Golfo— y estaba comandado por Carlos Rosales Mendoza, alias el Carlitos o el Michoacano, uno de los fundadores del Cártel de La Familia Michoacana.

El Carlitos, a quien conocí y fuimos compañeros de celda en la prisión de Puente Grande, en no pocas ocasiones habló de la relación que mantuvo, a través del comandante González Calderoni, con el entonces coordinador de la AFI: el Licenciado —alias con el que se refería a García Luna—, quien siempre le dispensó su apoyo. Gracias a esa conexión que el Licenciado mantuvo —vía González Calderoni— con Cárdenas Guillén, compadre de Rosales Mendoza, este pudo contar con el apoyo de un grupo de la AFI para controlar el trasiego de drogas en territorio michoacano que, en aquel entonces, se disputaba el Cártel del Golfo con Armando Cornelio Valencia —jefe del Cártel de Los Valencia— y Méndez Vargas —cabeza del Cártel de La Familia Michoacana—.

En efecto, la evidencia apunta a que la relación entre Rosales Mendoza y García Luna fue a través del comandante González Calderoni, quien entonces cobraba un millón de dólares cada tres meses por la prestación de "los servicios" de los agentes de la AFI, los cuales, a su vez, se ponían a las órdenes de Rosales Mendoza, como sicarios. En esa relación —contó en su momento el Carlitos en prisión en 2009—, el Cártel del Golfo, del que él era uno de sus principales operadores, llegó a controlar el corredor de droga Puerto Lázaro Cárdenas-Morelia-Querétaro-San Luis Potosí-Nuevo Laredo. Es decir, se trataba de la principal vía de suministro de cocaína proveniente de Cali, Colombia, para el Cártel del Golfo, ya plenamente establecido en Tamaulipas, de donde era originario y mantenía un amplio control el comandante González Calderoni.

Esa relación de "trabajo" entre García Luna y Rosales Mendoza, a través de los agentes de la AFI a cargo de González Calderoni, finalizó el 5 de febrero de 2003, cuando este fue ejecutado en la ciudad de McAllen, Texas. A partir de ese momento, Rosales Mendoza no volvió a comunicarse con García Luna. De hecho, la relación no terminó de tajo. Ya se había enfriado por la muerte de Arturo Guzmán Decena, el Z-1, ocurrida en un enfrentamiento con el Ejército el 2 de noviembre de 2002. El Carlitos siempre estuvo convencido de que la muerte de su compadre Guzmán Decena se derivó de una traición de García Luna. El día de su ejecución, Guzmán Decena tenía pactado un encuentro con González Calderoni y el mismo García Luna en la ciudad de Matamoros, Tamaulipas.

Tras la ruptura definitiva con García Luna, el Carlitos se convirtió en un objetivo de captura de importancia nacional. Hasta entonces había logrado llevar a cabo subrepticiamente su labor como narcotraficante. Las fuerzas del orden nunca lo habían buscado. Ni siquiera había tenido una orden de investigación. No fue sino hasta que se rompió aquella relación cuando la AFI emitió una orden de captura en contra del Carlitos. No sólo eso: también fue clasificado por la DEA como uno de los diez fugitivos más peligrosos del mundo, por el que se ofrecía una recompensa de dos millones de dólares.

Rosales Mendoza tuvo, después de la fractura, la audacia de desafiar a García Luna. Le advirtió a través de un emisario que liberaría de la prisión federal de Almoloya, Estado de México, a su compadre Osiel Cárdenas Guillén, recluido allí desde el 14 de marzo de 2003. El Carlitos organizó un grupo de 300 hombres para efectuar el asalto al penal federal. Como contó, el plan fue organizado por cuatro ex militares que eran elementos de la AFI y habían estado bajo las órdenes de González Calderoni: Óscar Guerrero Silva, alias el Winnie Pooh; Daniel Pérez Rojas, el Cachetes; Manuel Alquisires Hernández, el Meme, y Enrique Ruiz Tlapanco, el Tlapa. Se habían pasado al Cártel de La Familia Michoacana tras el asesinato de su comandante.

El asalto nunca se logró. En cuanto García Luna se enteró del plan, recomendó extremar las medidas de seguridad en la periferia del penal federal de Almoloya, al tiempo que comenzó la férrea cacería de Rosales Mendoza, al que finalmente detuvieron el 28 de octubre de 2004. Paradójicamente, la PGR, a través del Ministerio Público adscrito, sugirió que el narcotraficante michoacano fuera recluido en la prisión que pretendía asaltar, para días después trasladarlo a la cárcel federal de Puente Grande.

La fricción entre ambos no terminó con el encarcelamiento de uno de los principales jefes de La Familia Michoacana. En la prisión de Puente Grande —donde permaneció desde octubre de 2004 hasta que salió libre en mayo de 2014, luego de cumplir una sentencia de nueve años y cuatro meses por lavado de dinero—, Rosales Mendoza fue sometido a constantes torturas, privación de alimentos, incomunicación y segregación. Según lo refirió dentro de la prisión, aquello fue por orden directa del Licenciado, quien oficialmente señalaba que era una forma de sometimiento para evitar una posible fuga del reo. La realidad es que nunca perdonó al capo por amenazarlo con el asalto al penal de Almoloya.

Otra de las razones que en su momento Rosales Mendoza atribuyó a la fijación que García Luna tenía para con su persona fue la alianza que —aseguraba— se había establecido entre este y el Cártel de Sinaloa, desde enero de 2001. En palabras de Rosales Mendoza, García Luna se habría comprometido con Ismael Zambada García, el Mayo, a respetar las operaciones del cártel a cambio del pago mensual de un millón de dólares. El contacto entre García Luna y el Cártel de Sinaloa se habría dado a través de Eduardo Santos Acosta Michel, un funcionario de la PGR que después sería el subdelegado de Asuntos Penales de la dependencia en Sonora.

El Carlitos aseguraba que Acosta Michel —detenido en Nogales, Arizona, el 17 de abril de 2003, portando más de 30 mil dólares en efectivo, cuya procedencia no demostró y por lo cual lo procesó el gobierno de Estados Unidos— también se encontraba en la nómina de Rafael Caro Quintero, en ese entonces recluido en la cárcel federal de Matamoros, antes de ser trasladado a la cárcel federal de Puente Grande.

El Lic, de la mano de Cárdenas Palomino

De acuerdo con Rosales Mendoza, Acosta Michel no fue el único elemento de la AFI, heredado de la PJF, que le posibilitó a García Luna contactar con las estructuras de los cárteles de las drogas. Otro personaje, Luis Cárdenas Palomino, también jugó un papel fundamental. Cuando este fue designado director general de Investigación de la AFI, García Luna amplió su red de contactos con las principales organizaciones criminales mexicanas; pasó de mantener comunicación solamente con los líderes de los cárteles del Golfo, de Sinaloa y La Familia Michoacana a relacionarse con las estructuras de mando de los Arellano Félix, los Beltrán Leyva y los Carrillo Fuentes.

Un rol clave en esa labor fue el que desempeñó Dámaso López Núñez, posteriormente apodado el Lic por el propio Joaquín Guzmán Loera, el Chapo, con quien llevó su amistad al grado de compadrazgo. López Núñez se incorporó a la estructura de la AFI como "madrina" (término del argot policiaco para referirse a los informantes que no son parte de la corporación), por los servicios que prestaba a dicha agencia desde su cargo como comandante de la Policía Judicial Estatal de Sinaloa, y luego como agente del Ministerio Público, en esa misma entidad.

El reclutamiento de López Núñez se dio por instrucción directa de Cárdenas Palomino, quien lo utilizó para colgarse algunos logros en la lucha contra el narcotráfico, haciendo pequeños decomisos de drogas y armas a grupos del crimen organizado, ajenos al Cártel de Sinaloa, que utilizaban esa ruta para llegar a Tijuana. El blanco de esos decomisos eran invariablemente algunas "mulas" ocupadas por los cárteles de La Familia Michoacana y del Milenio, los cuales más adelante transitarían para convertirse en el poderoso Cártel Jalisco Nueva Generación (CJNG), que desde 2008 y hasta la fecha lidera Nemesio Oseguera Cervantes, alias el Mencho.

El primer contacto entre Cárdenas Palomino y López Núñez —el Lic— ocurrió, según un ex colaborador de este último en el estado de Nayarit, José Luis Reyna, a principios de 1991, cuando aquel era aún funcionario del área de contrainteligencia del Cisen, ya bajo las órdenes de García Luna, entonces coordinador general del área. López López Núñez era todavía agente de la Policía Judicial del Estado de Sinaloa, pero ya colaboraba con el Cártel de Sinaloa; su función consistía en organizar los trasiegos de droga que Guzmán Loera enviaba desde Guatemala, donde se hallaba de manera casi permanente para controlar la ruta en toda la región de Centroamérica.

El Cisen buscó contactar a López Núñez luego de identificarlo como un policía corrupto al servicio del Cártel de Sinaloa. El objetivo inicial era determinar dónde se localizaba Guzmán Loera, a quien ya se le buscaba oficialmente por estar al frente de la fracción del cártel que Caro Quintero seguía dirigiendo desde la prisión. Las pesquisas llevaron al Cisen a ubicar a López Núñez mientras custodiaba un cargamento de dos toneladas de cocaína en los límites de Puebla y Oaxaca. No obstante, tras el operativo que realizaron elementos de la entonces PJF y en el que lograron la captura de López Núñez, no se presentaron cargos en su contra. Así lo decidió la PGR por dos motivos: el Cisen solicitó utilizarlo como informante y pesaba el compromiso de Álvarez del Castillo, entonces procurador de la República, para proteger los intereses de Caro Quintero y su socio, el Chapo.

Fue en ese momento cuando Cárdenas Palomino, por instrucción de García Luna, fichó a López Núñez, el Lic, como informante al servicio del Cisen. La información que filtraba el Lic era valiosa para las operaciones de contrainteligencia de García Luna, quien a partir de ahí comenzó a reclutar, como "madrinas", a más elementos judiciales de Sinaloa para aparentar que cumplía con su tarea de desmantelar las estructuras del narcotráfico. La única encomienda a esos informantes era vigilar la entrada a Sinaloa de otros grupos de narcotraficantes, ajenos al Cártel de Sinaloa, con la finalidad de aplicarles la ley y detenerlos e incautarles armas y drogas.

De acuerdo con José Luis Reyna, la relación de García Luna con el Cártel de Sinaloa iba bien, pues la información que recibía desde dentro del cártel, por parte de informantes como López Núñez, dotaba de elementos al aparato de inteligencia para que a su vez la Procuraduría actuara contra el narco, sin que pasara advertido que la estrategia era intocable contra el cártel que ya dirigían conjuntamente Caro Quintero, desde la cárcel; Zambada García, desde la sierra de Durango, y Guzmán Loera, desde Guatemala.

Una fuga acordada

En 1993, cuando el gobierno guatemalteco detuvo en un operativo de la Guardia de Hacienda a Guzmán Loera, la relación de García Luna con el Cártel de Sinaloa, lejos de venirse abajo, se fortaleció. "Fueron dos millones de dólares los que Ismael Zambada García y Rafael Caro Quintero entregaron a García Luna para que se respetara la vida de 'El Chapo', para que no fuera golpeado y para garantizarle un lugar seguro en cualquiera que fuera la prisión a la que fuera enviado", dijo José Luis Reyna, y aseguró que los emisarios del Mayo para esa negociación fueron López Núñez y Jesús Zambada García, el Rey, el mismo que, en 2019, haría públicos los sobornos que pagó a García Luna durante el juicio contra Guzmán Loera en Estados Unidos.

La captura del Chapo en Guatemala fue fortuita. La policía ni siquiera iba por él. Todo fue producto de un error providencial. Un oficial retirado de la Policía de Hacienda de ese país relató: "La orden de captura era contra el colombiano Alexander Lorenzana Cordón, quien se había convertido en la obsesión del recién ascendido jefe del Estado Mayor Presidencial, Otto Pérez Molina". El operativo que se dispuso para atrapar al colombiano en la frontera de Talismán terminó con la detención de Guzmán Loera, que podía confundirse con Lorenzana por su parecido en complexión y estatura.

El entonces titular de la PGR, Jorge Carpizo McGregor, anunció el arresto del Chapo como un logro del gobierno mexicano y se presentó ante los medios a catar el éxito de la operación, cuando en realidad el narcotraficante ni siquiera era perseguido en México.

El Chapo fue recluido en el penal de máxima seguridad de Almoloya, en el Estado de México, luego de ocho días de permanecer en los separos de la PFP en la Ciudad de México. Mientras estuvo en esos separos, fueron muy pocos los funcionarios del gobierno mexicano que hablaron con el jefe el Cártel de Sinaloa, entre ellos García Luna y Cárdenas Palomino —que para ese momento ya era el subalterno de mayor confianza del coordinador general de Contrainteligencia del Cisen—.

En esos interrogatorios, cuya evidencia fue borrada de la memoria documental de combate al narcotráfico por orden de García Luna, según supo José Luis Reyna por versiones de López Núñez, el Chapo negoció un trato privilegiado dentro de la prisión. Pidió ser enviado a Puente Grande, tener una celda sólo para él, un televisor, un área de protección donde su vida no corriera peligro, comunicación permanente hacia el exterior, incluso la selección de custodios a cargo de vigilarlo. A cambio ofreció información sobre la operación de los cárteles aliados al de Sinaloa, así como el pago mensual de 100 mil dólares para repartirse entre funcionarios del Cisen, la PGR y la dirección del penal.

García Luna —agregó José Luis Reyna— sólo pudo cumplir cinco de las seis peticiones del capo: no estaba en su poder de decisión asignarlo a la cárcel de Puente Grande. De modo que el Chapo pasó dos años y cinco meses en la cárcel federal de Almoloya. Ambas partes cumplieron cabalmente todo lo demás.

Durante la estancia del Chapo en Almoloya se comenzó a fraguar su fuga. López Núñez, siendo colaborador cercano de Cárdenas Palomino y leal a Guzmán Loera, solicitó su ingreso formal como funcionario del área de custodia del sistema penitenciario federal, con la intención de que lo asignaran a la cárcel de Almoloya. En 1997 aceptaron su solicitud, una vez que pasó los controles de confianza que estaban a cargo del área de inteligencia de la PFP, ya bajo el pleno control de García Luna y su mano derecha, Cárdenas Palomino.

Desde el 22 de noviembre de 1995 el Chapo ya había sido trasladado a la cárcel federal de Puente Grande, en Jalisco, tal como lo había pedido desde su aprehensión. De manera coincidente o premeditada, a López Núñez lo asignaron como jefe de custodios del penal federal de Puente Grande. Desde esa posición, el Lic estuvo en posibilidad no sólo de ser el canal directo de comunicación entre el Chapo y García Luna, sino de servir al más mínimo deseo de Guzmán Loera para hacerle menos tedioso el encierro.

Con la autorización de García Luna —todavía como coordinador del Cisen—, el jefe de custodios del penal de Puente Grande convirtió esa prisión de máxima seguridad, hasta entonces orgullo del sistema penitenciario mexicano, en un centro de descanso y retiro para el Chapo. Por demás está documentada la vida que tenía el Chapo durante su estancia en Puente Grande: mujeres, comida a placer, alcohol, drogas, grupos musicales y control total del penal. Era lo que disfrutaba el jefe del Cártel de Sinaloa, durante esa etapa de reclusión, a cambio de unos cientos de miles de dólares pagados, vía López Núñez, a los encargados del sistema.

Según la versión de Noé Hernández, quien permanece interno en la cárcel federal de Puente Grande, " 'El Chapo' se cansó del encierro, porque afuera el cártel se le estaba saliendo de control". Esto es entendible si se toma en cuenta que, para finales de la década de los noventa, dos de los principales jefes del Cártel de Sinaloa, él y Caro Quintero, se hallaban presos. El control absoluto del cártel estaba en manos del Mayo, quien a veces no atendía puntualmente las órdenes de sus socios para conducir el negocio del trasiego de drogas, lo que causaba fricciones en el triunvirato.

Así, a finales de 1999, justo cuando García Luna se había encumbrado en la Coordinación General de Inteligencia para la Prevención del Delito de la PFP, donde el comisionado general de la corporación era Wilfrido Robledo Madrid, el Chapo le manifestó a López Núñez su deseo de fugarse de la prisión. El Lic —como llamaba el Chapo a López Núñez— recibió el encargo de planear la fuga. José Luis Reyna —quien en ese tiempo ya servía en el trasiego de drogas dentro del grupo que dirigía López Núñez, asentado en la ciudad de Tepic, y operaba a través de una línea de autobuses locales propiedad de Édgar Veytia, quien luego sería fiscal general del Estado de Nayarit— afirmó: "La fuga de 'El Chapo' del penal de Puente Grande fue negociada y definida —a finales de 2000— con Genaro García, ya coordinador general de la AFI, y Rafael Macedo de la Concha, titular de la PGR".

En esta versión es difícil suponer que los principales actores del gabinete de seguridad, como Santiago Creel Miranda, secretario de Gobernación, Alejandro Gertz Manero, secretario de Seguridad Pública, y Alfonso Durazo Montaño, jefe de la Oficina de la Presidencia, no hubieran conocido el plan de la fuga o al menos no hubieran sido engañados para que se implementara. El plan contemplaba, tal como ocurrió, una participación de las estructuras de seguridad del Estado y una cortina de humo ante la opinión pública para dejar a salvo la imagen gubernamental.

Después de dos semanas de negociación, se acordó sacar a Guzmán Loera por la puerta principal del penal. A los medios de comunicación se les diría que se escapó escondido en un carrito de lavandería. José Luis Reyna sostuvo: "El plan fue organizado por Genaro García, que a cambio de ello recibió cinco millones de dólares, los que fueron entregados después por Jesús Zambada García en un encuentro que tuvieron en la Ciudad de México". Posiblemente dicho encuentro es al que se refirió el Rey durante el interrogatorio realizado por el abogado William Purpura durante el juicio pasado que afrontó el Chapo en una corte de Nueva York.

De acuerdo con José Luis Reyna, quien permanece activo dentro del Cártel de Sinaloa bajo otro nombre, "apenas una semana antes de que se montara el operativo para su fuga, 'El Chapo' Guzmán fue informado de ello por Dámaso López". Le detalló qué sucedería antes de la fuga, cómo ocurriría la salida del penal y cuál sería la versión oficial. Incluso, le explicó quiénes serían los reos y custodios acusados de ayudarlo en esa hipotética situación. Guzmán Loera únicamente pidió que no se inculpara a ningún preso. Que la responsabilidad oficial recayera sólo en elementos de custodia. López Núñez lo aceptó y también le advirtió que después de la fuga él mismo sería un prófugo de la justicia, pues como encargado de la seguridad del penal sería el primer responsable.

El Chapo aceptó todo sin poner objeción. En ese mismo diálogo le ofreció protección a López Núñez. Palabras más, palabras menos, le aseguró su bienestar económico y le ofreció el territorio de Nayarit y Baja California Sur como plazas exclusivas para el trasiego de drogas, que el Lic ya hacía a baja escala, pero ahora bajo la protección del Cártel de Sinaloa. También le ofreció —y se lo cumplió— designarlo como operador financiero del cártel. José Luis Reyna contó que se abrazaron para sellar el pacto. Acordaron que, ya en libertad, el jefe del cártel sería padrino de primera comunión de su hijo, Dámaso López Serrano, que Guzmán Loera "bautizó" como "el Mini Lic".

La fuga se llevó a cabo tal y como se acordó con García Luna: López Núñez alertó a Guzmán Loera el 19 de enero de 2001. García Luna, en su calidad de coordinador general de la AFI, ordenó un operativo "sorpresa" de revisión a las instalaciones del penal de Puente Grande. No se requería una justificación formal. Esa era una de las funciones oficiales asignadas a la agencia desde su creación. Más de 50 elementos de la PGR recorrieron las instalaciones de la cárcel en busca de armas y drogas. Antes de que ingresaran para la revisión, el Chapo se quejó de un malestar, por lo que lo internaron en el área de enfermería. Allí esperó la llegada de un grupo de policías federales. Le dieron un uniforme de la AFI, un pasamontañas, botas y tolete, que cambió por el uniforme café de preso, y salió confundido entre el tropel de uniformados que, luego de revisar el Módulo 3 de procesados, salieron por la puerta principal.

En la ejecución del operativo no estuvieron presentes ni el titular de la AFI ni su subalterno. Esperaron pacientemente la notificación oficial de la fuga de Guzmán Loera tras el pase de lista de las seis de la tarde. Entonces sí se presentaron en las instalaciones del penal. Los mandos de la AFI llegaron a Puente Grande apenas dos horas después de la alerta de fuga, la cual fue informada oficialmente por López Núñez, quien puso a disposición de los agentes del Ministerio Público federal a toda la plantilla laboral, pero a ningún preso, como lo había pedido el Chapo.

Por ese delito, a sabiendas de que eran inocentes, fueron consignados Francisco Javier Camberos Rivera, conocido como el Chito, un trabajador de mantenimiento que oficialmente ayudó a Guzmán Loera a salir de la prisión escondido en un carrito de lavandería, así como los custodios Víctor Manuel Godoy Rodríguez y Carlos Fernando Ochoa López, quienes fueron culpados de no revisar las cerraduras de algunas puertas y, de ese modo, facilitar la fuga de Guzmán Loera. López Núñez, como lo había contemplado, también desapareció oficialmente, aun cuando siguió en contacto con García Luna.

4

Un mar de corrupción

"México es un país cuyos controles del Estado han colapsado desde hace años, han colapsado a nivel municipal, han colapsado a nivel de estado, de federativas, y por supuesto que han colapsado dentro del gobierno federal".

—EDGARDO BUSCAGLIA

LA FUGA DE GUZMÁN LOERA de Puente Grande inauguró de manera formal la carrera de corrupción de García Luna. Después ya nada detuvo el desenfreno delictivo que marcó al frente de la Coordinación General de la AFI y más adelante como titular de la SSP. Fue tan poderoso, gracias a su habilidad de manipulación, que ni siquiera los procuradores generales de la República o el propio presidente de México pudieron contenerlo. A Rafael Macedo de la Concha siempre lo ninguneó al pasar por alto sus decisiones oficiales. Daniel Francisco Cabeza de Vaca nunca existió como mando jerárquico para él, mientras que el propio presidente, Felipe Calderón Hinojosa, simplemente era su subordinado. Y en esa condición, el presidente Felipe Calderón, aun sabiendo de la corrupción y nexos de García Luna con el crimen organizado, nunca aplicó su autoridad para frenar las tropelías de su secretario de Seguridad Pública.

¿Cómo podía mantener ese nivel de control sobre sus jefes inmediatos? Hay dos teorías que plantea Mauricio N., un ex agente de la AFI encarcelado en julio de 2009 en el penal federal de Puente Grande junto con otros 11 elementos de esa corporación, acusados de participar en un intento de rescate del narcotraficante Gerónimo Gámez García, alias el Primo, uno de los principales operadores del cártel de Arturo Beltrán Leyva. "Genaro García, como ex agente del Cisen, sabía de la importancia de conocer los secretos de todos", narra Mauricio N. "No había funcionario, inferior o superior, dentro de su dependencia que no fuera investigado: él conocía los secretos más íntimos de todos con los que tenía trato. Esa era su forma de controlar a la gente de su entorno".

Como segunda teoría, dice: "Debió haber compartido responsabilidades en la toma de decisiones oficiales para el ejercicio de su cargo, y hasta pudo haber compartido los beneficios económicos que le dejó su relación con los jefes del narcotráfico con los que tuvo contacto".

Porque, si una cosa es cierta —asevera el ex agente—, es que mantuvo nexos muy cercanos con las cabezas del tráfico de drogas en todo el país: "Una relación mucho más estrecha de la que quedó al descubierto luego de ser señalado, en el juicio de Joaquín Guzmán en Estados Unidos, de recibir sobornos millonarios [de] manos de Jesús Zambada García". Al menos ese era el rumor fundado que corría en la AFI cuando él fue su coordinador general. "En la AFI se sabía que el jefe [Genaro García] no sólo estaba protegiendo a los altos mandos del Cártel de Sinaloa, sino que hacía lo mismo con los mandos de los cárteles de los Arellano Félix [de Tijuana], de Amado Carrillo [de Juárez], de Arturo Beltrán [de los hermanos Beltrán Leyva] y de La Familia Michoacana", lo cual, si bien pudo ser circunstancial, no habría sido gratuito.

La incómoda Interpol

Otro ex policía federal —de entre los acusados falsamente—, quien estuvo asignado como escolta personal de García Luna cuando fue titular de la AFI, explica acerca del control que este logró tanto al frente de la agencia como cuando fue titular de la SSP: "Era su personalidad vengativa: él tiene una doctrina de vida, donde todo gira en los extremos. Estás con él o contra él. No conoce términos medios. Quienes no le aplaudían sus acciones inmediatamente era calificados como adversarios, aun cuando eso no tuviera ningún fundamento".

Bajo ese tenor, este ex policía, hoy exiliado en Guatemala, recordó el caso de los dos ex directores de la Interpol en México, Rodolfo de la Guardia García y Ricardo Gutiérrez Vargas, a quienes García Luna ordenó encarcelar luego de ser acusados falsamente de formar parte de una red de corrupción que infiltró a la PGR con sobornos del Cártel de los Beltrán Leyva. Ambos fueron recluidos en el penal federal de Tepic, como parte del grupo de 19 funcionarios de la PGR que engrosaron la llamada *Operación Limpieza*, llevada a cabo en octubre de 2008 por instrucción de la titular de la SIEDO, Marisela Morales Ibáñez, y del procurador Eduardo Medina Mora.

Tanto De la Guardia García como Gutiérrez Vargas —refiere el ex policía en Guatemala— se habían confrontado con García Luna por la negativa de este a que la AFI y luego la SSP colaboraran de cerca con la Interpol México, que únicamente solicitaba compartir información sobre los movimientos de los grupos de narcotraficantes que García Luna —así se reconocía— había infiltrado con éxito. "El reclamo de intercambio de información sólo tenía la finalidad de hacer más eficiente el combate al narcotráfico", el cual aparentemente era prioritario en los gobiernos de Fox Quesada y Calderón Hinojosa.

Desde luego, al titular de la SSP no le convenía ceder esa información, porque vulneraría un virtual acuerdo de colaboración con algunos grupos del narcotráfico. Por eso no solamente se negó a cooperar, sino que optó por la salida fácil de buscar la confrontación para romper con la Interpol. Primero fue el distanciamiento, evidente durante el gobierno de Fox Quesada, siendo cabeza de la AFI. Después, como secretario de Seguridad Pública con Calderón Hinojosa, vino la persecución contra quienes consideró sus enemigos.

García Luna asumió como una cuestión personal el distanciamiento institucional del gobierno mexicano con la Interpol, a través de la AFI y luego de la SSP. Aprovechó el señalamiento lanzado desde la DEA sobre la fuga de información de la PGR y de la SSP hacia el Cártel de Sinaloa. La DEA comunicó directamente al procurador Medina Mora, a la encargada de la SIEDO, Morales Ibáñez, y al propio García Luna esa relación de mandos superiores con grupos del narcotráfico. Se trataba justo de la conexión entre el Licenciado y el Mayo, pero la DEA no atinaba a establecer quiénes y en qué punto la posibilitaban.

García Luna vio entonces la oportunidad de deshacerse de quienes consideraba sus adversarios. Todo fue manipulado desde el poder. Se cambiaron los nombres y papeles que lo podrían incriminar. La investigación fue reorientada: se puso a salvo la relación entre García Luna y Zambada García, se protegió a Zambada García y al Cártel de Sinaloa; y en su lugar se anunció oficialmente una red de complicidades, nacida del supuesto nexo que tenían De la Guardia García y Gutiérrez Vargas, y otros 17 funcionarios de primer rango de la PGR, con Arturo Beltrán Leyva, alias el Barbas, y sus demás hermanos.

Los ex directores de la Interpol fueron enjuiciados. Para sostener la imputación, se recurrió a los testigos protegidos "Pitufo" (José Salvador Puga Quintanilla), "Jennifer" (Roberto López Nájera), "Moisés" (Fernando Rivera Hernández), "David" (Roberto García García), "Saúl" (Milton Cilia Pérez), "Mateo" (Sergio Enrique Villarreal Barragán) y "Felipe" (Alberto Pérez Guerrero), quienes afirmaron haber visto —sin ser cierto, como lo concluyó un juez— cómo miembros de los Beltrán Leyva, que a veces confundían con el Cártel de Sinaloa, hicieron varios pagos cuantificados entre los 150 mil y 450 mil dólares mensuales a todos los señalados dentro del proceso de la denominada *Operación Limpieza*. La confrontación les costó a ambos pasar cuatro años de su vida en prisión.

Amigos desechables

Hoy puede atribuirse aquella perversa actuación de García Luna a una sola razón: atendía los intereses de sus aliados del Cártel de Sinaloa. A los policías que dejaron de interesarle a Zambada García por ser sospechosos de colaborar con otros grupos, no ser útiles o simplemente por desconfianza, los asesinaron o encarcelaron. El número de policías, entre mandos y operativos, que ejecutaron fuera de servicio,* "por ajustes de cuentas", ascendió a 282 elementos entre 2006 y 2012, cifra que representa casi el 90 por ciento de los 312 policías que murieron en enfrentamientos con el crimen organizado.*

Entre los casos más sonados, dudosos por la responsabilidad que García Luna pudiera tener, se encuentra el del asesinato de Édgar Eusebio Millán Gómez, quien era el coordinador de Seguridad Regional de la PFP y que, a la vez, sirvió de contacto con el Cártel de Sinaloa para cuidar las operaciones del grupo delictivo en el Aeropuerto Internacional de la Ciudad de México (AICM), uno de los puntos por donde ingresaba la cocaína proveniente de Colombia. A Millán Gómez lo ejecutaron el 8 de mayo de 2008 cuando llegaba a su domicilio en la calle Camelia, colonia Guerrero, de la Ciudad de México. Como responsable de este crimen fue acusado el policía federal Antonio Martín Montes Garfias, a quien un tribunal de alzada exoneró cinco años después.

La historia de este asesinato, narrada por el propio Montes Garfias en la prisión federal de Puente Grande —donde coincidimos entre diciembre de 2008 y abril de 2011—, exhibe el entramado oficial que se orquestó desde la cúpula de la SSP para anular a Millán Gómez y, al mismo tiempo, al presunto asesino, ya que ambos se habían vuelto incómodos para el Cártel de Sinaloa y García Luna. El primero, porque saltó al Cártel de los Beltrán Leyva; y Montes Garfias, por los decomisos de drogas que afectaron al cártel del Mayo en el AICM, donde precisamente Montes Garfias era encargado de la seguridad.

Millán Gómez mantenía un estrecho vínculo con García Luna, el cual había surgido desde 1992, cuando eran agentes de campo en el Cisen. Luego comenzaron a formar equipo con Luis Cárdenas Palomino y Facundo Rosas. Se cubrían y se apoyaban en todo. Aun cuando eran iguales en rango, destacaba el liderazgo de García Luna. Él fue quien los posicionó como los más eficientes ante los ojos de su jefe Robledo Madrid, que —según recuerda un ex agente del Cisen contemporáneo de ellos— los llamaba cariñosamente "mis cuatro fantásticos". A aquel grupo lo calificó como "una hermandad", la cual luego sería conocida dentro de la AFI como "la Banda Real".

En esa Banda Real, Millán Gómez se posicionó como uno de los principales interlocutores con el Cártel de Sinaloa. Él era el encomendado para reunirse con los emisarios del Mayo, recuerda Héctor Inzunza, un ex escolta del Rey, quien hoy colabora con agencias federales de Estados Unidos y se encuentra bajo protección en alguna ciudad de ese país.

Inzunza trae a la memoria que los primeros encuentros entre el Rey y Édgar Eusebio Millán Gómez se dieron a principios de 2001. "[Édgar] Millán era sólo un elemento más de la AFI, pero con todo el poder de ser el emisario de García Luna. Él fue el que diseñó la estrategia para colocar delegados de la PGR y comandantes de la AFI en los estados de interés para el Cártel de Sinaloa, principalmente en Durango, Nayarit, Baja California Sur, Sonora, Jalisco y Michoacán". Los principales alfiles de Millán Gómez eran en ese momento Javier Garza Palacios y Armando Espinoza de Benito, quienes luego serían señalados públicamente de permitir las operaciones del Cártel de Sinaloa tanto en Sonora como en la Ciudad de México.

Millán Gómez comenzó a tener desencuentros con el que más adelante sería acusado de su homicidio: Antonio Martín Montes Garfias. La confrontación nació cuando Montes Garfias se negó a recibir dentro de su equipo de seguridad del AICM a un grupo de agentes de la PFP recomendados directamente por Millán Gómez y autorizados por García Luna. Millán pretendía con ello conseguir el control de la seguridad del aeropuerto capitalino, por donde ingresaban mensualmente, en promedio, mil 500 kilos de cocaína desde Colombia, en versión de Inzunza. A contracorriente, el equipo de seguridad de Montes Garfias apenas podía decomisar entre 20 y 30 kilogramos de cocaína al año, lo que, si bien era poco frente al volumen de droga que recibía el Cártel de Sinaloa, no dejaba de ser una molestia para Ismael Zambada García, por no poder tener pleno control del aeropuerto.

Más allá de las fuentes consultadas sobre esta versión, el repudio del Cártel de Sinaloa a Montes Garfias era evidente: dentro de la cárcel de Puente Grande, donde Montes Garfias fue recluido en mayo de 2008, acusado falsamente del homicidio de Millán Gómez, el ex policía federal fue objeto del desdén personal con el que Caro Quintero trataba a sus enemigos. En dicho penal, ambos estuvieron recluidos en el mismo sector, entre 2008 y 2010; en todo ese tiempo, Caro Quintero, que solía ser amable con todos, nunca estableció una relación de compañerismo con Montes Garfias, a cuya cabeza el Cártel de Sinaloa le había puesto precio, según se rumoraba entre los reclusos.

"A principios de 2008, Édgar Millán, sin dejar de colaborar con el Cártel de Sinaloa, comenzó a operar para el Cártel de los Hermanos Beltrán Leyva", revela Héctor Inzunza. Su incorporación a esta organización criminal no fue fortuita… Un comando lo secuestró durante unas horas en la carretera México-Cuernavaca mientras viajaba con su pareja sentimental. El comando, que seguía instrucciones de Héctor Beltrán Leyva, le respetó la vida a cambio de un acuerdo para que les enviara información privilegiada de los operativos de seguridad ordenados desde la federación, principalmente todo lo relacionado con el Cártel de Sinaloa, con el que los Beltrán Leyva ya estaban confrontados a muerte, disputa que arreció tras la captura de Alfredo Beltrán Leyva, el Mochomo, ocurrida en enero de 2008 y atribuida a una traición de Guzmán Loera.

Aunque Millán Gómez nunca informó de su secuestro a García Luna, este lo supo por otras fuentes. Conociendo los compromisos que había entre García Luna y el Cártel de Sinaloa, Millán Gómez estaba consciente del riesgo que afrontaba ante su propio mando jerárquico si declaraba su colaboración con el Cártel de los Beltrán Leyva. Fue la captura de Alfredo Beltrán Leyva la que puso al descubierto los servicios que estaba recibiendo la organización criminal de Millán Gómez, apenas unos días antes de ser reclutado a la fuerza.

El Licenciado se enteró de la incipiente relación de uno de sus principales colaboradores con los Beltrán Leyva, con base en las delaciones ministeriales que hizo Alfredo Beltrán Leyva. "Eso es lo que pudo haber llevado al asesinato de [Édgar] Millán. Su ejecución corrió por cuenta de Ismael Zambada García y fue encargada a un grupo de sicarios que estaban a cargo de Isidro Meza Flores", el principal sicario del Cártel de Sinaloa, explica Inzunza. A ninguno de los tres sicarios que consumaron el asesinato lo detuvieron. "Todos fueron protegidos en su huida por un grupo de élite de la Policía Federal Preventiva, que fue ordenado por Facundo Rosas", amigo personal de la víctima, pero leal al extremo de García Luna.

La ejecución de Millán Gómez constituyó un momento inmejorable para deshacerse también del policía que causaba malestar al Cártel de Sinaloa por sus decomisos de droga en el AICM. Además, brindó la oportunidad de demostrar la "eficiencia" operativa de la PFP en la investigación de delitos de alto impacto: se montó un teatro. Apenas cuatro días después del homicidio fueron presentados ante los medios de comunicación los "seis presuntos homicidas" que —dijo un comunicado oficial de la PFP— habían actuado en forma concertada para cometer el crimen.

De acuerdo con la versión oficial, el asesinato ocurrió al filo de las tres de la mañana del 8 de mayo de 2008, justo después de que el grupo de escoltas de Millán Gómez lo dejó en su domicilio. Dentro del complejo habitacional ya lo esperaban el ejecutor material y dos de sus cómplices. Millán Gómez fue acribillado en el momento en que pretendía abrir la puerta de su departamento. Al oír las detonaciones, los escoltas corrieron a auxiliarlo y se dio un enfrentamiento. Detuvieron al presunto homicida, pero sus dos cómplices huyeron.

Aunque el agente fue llevado aún con vida a un hospital, murió en el trayecto.

El 12 de mayo de 2008 fueron presentados ante los medios de comunicación, como probables responsables: Antonio Montes Garfias, María Teresa Villanueva Aguirre, Juana Virginia González Chicuéllar, los hermanos Jorge y Josué Ortega Gallegos, y Alejandro Ramírez Báez, este último señalado como el ejecutor material y detenido en el lugar de los hechos. Todos ellos —se dijo— eran parte de un grupo de sicarios a quienes desde prisión dirigía Juan Carlos Arellano Anica, alias Nica, ex colaborador de Aureliano Guzmán Loera, hermano del Chapo; supuestamente actuaron en represalia por los golpes que asestó al Cártel de Sinaloa la víctima, cuya memoria fue revestida de todos los honores y rectitud que sólo la muerte otorga.

No obstante, nada de lo que en ese momento sostuvo la PFP se ajustaba a la realidad. Aquel día, Montes Garfias no acudió al servicio de seguridad en el aeropuerto porque tenía licencia médica; se encontraba en su domicilio, en Querétaro, a más de 200 kilómetros de distancia del lugar de los hechos. María Teresa Villanueva, quien hacía las funciones de informante para la PFP en el combate al narcomenudeo en la Ciudad de México, también se hallaba en su domicilio. Virginia González y los hermanos Ortega Gallegos, como informantes desde el narco, estaban dando apoyo en un operativo de la PFP durante la investigación del asesinato de otro mando policiaco —Roberto Velazco Bravo, jefe de Investigaciones contra el Crimen Organizado de la PFP—, ocurrido una semana antes en la colonia Irrigación, en la entonces delegación Miguel Hidalgo de la Ciudad de México.

Ramírez Báez, por su parte, tres horas antes del asesinato se había visto con Millán Gómez en las inmediaciones de la PGR, ubicada sobre el Paseo de la Reforma. Platicaron a bordo de la camioneta del jefe policiaco por espacio de media hora. Ramírez Báez era uno de los contactos de Millán Gómez que había designado Arturo Beltrán Leyva para que, a través de su conducto, filtrara la información de ayuda al cártel. Conforme a la declaración del propio Ramírez Báez

—hoy recluido en Puente Grande—, se despidieron "con un saludo de mano". Minutos después del asesinato, el imputado recibió una llamada por el radio que le había asignado el mismo Millán Gómez para comunicarse. Eran casi las cuatro de la mañana. Uno de los escoltas del jefe policiaco lo citó frente al templo de San Hipólito, en la colonia Guerrero. Allí fue detenido por un grupo de agentes de la PFP para ser acusado oficialmente como el asesino.

El falseo perital y las declaraciones de los dos guardias que encararon a los verdaderos asesinos de Millán Gómez hicieron que, en junio de 2011, un juez federal sentenciara a Alejandro Ramírez Báez a 60 años de prisión. Es el único de los detenidos por aquel homicidio que actualmente se encuentra en la cárcel, con una sentencia en firme.

Montes Garfias quedó en libertad, absuelto de todo cargo, tras pasar cinco años en prisión, hasta que el poder de García Luna se debilitó.

La poderosa mano del Mayo

La mencionada muerte de Roberto Velazco Bravo, jefe de Investigaciones contra el Crimen Organizado de la PFP, otro cercano a García Luna, ocurrida días antes del asesinato de Millán Gómez, también fue ordenada por Ismael Zambada García, el Mayo, jefe del Cártel de Sinaloa, y permitida por el mismo García Luna en su calidad de secretario de Seguridad Pública. Inzunza puntualiza que Velazco Bravo provocó el enojo del Cártel de Sinaloa a raíz de que, en abril de 2008, lanzó un operativo para capturar a Juan José Esparragoza Monzón, el Negro, hijo de Juan José Esparragoza Moreno, el Azul, otro de los cabezas del cártel con los que el secretario tenía arreglos de impunidad.

Inzunza destaca que el agente integró una averiguación previa en la cual nunca se advirtió que el objetivo de la captura era hijo del Azul. Por fallas en el sistema de inteligencia de la PFP se pensó que buscaban a Carlos Alberto Morales Huerta, el Killer, un operador en

Sinaloa para el CJNG. Y es que Esparragoza Monzón utiliza, entre otros alias, el nombre de Carlos Alberto Morales. Por esa confusión, Velazco Bravo, creyendo que iba contra el operador del CJNG —que se disputaba ferozmente Los Mochis con el Cártel de Sinaloa—, en realidad fue tras la captura del Negro.

El operativo para la detención de Morales Huerta, que en realidad se trataba de Esparragoza Monzón, molestó sobremanera a su padre, el Azul —quien no está muerto, como lo hizo pasar el otrora procurador Jesús Murillo Karam en 2014—, por lo cual solicitó la mediación del Mayo para negociar con García Luna el cese de esa captura. "La molestia de 'El Mayo' Zambada fue evidente", cuenta Inzunza. "Reclamó a García Luna la falta de respeto a los acuerdos establecidos y estuvo a punto de romperse la relación sostenida por años entre el Cártel de Sinaloa y la Policía Federal [Preventiva]".

García Luna se mostró complaciente con el Mayo: "Ofreció disculpas y le pidió la oportunidad de enmendar el error", especifica la fuente. Sin embargo, no quedó complacido con la postura manifestada a través de su hermano, el Rey, con quien García Luna se reunió personalmente a finales de abril de 2008 para tratar el asunto en un departamento del Mayo en la colonia Campestre Churubusco, al sur de la Ciudad de México. Allí mismo el Rey le expresó a García Luna la necesidad de "aplicar un correctivo" al mando policiaco. El entonces titular de la SSP se limitó a guardar silencio, posiblemente por el significado de aquellas palabras.

El Mayo encargó la ejecución al Lic, cuyo escolta era Inzunza, razón por la cual este supo de la orden. El Lic asignó la tarea a uno de sus subalternos identificado como el Cabo Domínguez, quien colaboraba con él en el control de narcomenudeo en la Ciudad de México, desde su cargo como policía en la entonces Procuraduría General de Justicia del Distrito Federal (PGJDF). " 'El Cabo Domínguez' fue el que organizó el operativo de ejecución, por el que cobró 150 mil pesos para pagar a los hechores y hacer que pareciera un asalto", comenta la fuente.

Pero, al parecer, los sicarios pagados por el Cabo Domínguez tuvieron problemas para identificar el blanco. Como si fuera un ejercicio de ensayo y error, mataron por equivocación a José Aristeo Gómez Martínez, director de la Jefatura del Estado Mayor de la PFP. A Gómez Martínez lo interceptaron los agresores una noche antes del asesinato de Velazco Bravo. Lo confundieron cuando platicaba dentro de su auto con Mariana Esperanza Segura Soler, su subordinada en la Jefatura del Estado Mayor de la PFP. El homicidio ocurrió frente a la casa marcada con el número 73 de la calle Cerro de Dios del Hacha, colonia Romero de Terreros, de la entonces delegación Coyoacán, Ciudad de México.

Seguramente alguien les rectificó el blanco a los sicarios: unas horas después del asesinato de Gómez Martínez, el verdadero objetivo fue ejecutado a las afueras de su domicilio, el marcado con el número 228 de la calle Salinillas, colonia Irrigación, en la entonces delegación Miguel Hidalgo. El *modus operandi* fue similar al de Gómez Martínez. Hubo forcejeos entre los sicarios y la víctima, a la que terminaron por darle un disparo a *quemarropa* en la cabeza. Para asegurar la ejecución, en ambos casos, los hechores todavía dispararon en dos ocasiones al pecho de sus víctimas.

Después de ambos crímenes, García Luna participó en un homenaje póstumo en el que enfatizó que los dos elementos de su corporación, caídos en ejercicio de sus funciones, habían sido víctimas de la delincuencia. Y tenía razón. Sólo que no aclaró a cuál delincuencia se refería: si a la común, a la que la PFP estaba totalmente ajena, o a la organizada, de la cual esa corporación ya formaba parte. La oficina de Comunicación Social de la PFP filtró que no se descartaba una venganza del crimen organizado, derivada del trabajo institucional de los dos policías caídos, lo que también en parte era cierto.

La probable venganza se atribuyó en ambos casos a que, apenas unos días antes de ser ejecutados, los agentes planearon un operativo que se implementó el 30 de abril de 2008 para desarticular una célula criminal del Cártel de Sinaloa en Culiacán, en el cual fueron detenidos 13 presuntos sicarios: José Rodolfo Flores Sauceda, Saúl Medina López, Misael Aguirre, Víctor Hugo Chavira Parra, Jesús Alfonso Moreno Guevara, Julio Francisco Venegas Maldonado, Luis Moreno Lizárraga, Jesús Omar Nájera Urías, Francisco Gilberto Varela, Sergio Parra Quiroz, José Manuel Lugo García, Diego León Castro y José Fernando Zambada Ley.

Los 13 narcotraficantes detenidos y procesados formaban parte del grupo de operaciones que comandaba Esparragoza Monzón, el hijo del Azul, bajo el alias de Carlos Alberto Morales Huerta. Por eso Velazco Bravo lo confundió: creyó que estaba orquestando la captura de un grupo del CJNG, en ese momento antagónico del Cártel de Sinaloa, sin imaginar que en realidad le seguía la pista al hijo de uno de los jefes más importantes del cártel que aún lidera Ismael Zambada García.

El enlace del Rey y el Licenciado

Otro caso evidencia el vínculo del Licenciado con el Cártel de Sinaloa: el asesinato de Édgar Enrique Bayardo del Villar, un comandante de la PFP que sirvió de enlace entre Jesús Zambada García, alias el Rey, y Genaro García Luna entre los años 2006 y 2008. A Bayardo del Villar lo ejecutaron el 1 de diciembre de 2009 en una cafetería de la colonia Del Valle, en la entonces delegación Benito Juárez de la Ciudad de México.

No sólo había sido designado por el Licenciado como uno de sus tantos contactos personales con la organización sinaloense, sino que estaba adscrito como escolta personal del Rey cuando este se movía en la Ciudad de México, su centro de operaciones para coordinar el trasiego de cocaína procedente del aeropuerto capitalino.

Todo iba bien en la relación entre García Luna y Bayardo del Villar. Pasaron del compañerismo a la amistad cuando se conocieron, a la llegada de García Luna a la Coordinación General de la AFI. Allí

Bayardo del Villar se incorporó luego de haber servido en la corrupta PJF. Por sus conocimientos y nexos con informantes de los principales cárteles de las drogas, su jefe lo asignó como comandante de la AFI y posteriormente lo llevó a la PFP para mantenerlo como uno de sus principales colaboradores dentro de la corporación.

Aquella amistad derivó en una confianza que pocas veces se permitía el huraño titular de la SSP. Fue tal la credibilidad que depositó en Bayardo del Villar que este se convirtió en uno de sus primeros hombres dentro de su reducido círculo de allegados, además de que se volvió su confidente, compitiendo en esa posición con Cárdenas Palomino, quien seguía siendo su secretario particular. Prueba de esa confianza fue que, entre sus primeras tareas dentro de la PFP, Bayardo del Villar recibió la encomienda de García Luna de confeccionarle el equipo de seguridad personal y familiar que requería.

Bayardo del Villar designó a un grupo de 32 policías federales, todos ellos bajo su mando como comandante de la AFI o compañeros cuando operaba la PJF. Ese fue el error del que García Luna se lamentaría después, ya que Bayardo del Villar no sólo supo de propia voz las relaciones con el Cártel de Sinaloa, sino que algunos del grupo de escoltas le reportaban directamente las actividades personales de García Luna dentro y fuera de su oficina.

La versión del Mochomo

El punto de quiebre de esa relación fue cuando Bayardo del Villar, a mediados de 2009, se opuso a la captura de Arturo Beltrán Leyva, el Barbas. Según la versión del hermano de este, Alfredo, alias el Mochomo, que habló sobre el asesinato de Bayardo del Villar cuando compartimos pasillo en el área de segregados de la cárcel federal de Puente Grande, en enero de 2010, "el comandante Bayardo se opuso a la captura de mi hermano Arturo [Beltrán Leyva] porque trabajaba para nosotros. Le pagábamos 150 mil dólares mensuales a cambio de información, para conocer los movimientos de Joaquín [Guzmán Loera] y su gente, y para que nos informara de los operativos contra nosotros".

De acuerdo con Alfredo Beltrán Leyva —que, en aquellas tardes en la prisión, a la menor provocación de plática de cualquiera de los que estábamos en el mismo pasillo, se tendía largo hablando de personajes políticos y policiales ligados a la organización criminal que dirigían Héctor y Arturo Beltrán Leyva—, "los pagos [del Cártel de los Beltrán Leyva] llegaban hasta el secretario de Seguridad [Pública]. Se hacían a través del comandante Bayardo", quien era conocido dentro la organización con la clave H12. Por eso cabe la duda de que su asesinato lo hubiera ordenado Arturo, hecho que negó siempre Alfredo, aún en las declaraciones ministeriales ante la PGR en el inicio de las investigaciones, cuando el Mochomo estaba recluido en la cárcel federal de Jalisco.

Alfredo Beltrán Leyva, hoy sentenciado a prisión de por vida por una corte federal del distrito de Columbia en Estados Unidos, relató que el comandante Bayardo del Villar hizo lo posible para evitar el operativo de captura contra Arturo Beltrán Leyva, del cual supo por voz directa de García Luna. Aparentemente convenció al Licenciado de olvidarse de ese objetivo. La razón que le argumentó "fue el pacto de caballeros que existía", dijo en su momento Alfredo Beltrán, "además de que el operativo costaría muchas vidas de agentes federales que estaban no sólo para el cuidado de Arturo, sino que operaban activamente dentro de la organización, principalmente en el estado de Morelos, donde casi todos los policías [de la PFP] estaban en la nómina".

Paralelamente, mientras Bayardo del Villar intentaba hacer desistir a su jefe de actuar contra Arturo Beltrán Leyva, la DEA interceptó una serie de llamadas telefónicas a Héctor y Arturo —que se movían entre Cuernavaca, Chilpancingo y Puebla—, en las cuales salió a flote el nombre de Bayardo del Villar y la relación de apoyo que les brindaba. Por esa razón, la embajada de Estados Unidos en México, a cargo en ese entonces de Tony Garza, contactó a su hombre de confianza dentro del gobierno mexicano, Igor Labastida Calderón, también perteneciente al estrecho grupo de colaboradores de García Luna dentro de la PFP.

Garza —según Héctor Inzunza— le pidió a Labastida Calderón investigar de cerca la actividad de Bayardo del Villar sin que García Luna se percatara. Lo que encontró el agente asignado fue que Bayardo del Villar no sólo estaba relacionado con la cúpula del Cártel de los Beltrán Leyva, sino que era el jefe del Rey cuando este se movía ocasionalmente por la Ciudad de México. Se desconoce si fue por lealtad o por omisión, pero Labastida Calderón no informó a Garza que, de esa relación entre Bayardo del Villar y los cárteles de Sinaloa y de los hermanos Beltrán Leyva, tenía pleno conocimiento y la aceptaba el mismo titular de la SSP.

La embajada estadounidense informó inocentemente a García Luna de los indicios delictivos de Bayardo del Villar. Las acusaciones no lo tocaban a él, pero sí la vergüenza de verse expuesto públicamente por la seria acusación a uno de sus hombres de más confianza. Como buen espía, García Luna indagó de dónde salió la filtración que dejaba mal parada a la PFP ante los ojos del gobierno de Estados Unidos. No tardó en saber que la principal fuente del embajador había sido Labastida Calderón, otro de sus hombres más cercanos, a quien él mismo había nombrado director de Investigaciones de la PFP.

Labastida Calderón fue ejecutado extrañamente el 27 de junio de 2008, junto con José María Ochoa, uno de sus escoltas, cuando se encontraban en la fonda Anita de la colonia Argentina Antigua, sobre la calzada México-Tacuba, en la entonces delegación Miguel Hidalgo de la Ciudad de México. En el ataque también murió un comensal ajeno a los hechos, identificado como Álvaro Pérez. Oficialmente se dijo que la ejecución había sido obra del Cártel de los Beltrán Leyva por los trabajos de investigación con los que Labastida Calderón planeaba desarticular a dicho grupo.

Asimismo, de manera extraoficial, se filtró a los medios de comunicación la versión de que el asesinato había sido en represalia por la captura de Alfredo Beltrán Leyva durante un operativo del Ejército en Culiacán, Sinaloa, el 21 de enero de 2008. En la detención no participaron activamente policías federales de García Luna, a pesar de que, para esa fecha, ya no había acuerdo de impunidad, como lo dijo Alfredo en prisión.

En su propia voz, Alfredo siempre atribuyó su arresto a una traición de su ex socio y tío político, Guzmán Loera, quien le habría indicado a García Luna su localización. García Luna, aun cuando 15 días antes había roto la alianza con los hermanos Beltrán Leyva durante una reunión en la que salió mal con el Barbas, no quiso involucrarse. Por eso le dio todo el crédito al Ejército. Ubicó la hora y la casa donde estaba el Mochomo, tal como se lo filtró el Chapo, para que fueran por él sin resistencia. En aquel operativo, los militares contaron con la ayuda de efectivos de la DEA y del FBI.

El Mochomo no dejaba de reiterar —siempre que había la oportunidad de escapar de la prisión a través de la plática— que su encierro se lo debía al Chapo. En sus palabras, apenas unas horas antes de que lo atraparan, un grupo de elementos del Ejército arribó a Culiacán. Iban tras la pista de uno de los hijos del Chapo: Iván Archivaldo Guzmán Salazar, cuya captura se logró poco antes de las siete de la noche. Cuando el Chapo se enteró, negoció directamente con la comandancia regional del Ejército en Sinaloa. A cambio de la liberación de Iván Archivaldo, ofreció la ubicación de Alfredo Beltrán Leyva, a quien detuvieron tres horas después del "pitazo".

Por eso carece de veracidad la versión ofrecida por García Luna sobre el asesinato de Labastida Calderón, en el que, a decir de Inzunza, "participaron al menos tres elementos de la PFP que eran parte de los que ayudaban [a Bayardo del Villar] a cuidar a Jesús Zambada García, 'El Rey', cuando estaba en [la Ciudad de] México". Bayardo del Villar tenía razones para ejecutar a Labastida Calderón: fue el que lo delató ante el embajador estadounidense por su relación con el Cártel de los Beltrán Leyva. "Bayardo pudo haber pensado que estaba protegiendo de esa forma la espalda de Genaro [García]", quien, de haberse descubierto su relación con el narco en ese momento, como sucedió en diciembre de 2019, habría sido procesado por el gobierno de Estados Unidos.

Igual que en el asesinato de Labastida Calderón, en el de Bayardo del Villar están fincadas las dudas de que las órdenes de ejecución provinieran de los jefes de los cárteles mexicanos. Bayardo del Villar se encontraba relativamente en buenos términos con las organizaciones de Sinaloa y de los hermanos Beltrán Leyva. La única incomodidad causada hasta ese momento fue con García Luna, no sólo porque Édgar Enrique Bayardo del Villar se descuidó y dejó al descubierto su relación con Arturo Beltrán Leyva, sino porque luego de que fue ubicado por Estados Unidos, a través de Labastida Calderón, como un posibilitador del narcotráfico, pactó con la DEA para convertirse en testigo protegido a cambio de que no ser encarcelado.

Sin apartarse de su responsabilidad en la PFP, aunque sí cada vez más alejado de la cúpula directiva sin el cobijo de García Luna, en octubre de 2008 Bayardo del Villar comenzó a exponer a la DEA el mapa criminal mexicano. Sin embargo, en todo momento procuró no trastocar los intereses del Cártel de Sinaloa, dada su relación de amistad con el Rey. Las informaciones que proporcionó Bayardo del Villar a la DEA siempre se orientaron a desarticular a los cárteles de Los Zetas, del Golfo, de La Familia Michoacana, CJNG y de los hermanos Arellano Félix; nunca fueron contra los intereses de los cárteles de Sinaloa, de los hermanos Beltrán Leyva, ni de los Carrillo Fuentes.

Existen versiones periodísticas, como las emitidas por *La Jornada* del 2 de diciembre de 2009, *Milenio* del 10 de diciembre de 2019 o *Infobae* del 23 de febrero del 2020, entre otras, que atribuyen a Bayardo del Villar haber filtrado información a la DEA para que fuera detenido Vicente Zambada Niebla, alias el Vicentillo, hijo del Mayo. Ello habría dado motivo para que el Cártel de Sinaloa dictara su ejecución. " 'El Vicentillo' fue capturado porque dejó de atender las órdenes de la DEA, para quien trabajaba —como él mismo lo reconoció tras su detención—, y comenzó a traficar mayores volúmenes de cocaína de los autorizados hacia Estados Unidos", refiere Héctor Inzunza.

La captura del Vicentillo, resultado de un operativo conjunto entre la Secretaría de Marina (Semar) y la DEA el 19 de marzo de 2009, en el que por alguna razón se dejó fuera a la PFP, fue el argumento que expuso extraoficialmente esta última para atribuir el asesinato de Bayardo del Villar al Cártel de Sinaloa. Pero, en la versión de la fuente, el Mayo no ordenó el asesinato "porque este comandante era muy apreciado por Jesús Zambada, por todo lo que le servía al cártel, aun después de que se pasó como informante de la DEA".

Según este ex escolta de Dámaso López Núñez y hoy colaborador de algunas agencias del gobierno estadounidense, "Bayardo, como informante de la DEA en México, jugó un doble papel de espía", pues, por un lado, filtraba información sobre las actividades de la DEA al Cártel de Sinaloa, y, por el otro, mostraba a la DEA solamente lo que a él le convenía del resto de las organizaciones del narcotráfico que estaban confrontadas con el Cártel de Sinaloa.

García Luna, en contraparte, fue uno de los más beneficiados con su asesinato. Simplemente dejó de existir una de las personas que más conocían a fondo la relación de la PFP con el Cártel de Sinaloa, cuestión que eventualmente habría colocado al Licenciado en el banquillo de los acusados.

5

Un funcionario modelo

"La palabra tiene que encarnarse, de lo contrario
sólo es ruido en la boca o, en el mejor de los casos,
una buena voluntad que revela lo debe ser, pero
que, de no hacerse carne en los actos y en la vida,
se evapora como el agua".

—Javier Sicilia

A LA LUZ PÚBLICA, Genaro García Luna era el orgullo de la administración del presidente Felipe Calderón
Hinojosa. Era un funcionario modelo. Así lo reconoció el
mandatario durante la ceremonia del Día del Policía, instaurado en
el decreto del 2 de junio de 2011. Allí aseguró, como en tantas otras
ocasiones, que el titular de la SSP había sido "clave para iniciar la
transformación profunda de la Policía Federal en un cuerpo profesional dedicado a servir y proteger a la comunidad". Desde la palestra
oficial, ni por equivocación se daban visos del nido de corrupción en
que García Luna convirtió esa dependencia.

García Luna impuso dominio y miedo sobre el presidente Calderón Hinojosa, quien —si se quiere dejar de lado la posibilidad de
la complicidad— por su opaca personalidad y tibio carácter no fue
capaz de frenarlo. Eso no sólo hizo pasar por alto lo que ya documen-
taban algunos periodistas independientes, como Anabel Hernández,

Ricardo Ravelo o José Reveles, en el sentido de que García Luna y un selecto grupo de colaboradores de la PFP estarían vinculados a algunos de los mandos de los cárteles de Sinaloa, de los hermanos Beltrán Leyva y de La Familia Michoacana —ya convertido en Los Caballeros Templarios—, sino que revistió de un halo de pureza la labor del secretario de Seguridad Pública.

La imagen y los reflectores

El cerebro detrás de la campaña de imagen que mostraba a un impoluto funcionario ante la sociedad fue Alejandra Sota Mirafuentes, vocera de la Presidencia de México, movida por el comunicólogo de cabecera del jefe de Estado, Maximiliano Cortázar Lara, por cuya orden se dispuso de casi el 25 por ciento del presupuesto destinado a la SSP con el fin de exhibir una imagen de García Luna que no correspondía a la realidad tras bambalinas. De acuerdo con el Presupuesto de Egresos de la Federación, entre 2007 y 2012 la SSP recibió un presupuesto de 174 mil 774 millones de pesos, de los cuales por lo menos 43 mil 693 millones fueron aplicados a gastos oficiales y extraoficiales de difusión para exaltar el trabajo de combate a la delincuencia organizada.

Esos 43 mil 693 millones de pesos, erogados para construir la imagen de García Luna como funcionario modelo, fueron a dar a manos de los grandes consorcios informativos, vía convenios de publicidad adjudicados directamente. También se destinaron a pagos extraoficiales para más de medio centenar de comunicadores de medios nacionales, quienes estaban al servicio de la Presidencia y de la SSP, y de igual manera servían como difusores de las filtraciones convenientes para el secretario de Seguridad, sobre todo en lo relativo a los policías asesinados fuera de servicio y a los operativos de combate a la delincuencia.

Extrañamente, el renglón del que más se valió la SSP para infiltrar el mensaje de eficiencia de la PFP en el imaginario colectivo —en una guerra donde el combate frontal era contra el narcotráfico— no fue el narco. Fue el combate al delito que más escozor causa entre la sociedad: el secuestro. Informes oficiales de la SSP, obtenidos a través del Instituto Federal de Acceso a la Información (IFAI), revelan que entre el 1 de diciembre de 2006 y el 26 de enero de 2011 se logró la captura de mil 405 personas acusadas de pertenecer a alguna organización delictiva dedicada al secuestro, se desarticularon 173 bandas y fueron liberadas 910 víctimas.

Si bien lo anterior tiene su mérito, el detalle es que más de 70 por ciento de esos mil 405 detenidos por secuestro, es decir 985, o eran inocentes o quedaron en libertad dentro del plazo constitucional. Varios siguieron en la apelación o en el amparo contra el auto de formal prisión, por falta de pruebas o porque se violaron sus garantías constitucionales y el debido proceso en el momento de la aprehensión. La mayoría de los liberados habían sido sometidos a tortura, y en la minoría de casos no existía ninguna prueba material en su contra.

Para afrontar esta situación, en una especie de descarga de responsabilidad en que implícitamente se culpaba al sistema judicial de la liberación de los detenidos por secuestro, Sota Mirafuentes y Cortázar Lara diseñaron una campaña de difusión mediática para salvaguardar la reputación de García Luna y de la misma PFP. Se ordenó la compra de espacios *prime time* en la televisión mexicana, principalmente en Televisa y TV Azteca, para bombardear al colectivo con los logros del gobierno mexicano frente a la delincuencia organizada.

Luego de la desarticulación de la banda de secuestradores Los Petriciolet, oficialmente declarada extinta en 2009, la SSP compró el derecho de transmisión de la nota informativa en los noticieros de TV Azteca el 31 de marzo de ese año* por un monto de un millón de pesos. En los noticieros de Televisa del 2 de abril de 2009, la difusión de la misma nota costó un millón 34 mil 459 pesos.*

La banda de Los Petriciolet operaba primordialmente en la Ciudad de México. Encabezada por Abel Silva Petriciolet —un ex policía que trabajó un tiempo bajo las órdenes de Bayardo del Villar en la extinta PJF—, se le atribuyeron por lo menos 22 secuestros, entre ellos el de Fernando Martí Haik, hijo de Alejandro Martí García. Este último sería después presidente de la organización México SOS y, al lado de Isabel Miranda de Wallace, con su fundación Alto al Secuestro, se convertirían en los principales aliados de García Luna en el combate al secuestro.

Tras el anuncio de la desarticulación de Los Petriciolet, la campaña de posicionamiento de imagen arreció. No hubo medio informativo de los aliados con la administración del presidente Calderón Hinojosa que no alcanzara parte de la tajada presupuestaria destinada para ello. Desde el principio de ese sexenio, los principales ganadores fueron Televisa y TV Azteca. Entre 2007 y 2012, las dos televisoras se embolsaron, por convenios de difusión con la SSP, 91 millones 613 mil 610 pesos; Televisa se llevó 72 millones 320 mil 481 pesos, en tanto que TV Azteca únicamente recibió 19 millones 293 mil 129 pesos.

Entre los convenios más inverosímiles que la SSP ofreció a las dos televisoras se encuentran el del 13 de abril de 2009 otorgado a Televisa* y el del 14 de abril del mismo año a favor de TV Azteca,* en los cuales se estipulaba que, sólo por mencionar una vez el nombre de García Luna y el desempeño de la PFP en los noticiarios de Joaquín López Dóriga y Javier Alatorre, atribuyéndole la limpieza social que hacía la PFP al conseguir la detención de un grupo de secuestradores, Televisa cobró 102 mil 758 pesos, y TV Azteca, 608 mil 197 pesos.

Más adelante, ambas televisoras también dieron vuelo a la información de la desarticulación de la banda de secuestradores Los Aranda, que operaba en el municipio de Chilapa de Álvarez, en Guerrero, y estaba integrada por Ángel Ramírez Aranda, Romeo Hernández García, Ángel Ramírez García, Concepción Aranda Vázquez, Abril Ramírez Aranda e Irma Aranda Vázquez: seis miembros de una familia relacionada con al menos siete secuestros.

La PFP se dio a la persecución de Los Aranda ante la insistencia de Miranda de Wallace, colocada como la principal activista contra

el secuestro por el mismo presidente de la República en aquel entonces, luego del supuesto secuestro y asesinato de su hijo Hugo Alberto
Wallace Miranda, ocurrido el 11 de julio de 2005.

La desarticulación de la banda Los Aranda dio pauta para que el
área de Comunicación Social de la PFP, a cargo de Verónica Peñuñuri
Herrera, obedeciendo al imperativo de promover la imagen de García
Luna, firmara dos nuevos convenios con Televisa: uno el 30 de agosto
de 2010* para difundir las acciones de la PFP con motivo del IV Informe de Gobierno, y otro, el 12 de noviembre del mismo año,* para
impulsar la prevención de delitos cibernéticos. Ambas campañas cos-
taron al erario 10 millones 640 mil 764 pesos.

La voz del Llavero

Aquellas dos campañas publicitarias resultaron muy oportunas: sir-
vieron como cortina de humo frente a la consternación nacional que
causaron los asesinatos de 12 policías federales en Zitácuaro, Michoacán. Los policías cayeron en una emboscada de Los Caballeros
Templarios, encabezados por Servando Gómez Martínez, la Tuta,
quien había roto el diálogo tras la detención del narcotraficante Manuel Madrigal Moreno, alias el Llavero, primo de Nazario Moreno
González, el Chayo, fundador de esa organización criminal. Según
contó el propio Madrigal Moreno durante su estancia en la cárcel
federal de Puente Grande, donde coincidimos entre 2009 y 2010, trabajaba bajo la protección del director contra el Crimen Organizado
de la Dirección General de Análisis Tácticos de la PFP, Roberto Velazco Bravo.

El Llavero —apodo que aludía a la diminuta figura de aquel hombre de no más de 1.50 metros de estatura— narró que el comandante
Velazco Bravo lo tenía a él como el principal "conecte" con el Cártel
de La Familia Michoacana, luego Los Caballeros Templarios, del que
recibía un promedio mensual de 100 mil dólares por permitir la libre

operación del cártel en el puerto de Lázaro Cárdenas. La relación entre Madrigal Moreno y el comandante Velazco Bravo se hizo a través de Roberto Cedeño Hernández, el Cede, un ex policía ministerial de Michoacán que, antes de ser el ideólogo y parte de los fundadores de Los Caballeros Templarios, fue informante de Velazco Bravo durante los años noventa. Cedeño Hernández y Velazco Bravo se conocieron cuando trabajaron para el Cisen, época en que García Luna era el coordinador de Contrainteligencia en la misma dependencia.

Gracias a Cedeño Hernández, quien era compadre —al menos así se decían— de Madrigal Moreno, este conoció al mando policiaco con el que pactó la inmunidad para todos los jefes del cártel michoacano. Esa misma relación permitió al Llavero acercarse a una célula del cártel de Sinaloa, encabezada por Dimas Díaz Ramos, el Dimas, con quien estableció una sociedad conocida como La Empresa, a la que algunos medios llegaron a referirse como un alianza entre los cárteles de Sinaloa y de La Familia Michoacana, aunque no era tal, sino sólo la unión de las células criminales del Llavero y el Dimas. De ambos el jefe era el comandante Velazco Bravo.

De aquel vínculo entre el Dimas y el Llavero surgió una anécdota curiosa: la mayoría de los medios de comunicación de México publicaron una fotografía informando que se trataba de Nazario Moreno, el Chayo, pero en realidad era Dimas Díaz Ramos. El error sucedió, dijo en prisión el propio Madrigal Moreno, luego de que en una ocasión lo llamó por teléfono el comandante Velazco Bravo, cuando se inició la búsqueda oficial del Chayo, y le pidió urgentemente una fotografía del susodicho. En ese momento, Madrigal Moreno y Díaz Ramos, que guarda un gran parecido con Nazario Moreno, se encontraban reunidos en Guadalajara, Jalisco.

Para salir del paso, Madrigal Moreno le pidió a Díaz Ramos dejarse tomar una foto con el teléfono celular para enviársela al comandante. Dimas no se opuso. Aquella errada fotografía apareció posteriormente en espectaculares por todo el estado de Michoacán, en los cuales la PGR anunciaba una recompensa de 30 millones de pesos a quien diera información sobre la ubicación del Chayo. Los principales medios de comunicación nacionales reprodujeron la foto sin cuestionarse si era él o no. El Chayo le ofreció una fiesta a su primo el Llavero por la "puntada", que fue largamente celebrada. Velazco Bravo se enteró del error en voz del mismo Madrigal Moreno. También lo festejaron y lo dejaron pasar.

De ese tamaño era la cercanía entre Madrigal Moreno y Velazco Bravo. El Llavero aseguró que García Luna no era ajeno a ella, ya que, a través de Velazco Bravo, le hacía llegar mensajes, vía Madrigal Moreno, al Chayo. Cuando el fundador de la organización michoacana oficialmente fue dado por muerto, los mensajes de García Luna tuvieron como destinatario a la Tuta, quien se quedó al frente del Cártel de Los Caballeros Templarios y "con quien García Luna mantenía buenas relaciones".

Dichas relaciones fueron a menos cuando ya no hubo interlocutor eficiente. Después del asesinato de Velazco Bravo, la comunicación entre García Luna y La Familia Michoacana se supeditó a la que Madrigal Moreno podía establecer "de vez en cuando con otros comandantes de la PFP". La situación derivó en una suspensión de los pagos pactados, los cuales se hacían llegar a través del comandante. Por eso, después del 3 de mayo de 2008, García Luna lanzó una cacería a muerte de los principales líderes de La Familia Michoacana. En ella fue detenido Madrigal Moreno, lo que el cártel michoacano tomó como una declaración de guerra, pues se trataba del tercero al mando, después del Chayo y la Tuta.

En la violenta confrontación entre la PFP de García Luna y La Familia Michoacana, se volvieron rutinarios los enfrentamientos en suelo michoacano. De agosto de 2008 a septiembre de 2011 fueron abatidos mil 578 miembros del cártel, pero la PFP también tuvo saldos desfavorables, al perder a 67 efectivos: en 2008 fueron asesinados cuatro; en cinco enfrentamientos en 2009 murieron 27; otros 33 fueron ejecutados a lo largo de 2010; y en 2011, en tres encontronazos entre el cártel de la Tuta y la PFP, cayeron tres más.

Televisa, el gran aliado de la farsa

De todos esos enfrentamientos, sin duda los que más golpearon el ánimo no sólo de los encargados de la seguridad a nivel nacional, sino de la población que ya veía perdida la guerra contra el narco, fueron el del 13 de julio de 2009, cuando 13 policías federales fueron masacrados en las inmediaciones del municipio de Nueva Italia, Michoacán, y el del 14 de junio de 2010, en Zitácuaro, donde emboscaron a 12 efectivos.

De ahí la urgencia de implementar una campaña mediática que motivara a los policías llevados a la guerra contra el cártel michoacano y que mostrara ante los ojos de la población a un gobierno con un esquema de seguridad fortalecido, siempre bajo la convicción de que se estaba haciendo lo correcto para frenar a los grupos delictivos, los cuales se habían vuelto incontenibles. Fue así como se ideó la estrategia de permear en el ánimo de la sociedad a través de un programa televisivo que destacara el valor, la honestidad y el compromiso de servicio de la Policía Federal, sin importar su costo económico.

El 28 de junio de 2010 se firmó un contrato entre la SSP y Televisa para llevar a la pantalla de televisión una serie de ficción que se titularía *Policía Federal: héroes anónimos*, pero que por razones de mercado terminó llamándose *El equipo*.* Esta serie, que constaba de 13 episodios y que García Luna supervisó directamente, tuvo un costo de 118 millones 116 mil 880 pesos. El pago fue acordado por los funcionarios de la SSP Alejandro Sosa Arciniega, director de Recursos Materiales y Servicios Generales; María Luisa Olivas Caro, directora de Prevención del Delito y Participación Ciudadana, y Verónica Peñuñuri Herrera, directora general de Comunicación Social, firmantes del convenio con Televisa.

La obsesión de control de García Luna llegaba a tal grado que él mismo fue quien aprobó el *casting* de los actores principales de la serie, y a él se le atribuyen la construcción y los nombres de los personajes. Entre esos actores estaban Alberto Estrella, que interpretó a Santiago; Zuria Vega fue Magda, la heroína de la serie; Alfonso Herrera era Fermín y Fabián Robles llevaba el nombre de Mateo... Cuatro nombres muy grabados en la psique del secretario de Seguridad Pública.

La serie no tuvo el impacto deseado. Pasó sin pena ni gloria entre las audiencias. No logró borrar del imaginario colectivo la sensación de derrota que generó el número de bajas de la PFP. Ya no eran únicamente los 312 policías asesinados en enfrentamientos, sino los 701 policías heridos de bala (247 en 2009, 305 en 2010 y 150 en 2011),* registrados como bajas en 27 enfrentamientos que se suscitaron en esos años en Aguascalientes, Baja California, Campeche Chiapas, Chihuahua, Coahuila, el entonces Distrito Federal, Durango, Estado de México, Jalisco, Guanajuato, Guerrero, Hidalgo, Michoacán, Morelos, Nayarit, Nuevo León, Oaxaca, Querétaro, Quintana Roo, Puebla, San Luis Potosí, Sinaloa, Sonora, Tamaulipas y Veracruz. Cada uno de esos registros hablaba del fracaso de la estrategia de seguridad del gobierno federal.

Por eso, en 2011 García Luna ordenó intensificar la estrategia mediática para mejorar la imagen de su guerra: el 13 de mayo ordenó a Televisa y TV Azteca una campaña de difusión que hablaba del nuevo modelo de policía, en el cual, desde su óptica, se había convertido la PFP. Por esa campaña, la cual diseñó Televisa y ponía énfasis en el reclutamiento de nuevos cadetes para la seguridad del país, se pagaron 7 millones 966 mil 841 pesos,* mientras que TV Azteca, por el mismo contenido, cobró 2 millones 175 mil 429 pesos.*

Dado que esta estrategia de información estaba dirigida a la sociedad y a las filas de la PFP para levantar los ánimos, ello se reflejaba en el convenio firmado con Televisa, cuya petición explícita era la difusión de la publicidad en las localidades asoladas por la delincuencia, aquellas que en esos momentos reportaban el mayor número de policías asesinados y heridos en combate. De modo que la pauta publicitaria se focalizó sólo en los 39 municipios más violentos del país, donde, para mayo de 2011, se contabilizaba el 46 por ciento de todos los homicidios dolosos del país, resultado de la lucha entre los cárteles por el control del trasiego de drogas.

Entre las localidades donde se pidió la transmisión de los anuncios del nuevo modelo de policía y el llamado al reclutamiento, dentro del horario estelar de la teleserie *El Equipo*,* estaban Acapulco, Aguascalientes, Cancún, Ciudad Cuauhtémoc, Delicias, Ciudad Juárez, Ciudad Mante, Obregón, Ciudad Victoria, Chihuahua, Chilpancingo, Colima, Cuernavaca, Culiacán, Durango, Ensenada, Guadalajara, Hermosillo, Iguala, Ixtapa-Zihuatanejo, León, Los Mochis, Matamoros-Reynosa, Mazatlán, Mérida, Mexicali, Monterrey, Morelia-Uruapan, Nogales, Nuevo Laredo, Querétaro, San Luis Río Colorado, Tampico, Tapachula, Tijuana, Tuxtla Gutiérrez, Villahermosa, Zacatecas y Zamora. Eran, al mismo tiempo, las zonas urbanas que se disputaba el Cártel de Sinaloa, del que era aliado la PFP, con Los Caballeros Templarios, el Cártel del Golfo, Los Zetas y el CJNG.

Esa no fue la cúspide de la estrategia oficial de bombardeo informativo a la sociedad para aparentar una situación cada vez más ajena a la realidad sobre la guerra contra el narco. El 8 de abril de 2011, la representación de la SSP y el área jurídica de las televisoras de Emilio Azcárraga Jean y Ricardo Salinas Pliego firmaron un nuevo contrato de publicidad que dotaba de una imagen a la PFP y su labor de servicio social. Se aprovechó la proximidad de las vacaciones de Semana Santa, haciendo hincapié en el profesionalismo de los elementos de la corporación —entre los que permeaba la certeza de complicidad de algunos mandos, encabezados por García Luna, con la cúpula de los cárteles de Sinaloa y los hermanos Beltrán Leyva—. El pago girado a Televisa por ese nuevo convenio fue de 997 mil 825 pesos,* en tanto que TV Azteca facturó un millón de pesos.*

Ante la imposibilidad de dar buenas noticias sobre el combate al narcotráfico, a manera de contraprestación por las jugosas utilidades que dejó la campaña de la PFP, las dos principales televisoras del país abrieron los espacios de sus noticiarios para difundir ampliamente las acciones de la corporación contra el secuestro. Uno de los casos más notables fue la desarticulación de la banda de secuestradores Los Gatos, cuya cobertura se mantuvo viva durante tres días en todos los espacios informativos de Televisa y de TV Azteca.

La banda de Los Gatos fue presentada como una peligrosa célula criminal que encabezaba Hilario López Morales, alias el Gato, a quien se le acusaba de por lo menos cinco secuestros en la zona de Zitácuaro, Michoacán. Ahí se le reconocía no tanto por secuestrador, sino por estar vinculado a la cúpula de La Familia Michoacana, bajo las órdenes de Madrigal Moreno, el Llavero. Este operaba impunemente gracias a sus buenas relaciones con diversos funcionarios federales y del gobierno de Michoacán, entre ellos Ascensión Orihuela Bárcenas, de quien era compadre, según consta en la averiguación previa PGR/SIEDO/UEIDCS/131/2010.

El equipo de investigación de García Luna siempre estuvo tras la pista del entonces diputado federal Orihuela Bárcenas, no tanto por los indicios de su conexión con La Familia Michoacana, a través de su compadre López Morales, sino porque, como congresista del PRI, entre 2006 y 2009 se distinguió por sus cuestionamientos de la estrategia nacional de seguridad y el desgobierno ocasionado por la administración de Calderón Hinojosa en Michoacán.

De acuerdo con la citada averiguación previa, que contiene la declaración del testigo protegido "Emilio" (Onofre Hernández Valdez), Orihuela Bárcenas fue un colaborador cercano del cártel michoacano entre 2006 y 2009. "Emilio" también lo señaló de mantener nexos con Guzmán Loera y con las actividades ilícitas de su compadre el Gato. No obstante, García Luna nunca tuvo elementos para llevarlo ante la justicia, como sucedió luego con el Gato, a quien la PFP buscó por el asesinato de un policía federal, decapitado en la comunidad de La Coyota, cerca de Zitácuaro.

La PFP nunca contó con sustento judicial que demostrara que dicho asesinato, ocurrido el 5 de marzo de 2010, había sido obra del Gato. Por eso se valió del testigo protegido "Emilio", con el fin imputarle al menos cinco secuestros como copartícipe. Esas declaraciones fueron suficientes para que un juez federal le dictara orden de aprehensión. Al Gato lo sentenciaron a 60 años de prisión, junto con su cómplice Nabor Pérez Chaires, el Dieciséis.

Otra información que las dos principales televisoras exaltaron como logro ante la falta de resultados en el combate al narcotráfico fue la desarticulación de la banda de secuestradores La Trokita, que operaba en Ciudad Juárez, Chihuahua, bajo el liderazgo de Rafael Méndez Torres, el Niño. El operativo llevó a la detención del cabecilla, junto con César Adrián Aranda Aguilera —el Pato—, Vicente Balderas, Sergio Bernal Granados —el Bolo— y Víctor Hugo García Martínez.

La difusión televisiva en la zona urbana de Ciudad Juárez se realizó a manera de menciones en los noticiarios de Televisa y TV Azteca, que cobraron entre 75 mil y 120 mil pesos por cada referencia al caso a lo largo de cinco días, lo cual se acordó mediante los convenios de publicidad firmados el 17 de febrero de 2012. Televisa facturó 3 millones 999 mil 785 pesos,* y TV Azteca, 3 millones 259 mil 394 pesos.* Esta campaña fue maquillada en la orden de adquisición de los servicios publicitarios bajo el nombre de "Juarez1", a fin de evitar implicaciones legales que beneficiarían a los detenidos por citar sus nombres a costa del erario.

Al mismo tiempo que los noticiarios mencionaban a los integrantes de La Trokita como parte de la campaña "Juarez1", se difundió como logro la captura de la banda de secuestradores Los Rojas, la cual fue inflada mediáticamente al posicionarla como una célula delictiva de alcance nacional, cuando en realidad operaba sólo en algunas colonias de Ciudad Juárez. La encabezaba Rogelio Morales Barrientos, alias el Rojas, con la complicidad de Ismael Valadez —el Mayel—, Javier Ribota Talavera, Nancy Lilia Núñez Borja, Felipe Arellano González y Yolanda Rueda Román, quienes habían cometido ocho secuestros por los que pidieron rescates de entre 50 mil y 200 mil pesos.

Pese a la poca monta criminal de la organización que, a decir verdad, fue detenida por la policía estatal de Chihuahua, la SSP no tuvo empacho en firmar, el 27 de julio de 2012, dos convenios de publicidad con Televisa* y TV Azteca* para pagar un millón 999 mil 999 pesos a cada empresa, con el objetivo de transmitir *spots* de televisión que presentaran a este grupo delincuencial como uno de los principales logros a presumir del secretario García Luna, en ocasión del anuncio promocional del VI Informe de Gobierno de la administración de Calderón Hinojosa.

Bajo este mismo convenio publicitario, también fueron difundidos como resultados exitosos las detenciones de los secuestradores José Antonio Jiménez Cuevas, el Niño, supuesto líder de una banda sin resonancia nacional que operaba en la Ciudad de México y que en realidad era un miembro más de la banda de Los Tiras, ligada a los hermanos Beltrán Leyva; Octavio Sánchez Escárcega, el Charly, a quien se hizo pasar como cabeza de Los Toluca, pero sólo era integrante de Los Petriciolet; José Jiménez Cuevas, acusado de encabezar una célula de secuestradores, cuando no era más que un informante y distribuidor de drogas al menudeo en la Ciudad de México al servicio del narcotraficante colombiano Carlos Fabián García Castaño, el Colocho, también detenido y anunciado como un trofeo.

Otros detenidos de poca relevancia, pero igualmente incluidos en el paquete de delincuentes a promocionar en la televisión nacional, fueron Francisco Javier Carmona Rangel, el M60, acusado de dirigir la banda de secuestradores Los M60, así denominada por la PFP y clasificada como encargada de La Familia Michoacana en los municipios mexiquenses de Ecatepec, Coacalco, Naucalpan y Tultitlan, cuando solamente era uno de los 35 narcomenudistas al servicio de la Tuta en el Estado de México; Manuel de Jesús Lugo Bretón, el Tartas, de quien la televisión dijo ser el jefe de tres organizaciones de secuestro llamadas Los Tartas, Los Cruz y Los Chatos, pero lo cierto es que era un narcomenudista en la nómina de los hermanos Beltrán Leyva y operaba en la entonces delegación capitalina Gustavo A. Madero.

El rey del rating

Esa era la forma de trabajar de Genaro García Luna: adaptar la realidad a sus fines personales. Empleó el presupuesto de la SSP para vender, a través de las dos principales televisoras del país, la idea de que se estaba ganando la guerra contra el narco. Una idea que, por ingenuidad o complicidad, el presidente Calderón Hinojosa también asumió a pie juntillas. Al menos así lo dejó ver cuando reconoció públicamente: "La policía [Federal Preventiva] dejó de ser y parecer una profesión desprestigiada para convertirse en una profesión honorable que goza del respeto de la gente", luego de considerar que "lamentablemente en México, durante décadas, la corrupción, la impunidad y la negligencia fueron generando policías más alejadas de ese modelo. Ser policía para millones de mexicanos fue sinónimo de abuso y arbitrariedad".

No obstante, allí estaba el abuso y nunca se vio: no sólo por el dispendio económico para pagar una campaña de publicidad televisiva, sino por la manipulación de la realidad para difundir hechos, a manera de logros, no acordes con la realidad. Desde que asumió la titularidad de la SSP, García Luna se vio seducido por los reflectores televisivos. Utilizó el poder del dinero y de la televisión para posicionarse como el funcionario modelo que la evidencia muestra que estaba muy lejos de ser.

Entre los convenios publicitarios que lo catapultaron como el hombre más poderoso de la administración de Calderón Hinojosa destacan, aparte de los citados anteriormente, 17 firmados entre 2007 y 2011 —diez con Televisa y siete con TV Azteca—. De estos, sólo tres fueron para promover capturas de narcotraficantes buscados internacionalmente. Los otros 14 fueron para programas oficiales que transmitían desde el reclutamiento hasta "el nuevo modelo de policía profesional con estándares internacionales" que, desde la visión oficial, se implementaba eficazmente en México, como aseveraba el presidente Calderón Hinojosa.

Así, el 3 y 4 de octubre de 2007, la SSP firmó un convenio con TV Azteca y Televisa, respectivamente, por un millón 107 mil 836 pesos* y 2 millones 429 mil 973 pesos,* para que en los noticiarios de los afamados conductores Javier a la Torre, Joaquín López Dóriga y Carlos Loret de Mola se difundiera a manera de noticia la captura de Sandra Ávila Beltrán, conocida como la Reina del Pacífico, sobrina de Miguel Ángel Félix Gallardo y prima de los hermanos Arellano Félix, quien era una de las principales operadoras de los hermanos Beltrán Leyva, con los cuales también estaba emparentada.

La captura de la Reina del Pacífico ocurrió la mañana del 28 de septiembre de 2007 en la colonia San Jerónimo de la Ciudad de México, mientras se encontraba con su pareja sentimental, el colombiano Juan Diego Espinoza Ramírez, el Tigre, quien controlaba las actividades en México del Cártel del Norte del Valle de Colombia. El operativo estaba dirigido hacia el Tigre, porque se negaba a que su organización pagara los servicios de protección ofrecidos desde la cúpula de la SSP por Labastida Calderón. Pero al saber que en el operativo también se había aprehendido a Beltrán Ávila, García Luna optó por mover los reflectores y difundir esa detención como "un logro del sistema de inteligencia de la PFP", como cantaron los noticieros estelares de Televisa y TV Azteca, contratados para ello.

En el marco de la guerra abierta entre la PFP y La Familia Michoacana en 2008, ya desatada luego del asesinato del comandante Velazco Bravo —el principal conducto de diálogo de García Luna con ese cártel—, la SSP focalizó su estrategia mediática en cuanta detención ocurriera en Michoacán. Fueron contados por decenas los imputados con el mote de "jefe de plaza" de cualquiera de los 113 municipios de esa entidad. Se garantizó la difusión de estos "logros" mediante los convenios firmados el 21 de noviembre de aquel año con Televisa y TV Azteca, por los que la primera cobró 13 millones de pesos,* y la segunda, 6 millones 924 mil 295 pesos.* Con ello se comprometieron a ofrecer los servicios de "Contratación de Diversos Servicios Publicitarios" y "Contratación de Difusión en Tiempos en Pantalla", respectivamente.

El 29 de enero de 2009, la PFP asestó un verdadero golpe al narcotráfico, otra vez por equivocación. Fue detenido en Naucalpan, Estado de México, Gerónimo Gámez García, el Primo, uno de los principales operadores de los hermanos Beltrán Leyva. Así lo anunció la PFP en voz de su comisionado Rodrigo Esparza Cristerna, quien aseguró que con esa captura se lograba "fracturar considerablemente la estructura del Cártel de los Beltrán Leyva, en término de trasiego de drogas".

Lo que no dijo el comisionado Esparza Cristerna fue que la detención de Gámez García había sido un golpe de suerte, pues la PFP iba, como en el caso de la detención de Ávila Beltrán, por la desarticulación del Cártel del Norte del Valle. La persecución contra este capo colombiano en suelo mexicano fue encargada a García Luna por órdenes del Mayo, quien ya para entonces mantenía diferencias con el cártel colombiano por la competencia en la comercialización de cocaína de Colombia en México.

Hay que recordar que el Cártel del Norte del Valle se alió con el Cártel de Sinaloa luego de la muerte de Pablo Escobar Gaviria, ocurrida el 2 de diciembre de 1993. Escobar Gaviria era el principal socio que suministraba cocaína para el Cártel de Sinaloa, por lo que a su muerte el Mayo pactó una alianza con Orlando Henao Montoya para suplir el abastecimiento. El Cártel del Norte del Valle dominó el trasiego de drogas desde Colombia hacia Estados Unidos y México tras la desaparición de Escobar Gaviria. Orlando Henao Montoya llegó a ser así el principal socio colombiano para algunos de los cárteles de las drogas de México, vendiendo su mercancía indistintamente tanto al Cártel de Sinaloa como al del Golfo, Los Zetas, Los Arellano Félix y La Familia Michoacana, después convertido en el Cártel de Los Caballeros Templarios.

El distanciamiento entre Zambada García y Henao Montoya se dio cuando el Cártel del Norte del Valle arrancó operaciones en territorio mexicano, proveyendo cocaína no sólo al Cártel de Sinaloa, sino también a los del Golfo, de los Carrillo Fuentes, de los Arellano Félix y de los Beltrán Leyva. Por eso se convirtió en un estorbo para el Cártel de Sinaloa. De modo que Zambada García le ordenó al secretario de Seguridad Pública desarticular el cártel colombiano.

De ahí que entre los objetivos de la SSP y la PFP figuraran los líderes del Cártel del Norte del Valle. Así fue como siguieron la pista de Espinoza Ramírez, el Tigre, cuyo efecto colateral fue la mencionada captura de la Reina del Pacífico. También se logró detener a Pablo Emilio Robles Hoyos, el Chaparrito, considerado el representante del Cártel del Norte del Valle en México. Fue una casualidad que, el día de su captura, Robles Hoyos estuviera reunido con Gámez García, representante de los Beltrán Leyva, a quien de igual modo aprehendieron en el operativo, junto con Óscar Zito Rodríguez, el segundo enlace entre los Beltrán Leyva y el cártel colombiano.

Habilidoso para colocar todo a su favor, García Luna aprovechó la afortunada coincidencia para comunicar y presumir la captura de Gámez García, el Primo, como un triunfo de la guerra contra el narco. Dejó de lado la difusión acerca del arresto del jefe del Cártel del Norte del Valle en México y concentró los recursos en una campaña informativa que daba cuenta de los resultados del nuevo modelo policial. El 6 y 9 de febrero de 2009, la SSP firmó un convenio de publicidad con Televisa y TV Azteca, respectivamente, por 2 millones 859 mil 019 pesos* y un millón 529 mil 869 pesos,* con el propósito de informar del golpe asestado a los Beltrán Leyva. Valiéndose de su relación con las dos principales televisoras mexicanas, que rayó en la complicidad, García Luna, como parte de la estrategia calderonista de promoción a la guerra contra el narco y el combate al crimen organizado, haría después —como se verá más adelante— una de las mayores pifias informativas y de combate a la delincuencia, cuando convirtió el caso de Florence Cassez e Israel Vallarta en un verdadero *show* propagandístico.

6

El señor de la guerra

"Nunca pienses que una guerra, por necesaria o
justificada que parezca, deja de ser un crimen".
—ERNEST HEMINGWAY

DUEÑO DE UNA PERSONALIDAD protagónica
y una mente analítica, Genaro García Luna echó mano de
ambas para, a través de la mentira, sostenerse en el cargo
de secretario de Seguridad Pública y posicionarse como un funcionario modelo.

De lo impoluto de su persona daban cuenta los cientos —y posiblemente miles— de menciones en notas informativas y reportajes
transmitidos en televisión y en los principales medios impresos de
comunicación.

Nadie —quizá unos cuantos, contados con los dedos de las manos— habría creído que detrás del personaje decidido y combativo
frente a la delincuencia se encontraba uno de los funcionarios más corruptos que ha visto el sistema político mexicano en los últimos años,
lo cual ya es decir mucho. La evidencia así lo indica.

Una confianza inconmensurable

Después de la detención de García Luna en 2019 en Estados Unidos, Felipe Calderón Hinojosa ha manifestado públicamente su sorpresa ante la noticia. Se le ha cuestionado, sin embargo, el hecho de que no supiera quién era el espía que él mismo nombró titular de la SSP, pues en su momento hubo muchas advertencias. Entre julio y diciembre de 2006, cuando el entonces presidente electo Calderón Hinojosa estaba armando su gabinete, por lo menos José Antonio Meade Kuribreña, Juan Rafael Elvira Quesada, Dionisio Pérez-Jácome Friscione, Salvador Vega Casillas y Salomón Chertorivski Woldenberg (sus futuros secretarios de Hacienda y Crédito Público, Medio Ambiente y Recursos Naturales, Comunicaciones y Transportes, Función Pública y Salud) le aconsejaron tener "mesura en el trato con García Luna".

De acuerdo con una fuente del sector periodístico —quien dio su testimonio para esta investigación a reserva del anonimato, debido a que estuvo presente en muchas de las reuniones para organizar el gabinete calderonista—, cuando Felipe Calderón les solicitó expresamente opinar sobre los prospectos que integrarían el gabinete, Meade Kuribreña "advirtió del riesgo que implicaba designar a García Luna como secretario de Seguridad, porque en los corrillos de la política nacional ya se hablaba de su relación con los jefes del Cártel de Sinaloa". Calderón Hinojosa sólo guardó silencio.

Lo mismo sucedió en el momento en que Elvira Quesada le compartió sus dudas sobre la verticalidad de García Luna, "sobre todo porque era un hombre que se había formado al amparo de los gobiernos de Carlos Salinas de Gortari y Ernesto Zedillo, que podía representar los intereses del viejo régimen priista y algunos contraídos con funcionarios del gobierno de Vicente Fox, con el que Calderón pretendía marcar su distancia".

También guardó silencio ante las palabras de Pérez-Jácome Friscione, quien "le manifestó su recelo para que García Luna fuera el encargado de la seguridad pública del país, anteponiendo los señalamientos que pesaban sobre Genaro García después del caso Atenco", pues se decía que el entonces coordinador general de la AFI había sido el artífice de la represión policial ocurrida en San Salvador Atenco, Estado de México, entre el 2 y el 6 de mayo de 2006, durante la cual fueron asesinados Alexis Benhumea y Javier Cortez, se detuvo a 207 personas —entre ellas diez menores de edad— y 26 mujeres denunciaron actos de violencia sexual.

Por la amistad que ya desde entonces unía a Calderón Hinojosa con su paisano Salvador Vega Casillas, este le compartió su recelo respecto a García Luna. Aquel, comenta la fuente, lo escuchó en silencio, sin que en su rostro se notara ninguna reacción. Vega Casillas remató su opinión diciendo que "García Luna no era el hombre más adecuado para el cargo". Calderón Hinojosa se levantó, estrechó la mano de su amigo y puso punto final a la reunión.

Chertorivski Woldenberg, quien antes de ser nombrado secretario de Salud fue el director general de Diconsa y comisionado nacional de Protección Social en Salud del Seguro Popular, "fue el más parco, pero el más lapidario", ya que "advirtió de una crisis de seguridad y del riesgo que García Luna representaba para convertirse en el súper secretario de esa administración". Seguramente Chertorivski Woldenberg sabía de la personalidad y del control que logró tejer García Luna a lo largo de su carrera como espía del Cisen, coordinador de la PFP y después de la AFI.

Con todo, parece que esas advertencias no resultaron convincentes para el mandatario. El 20 de noviembre de 2006, a diez días de asumir la Presidencia de la República, en una reunión que se llevó a cabo en la casa marcada con el número 8 de la Privada de Cóndor 231, en la colonia Las Águilas de la Ciudad de México, donde fueron presentados todos los integrantes del nuevo gabinete, García Luna fue el segundo en ser anunciado como secretario de Estado, con la cartera de Seguridad Pública —después de Francisco Javier Ramírez Acuña, quien sería el secretario de Gobernación—.

Sólo Calderón Hinojosa sabe por qué designó a García Luna como titular de la SSP, sin considerar las opiniones en contra que su círculo político más cercano le externó. A la luz de la lógica, ello podría atribuirse a las posibles recomendaciones de algunos de los hombres de negocios más importantes del país, como Emilio Azcárraga Jean o Ricardo Salinas Pliego, quienes ya lo conocían y lo vieron como el más idóneo para el cargo.

También puede atribuise la decisión de Calderón Hinojosa a la innegable trayectoria que García Luna se forjó dentro del aparato de inteligencia del gobierno mexicano, ya que, como bien observa "Lince", el ex agente el Cisen, "no es fácil hacer una trayectoria dentro si no se cuenta con un pensamiento abstracto y analítico, además de una inteligencia que supere el promedio normal, como es el caso de García Luna". Sumado a ello, dice que influyeron las buenas relaciones que tejió con la clase política y empresarial, con base en los resultados de su trabajo.

El Grande, el hombre querido por el poder

No obstante, existe otra versión, tal vez subterránea por emerger desde el interior de una cárcel federal de máxima seguridad y deposada por uno de los narcotraficantes más sanguinarios de la historia reciente. De acuerdo con esta, la designación de García Luna como titular de la SSP habría sido producto de las componendas entre el entonces presidente Calderón Hinojosa y los dos principales cárteles de las drogas que en ese momento eran preeminentes en el territorio mexicano: el de Sinaloa y el de los Beltrán Leyva.

La versión de Sergio Enrique Villarreal Barragán, el Grande, es un dicho que no tiene desperdicio, pues fue jefe de sicarios al servicio de Arturo Beltrán Leyva, justamente en el tiempo en que García Luna fue coordinador general de la AFI y luego titular de la SSP. Hoy día es testigo protegido de la FGR. Según el Grande, con quien compartí una temporada en el pasillo de Tratamientos Especiales, el área de segregación destinada a contener a los delincuentes más peligrosos dentro de Puente Grande, los que determinaron que García Luna se convirtiera en el secretario de Seguridad Pública fueron Ismael Zambada García —el Mayo— y Arturo Beltrán Leyva —el Barbas—. Tomaron esa decisión durante una reunión que los dos jefes del narco sostuvieron en Culiacán, Sinaloa, a mediados de septiembre de 2006, cuando el Tribunal Electoral del Poder Judicial de la Federación (TEPJF) recién reconoció a Calderón Hinojosa como el ganador de las elecciones presidenciales por un margen de apenas 0.58 por ciento sobre la votación que obtuvo el candidato de la Coalición por el Bien de Todos, Andrés Manuel López Obrador.

El Grande, quien se sentía seguro de remontar hacia la libertad a la brevedad por la amistad que decía tener con García Luna y con el presidente Calderón Hinojosa, refirió, en aquellas pláticas que se prolongaban toda la noche, que él, junto con Arturo Beltrán Leyva, se acercaron a García Luna. Arturo lo presentó posteriormente con el Mayo, entonces socios en el trasiego de cocaína que compraban en un mismo cargamento y volumen al Cártel del Norte del Valle de Colombia.

La relación de Villarreal Barragán con García Luna no era fortuita. El Grande lo buscó por instrucción de Arturo Beltrán Leyva. Se reunieron en abril de 2004, cuando García Luna era aún el coordinador general de la AFI. El motivo de que se contactaran fue el matrimonio entre Adolfo Hernán Villarreal, hermano del Grande, y Elsa María Anaya, hermana de Guillermo Anaya Llamas, para entonces presidente municipal de Torreón, Coahuila, y uno de los hombres más cercanos al todavía secretario de Energía, Felipe Calderón Hinojosa.

Guillermo Anaya Llamas, quien ya había sido diputado local y federal por el PAN, entre 1997 y 2002, era de los pocos que integraban el círculo de confianza de Calderón Hinojosa. La cercanía entre ambos se dio cuando Guillermo, siendo diputado de la LVIII legislatura federal, fue el cerebro de la bancada panista que lideraba Calderón Hinojosa, en aquel momento coordinador parlamentario. A las juntas de planeación política, convocadas frecuentemente por Calderón Hinojosa, también asistía García Luna, primero como coordinador general de Inteligencia de la PFP y después como titular de la AFI. Su intervención consistía en aportar información de espionaje sobre actores y actos políticos de relevancia, como parte de lo que le solicitaba Calderón Hinojosa. Hay que recordar que los dos habían estrechado su vínculo desde 1995, durante la campaña por la gubernatura de Michoacán.

En esas juntas, entre 2000 y 2002, Anaya Llamas afianzó su contacto con García Luna, el cual le permitió obtener el apoyo de la federación para replegar el control territorial que mantenían Los Zetas como cártel dominante en la zona de la Comarca Lagunera. Villarreal Barragán señaló que, una vez que la PFP, en coordinación con la AFI, logró desplazar a Los Zetas de la zona de La Laguna, fue el propio Guillermo, ya convertido en presidente municipal de Torreón, quien entregó la plaza de ese municipio al Cártel de Juárez, del que justamente el Grande ya era uno de los principales operadores en Coahuila y Tamaulipas. Eso le fue posible gracias a su función como comandante de la entonces Policía Judicial del Estado entre 1993 y 1994, en las regiones de Torreón, Saltillo y Monclova; y después, de 1994 a 1996, como jefe de grupo de la PJF, asignado en Nuevo Laredo y Reynosa, Tamaulipas.

Cabe recordar que Villarreal Barragán comenzó a operar para el Cártel de Juárez por invitación directa de Vicente Carrillo Fuentes, el Viceroy, cuando aún era comandante de la Policía Judicial de Coahuila. Después, por intereses del Cártel de Juárez, consiguió su alta en la PJF, donde su función era mantener a raya a Los Zetas, entonces brazo armado del Cártel del Golfo. Tras la supuesta muerte de Amado Carrillo Fuentes, el Señor de los Cielos, el 4 de julio de 1997, Villarreal Barragán decidió romper con el Cártel de Juárez y se incorporó al de los Beltrán Leyva por invitación directa de los hermanos Arturo y Héctor, que inicialmente lo designaron como operador en

Morelos, hasta convertirse en el segundo al mando de Arturo, a quien también le coordinaba el equipo de seguridad, y en ocasiones estaba frente a Arturo a la misma altura que cualquiera de sus hermanos. El nexo entre Sergio Villarreal Barragán y Guillermo Anaya Llamas —que surgió en 1993, cuando el primero fungía como comandante de la Policía Judicial de Coahuila y el segundo era un joven empresario ya con visibilidad en la política local— terminó por empatar a sus respectivos hermanos Adolfo Hernán y Elsa María. Estos se conocieron a principios de 1993, según la versión del Grande, en una reunión a la que Guillermo convocó a sus amigos y familiares para dar su respaldo político al candidato del PAN a la gubernatura de Coahuila, Rosendo Villarreal Dávila, de quien el Grande decía ser su sobrino.

La campaña de apoyo de Anaya Llamas a la candidatura de Villarreal Dávila no fue suficiente para que este remontara en las elecciones locales, pues al final ganó el candidato del PRI, Rogelio Montemayor. Sin embargo, fue el escenario de amor entre Adolfo Hernán y Elsa María, quienes terminaron casándose bajo el régimen de separación de bienes el 13 de marzo de 1996, según lo establece el acta de sociedad conyugal registrada en la Oficialía Séptima del Registro Civil, de Torreón. El amor se terminó 11 años y dos hijas después. El lazo matrimonial se disolvió, a petición de Elsa María, el 10 de septiembre de 2007,* según el edicto publicado en el periódico oficial de Coahuila del 22 de agosto de 2008.

Sobornos con resultados

Eso sí, mientras duró el matrimonio de Adolfo Hernán y Elsa María, fue el pretexto inmejorable de acercamiento entre Sergio Villarreal Barragán y Guillermo Anaya Llamas. De hecho, el narcotraficante lo reconocía como "mi pariente" cada vez que se refería al político en las pláticas que nos dispensaba a los presos que estábamos atentos a sus narraciones dentro del área de segregación de la cárcel federal de Puente Grande. Ese mismo matrimonio, del cual tenían pleno conocimiento Alfredo, Arturo y Héctor Beltrán Leyva, fue lo que motivó que Arturo Beltrán le pidiera a su subordinado dentro del cártel, el Grande, buscar la forma de acercase a García Luna, que en 2004 era coordinador general de la AFI. Para cumplir con la encomienda, contó el propio Villarreal Barragán, le solicitó ayuda a Guillermo Anaya: "Le pedí que me concertara una cita con 'El Licenciado' García Luna, y en menos de una semana ya estábamos negociando el apoyo de la AFI para los señores [los hermanos Beltrán Leyva]". El Grande añadió: "Sólo bastó una llamada [de Guillermo Anaya] para que 'El Licenciado' aceptara una reunión".

El primer encuentro entre García Luna y Villarreal Barragán fue en un restaurante de la Ciudad de México, en abril de 2004. Allí, el Grande le expuso al titular de la AFI la pretensión de su jefe, Arturo Beltrán Leyva, de que dejara trabajar libremente al cártel. García Luna aceptó sin titubeos. A cambio pidió una contraprestación de 500 mil dólares mensuales "para pagarles a los muchachos de la AFI", además de un flujo constante de información proveniente del cártel para asestar periódicamente, por lo menos cada mes, un golpe al narcotráfico, el cual implicara detenidos, ya fueran de esa organización o de otra, así como incautación de drogas y armas.

El Grande platicaba que, por su parte, aceptó los términos de manera parcial. Estuvo de acuerdo en la filtración de información para ayudar a la AFI a obtener resultados públicos sobre el combate contra el narcotráfico, una práctica común entre todos los cárteles que negocian protección de mandos de las corporaciones de seguridad pública federal y estatal. Pero, en cuanto al pago para los elementos de la AFI, el narcotraficante se ufanaba: "Sí me vi muy méndigo al regatearle al 'Licenciado'".

Al término de las negociaciones no prevalecieron los 500 mil dólares mensuales que pedía García Luna. El pago de protección finalmente quedó en 250 mil dólares cada mes para compensar a los elementos de la AFI y "150 mil dólares para 'El Licenciado' ", que le serían entregados puntualmente en el lugar, el día y la hora determinados. El Grande comentó que el pacto estuvo cumpliéndose al pie de la letra. A veces el dinero se entregaba por conducto del principal hombre de confianza de Villarreal Barragán, que en ese tiempo era Édgar Valdez Villarreal, alias la Barbie, jefe del grupo FEA (Fuerzas Especiales de Arturo [Beltrán Leyva]), también conocido como el Grupo de Los Negros, la fuerza de reacción de los Beltrán Leyva para confrontar a Los Zetas en la disputa por el control de Coahuila, Nuevo León y Durango.

La Barbie entregaba los 450 mil dólares para García Luna en la Ciudad de México. Siempre los llevaba en una maleta deportiva de la marca Adidas, que invariablemente recogían tres agentes de la AFI, a veces en las inmediaciones del Monumento a la Revolución o en el Paseo de la Reforma, frente a la embajada de Estados Unidos. Por su parte, a través de un enlace de García Luna, mencionado por el Grande con el nombre clave "La Voz", se vertía la información de interés para el cártel, referente a las órdenes de captura emitidas contra miembros de esa organización y a los operativos del Ejército y la Marina en las zonas controladas por los Beltrán Leyva. Aseguraba que el enlace era "Palominos" o "Benito" (Luis Cárdenas Palomino o Armando Espinoza de Benito), aunque en otras ocasiones dijo que se trataba de "Rosas" (Facundo Rosas Rosas).

El Grande también retroalimentaba a la AFI mediante "La Voz". Era el conducto para comunicarle a García Luna en cuáles objetivos de menor rango del cártel tenía "luz verde" para capturarlos, si bien principalmente señalaba objetivos de cárteles enemigos, sobre todo de La Familia Michoacana, de los Arellano Félix, del Golfo y de Juárez. Los Beltrán Leyva tenían conocimiento de las operaciones de sus rivales en las zonas de disputa gracias a su sistema de inteligencia.

La filtración de información entre el Grande y "La Voz", como parte del acuerdo de colaboración establecido con García Luna, pronto se reflejó en las estadísticas oficiales de combate al narcotráfico. En

2003, antes del acuerdo, la AFI nada más había incautado 65.5 toneladas de mariguana en todo el territorio nacional; pero en 2004 y 2005,
tras los "pitazos" del Grande, se decomisaron 107.9 y 509 toneladas,
respectivamente. Las cifras están avaladas por el informe de la PGR-
AFI 2000-2006, en el cual se establece también que la incautación de
cocaína fue al alza entre 2004 y 2005, al pasar de 235 kilogramos ase-
gurados en 2003 a 5 mil 364 en 2004 y 7 mil 748 en 2005. Algo similar
ocurrió con el número de personas detenidas por narcotráfico, que se
incrementó de 4 mil 744 en 2003 a 9 mil 349 en 2004, y en 2005 hubo
un récord histórico: 11 mil 981 presuntos narcotraficantes.

En lo referente a las personas detenidas por cada cártel, en el
informe se detalla que 120 pertenecían al Cártel de Juárez, 57 al Cártel del Golfo, 41 al Cártel de Tijuana (de los Arellano Félix) y 95 al
Cártel de Sinaloa; por contraste, no se menciona a ningún miembro
de los Beltrán Leyva. Sólo se refiere genéricamente a 123 presuntos
narcotraficantes de "otros cárteles", de lo que se infiere que dejaron
de ser útiles para la organización, por lo que fueron entregados a la
policía por instrucción directa de cualquiera de los hermanos Beltrán Leyva, con la mediación del Grande, que se mantenía en contacto permanente con el equipo de García Luna.

Cuando el Grande hablaba de esta relación en el pasillo de segregados de la cárcel, se le notaba una especie de altivez. Era ufano. Se jactaba de haber llevado al infierno de la cárcel —la misma
condición que él vivía en ese tiempo— o a la gloria de las tumbas
a decenas de sus principales enemigos. Consideraba que de alguna
forma García Luna solamente había sido un títere que durante años
él manipuló, a través de Arturo Beltrán Leyva, a fin de consolidar el
dominio de su cártel.

Una captura en especial enorgullecía al Grande, le causaba una
satisfacción que se percibía de celda a celda: la de Ricardo García Urquiza, el Doctor, quien había sido su jefe cuando trabajó para el Cártel de Juárez. Según el Grande, García Urquiza lo acusó con Rodolfo
Carrillo Fuentes, alias el Niño de Oro, el menor de los hermanos Ca-

rrillo Fuentes, de haberse quedado con 15 kilogramos de cocaína de un embarque custodiado desde Cancún hasta Ciudad Juárez. Debido a esa acusación, por órdenes del Niño de Oro casi ejecutaron al Grande, sólo que el Señor de los Cielos intervino a su favor. Le perdonó la vida y lo exoneró. Por eso, tras la supuesta muerte de Amado, ya sin ninguna lealtad hacia el Cártel de Juárez, una vez que se pasó con los Beltrán Leyva y entabló relaciones con García Luna, el Grande no desaprovechó la oportunidad para vengarse del Niño de Oro y del Doctor. Ambos sus enemigos declarados.

Relató que él mismo le pidió a "La Voz", como favor especial, la ejecución del Niño de Oro y del Doctor. El propio Grande podía hacerlo, dijo, pero, teniendo de su parte a la AFI, "¿Qué necesidad había de gastar tiempo y recursos para matar a esos dos? Que ni la pena merecían". Agregó que un comando de la AFI ejecutó a Rodolfo Carrillo Fuentes, a su novia Giovanna Quevedo Gastélum y a dos de sus escoltas. Los hechos ocurrieron la tarde del sábado 11 de septiembre de 2004, en el centro comercial Cinépolis de Culiacán, y se atribuyeron oficialmente a Guzmán Loera, quien ya mantenía diferencias con el Cártel de Juárez por el control de la zona de Cancún, por donde llegaban —y siguen llegando— los embarques de cocaína desde Colombia.

El asesinato del Doctor no se concretó, así que se optó por la captura. El Grande atribuyó lo suscitado a que, en el domicilio de García Urquiza, se encontraban "varios millones de dólares, de los que nunca se mencionó en los periódicos", ni en los otros medios de comunicación que informaron de la detención. Esta versión no es inverosímil, ya que se trataba del principal operador financiero del Cártel de Juárez, señalado por la PGR de tener un movimiento anual promedio para el blanqueo de dinero de entre mil y mil 200 millones de dólares. Un grupo especial de la AFI detuvo a García Urquiza el 11 de noviembre de 2005 en una casa de la Ciudad de México, donde lo localizaron gracias a la información que Villarreal Barragán les proporcionó.

La alianza entre los Beltrán Leyva y la AFI de García Luna, bien manejada por Villarreal Barragán, fue fructífera para ambas partes. Sólo entre 2004 y 2006, los Beltrán Leyva pasaron de ser una organización criminal con presencia únicamente en Sinaloa, Morelos y Coahuila, a tener el control de las principales ciudades de Guerrero, Quintana Roo, Chiapas, Oaxaca, Puebla, Estado de México, Guanajuato, Nayarit y Colima. Por su parte, la entonces recién creada AFI se posicionó como una institución eficiente, con resultados que competían con los de la Marina y el Ejército en el combate al narcotráfico, pero con el pequeño detalle de que la información que recibía era producto del trabajo de inteligencia de los Beltrán Leyva para golpear a los cárteles enemigos.

Sobre esta particularidad, las estadísticas oficiales hablan por sí mismas: de acuerdo con el citado informe de actividades de la PGR-AFI 2000-2006, hubo un total de 31 mil 757 personas detenidas en ese periodo, pero la mayoría de las aprehensiones, 21 mil 672, ocurrieron entre 2004 y 2006, justo cuando Villarreal Barragán era el cerebro detrás de las operaciones de inteligencia de la AFI. En ese informe oficial se especifica que las acciones estuvieron focalizadas en los cárteles de los Arellano Félix (de Tijuana), de Amado Carrillo Fuentes (de Juárez), de Luis Armando Amezcua Contreras (de Colima), de Joaquín Guzmán Loera (de Sinaloa), de Osiel Cárdenas Guillén (del Golfo), de Pedro Díaz Parada (de Oaxaca) y de Luis y Armando Valencia Cornelio (del Milenio), sin que se registraran acciones concretas contra los Beltrán Leyva.

Entre 2004 y 2006 se contabilizaron 7 mil 376 detenciones de miembros de los Arellano Félix, de las cuales 5 mil 341 correspondieron al periodo en que el Grande fue el principal informante de la AFI. Algo similar sucedió con los 8 mil 52 arrestos de integrantes del Cártel de Juárez que presumió la AFI: al menos 5 mil 211 se dieron cuando el Grande ya intercambiaba información con García Luna. En cuanto al Cártel de Colima, de Luis Armando Amezcua Contreras, se registraron 2 mil 973 aprehensiones, de las cuales mil 568 ocurrieron entre 2004 y 2006. En el caso del Cártel de Sinaloa, la AFI capturó a 5 mil 707 colaboradores en todo el sexenio de Vicente Fox Quesada, pero en los años de cooperación del Grande fueron 3 mil 733.

La tendencia se repite con el Cártel del Golfo, de Osiel Cárdenas Guillén: de las 4 mil 220 detenciones, por lo menos 3 mil 120 se debieron a los Beltrán Leyva. De los mil 959 narcotraficantes apresados del Cártel de Pedro Díaz Parada, unos 753 cayeron entre 2004 y 2006. En cuanto al Cártel del Milenio, sumaron mil 451 capturas, 655 de ellas por las filtraciones de Villarreal Barragán.

Una narcopropuesta

En ese contexto, cuando Felipe Calderón Hinojosa llegó a la Presidencia, y con ello la posibilidad de un reposicionamiento de los Beltrán Leyva, el Barbas —Arturo Beltrán Leyva— fue el primero en pensar en García Luna para ser el titular de la SSP, pues era su aliado. Compartió la idea con su entonces socio Ismael Zambada García, según refirió el Grande, quien aseguraba que pactaron por lo menos dos reuniones para hablarlo. La primera fue en Culiacán, sólo entre Ismael Zambada y Arturo Beltrán; la segunda, en Durango, donde se informó concretamente al resto de los mandos del Cártel de Sinaloa y de los Beltrán Leyva de las acciones iniciadas para llevar a García Luna a la Secretaría de Seguridad Pública.

La segunda reunión, según el Grande, se llevó a cabo en un punto de la sierra de Durango, a mediados de septiembre de 2006. Estuvieron presentes, por el Cártel de Sinaloa, los capos Ismael Zambada García, Juan José Esparragoza Moreno, Dámaso López Núñez, así como Joaquín y Aureliano Guzmán Loera; por el Cártel de los Beltrán Leyva acudieron los hermanos Alfredo, Arturo y Héctor, así como Alfredo Beltrán Guzmán —alias el Mochomito, hijo de Alfredo— y Sergio Enrique Villarreal Barragán. En la reunión no sólo se trató la conveniencia de enviar un mensaje a Calderón Hinojosa para que le diera a García Luna el cargo de secretario de Seguridad Pública, sino que se habló de lo avanzado de la operación. El encuentro también tenía la finalidad de alcanzar un acuerdo de paz entre los grupos, debido a que ya los estaba confrontando la disputa por el control de las rutas del tráfico de drogas desde Colombia a México, gobernadas por el Cártel del Norte del Valle de Colombia.

El Grande explicó: "La reunión duró no más de cinco horas. Se acordó no seguir con los negocios con el Cártel [del Norte del Valle] de Colombia" y buscar un contacto directo con algunos grupos productores de cocaína en Colombia, dejando esta tarea en manos del Mayo, quien ofreció designar a la Reina del Pacífico como encargada de esa labor. Los hermanos Beltrán Leyva no se opusieron. Siempre la habían considerado su familiar, pues en cierta forma era su prima lejana. Lo que en esa reunión nunca se imaginaron los jefes de ambos cárteles fue que Ávila Beltrán se enamoraría de Espinoza Ramírez, el Tigre, uno de los cabecillas del Cártel del Norte del Valle, ni que intentaría crear su propio cártel, traicionando al de Sinaloa y al de los Beltrán Leyva.

Para contactar al presidente electo Calderón Hinojosa, asegurar el nombramiento de García Luna al frente de la seguridad del país y, con ello, permitir la expansión de los cárteles de Sinaloa y de los Beltrán Leyva, los participantes de la reunión encomendaron seguir con la misión al Barbas, considerando la cercanía del cártel con García Luna, quien en ese momento era coordinador de la AFI. En palabras de Villarreal Barragán, el Barbas solicitó la ayuda económica de todos para juntar una bolsa de 20 millones de dólares y, con ello, iniciar las negociaciones con el nuevo presidente del país.

No hubo objeción de ninguno de los presentes. Zambada García dijo que el Cártel de Sinaloa pondría los diez millones de dólares que les correspondían: el Chapo aportaría tres millones; el Azul, tres millones; el Lic, un millón, y el propio Mayo, tres millones. Los tres hermanos Beltrán Leyva también aceptaron aportar sus diez millones de dólares.

La junta terminó antes de las cinco de la tarde. "Esa vez no hubo fiesta. Cada quien se fue como llegó. El primero en salir fue 'El Chapo', que tenía que volar hasta Guatemala y necesitaba la luz del día para poder despegar su avioneta", contó Villarreal Barragán. Todos los demás regresaron por tierra.

Hospedados en una casa de seguridad que Héctor tenía en la ciudad de Durango, esa misma noche los hermanos Beltrán Leyva efectuaron su propia reunión para establecer la logística de contacto con el presidente electo. Arturo delegó la misión en Villarreal Barragán.

Con el antecedente de que el Grande mantenía un vínculo con Guillermo Anaya Llamas, que a su vez le había permitido acercarse al mismo García Luna, por el matrimonio de Adolfo Hernán y Elsa María, Arturo Beltrán Leyva le ordenó hacerse cargo de la negociación y le quitó toda responsabilidad dentro del cártel para que pudiera dedicarse a ella de tiempo completo. Le puso como plazo un mes para dar resultados. El dinero —le aclaró a Villarreal Barragán— estaría disponible en el momento necesario.

El Grande nos platicó dentro de la cárcel de Puente Grande que esa fue "la misión más difícil" que afrontó en toda su vida. Era la primera vez que negociaba con un presidente de la República. "Estaba acostumbrado a negociar con presidentes municipales, diputados, senadores y hasta gobernadores, pero nunca lo había hecho con un presidente de país", comentó. Agregó que ni siquiera sintió esa responsabilidad cuando lo comisionaron, por instrucción presidencial, casi un año después, para unir a todos los cárteles a fin de alcanzar una tregua en la guerra contra el narco.

La reunión entre el Grande y Calderón Hinojosa

El Grande recordó que ya había conocido en una ocasión a Calderón Hinojosa, aunque sólo intercambiaron un saludo de cordialidad.

Se encontraron el 24 de agosto de 2006 en el bautizo de una hija de Anaya Llamas en Torreón, Coahuila, cuando este era senador y Calderón Hinojosa ya había ganado las elecciones. Calderón Hinojosa y Margarita Zavala Gómez del Campo apadrinaron a la bautizada. Al evento familiar acudió el Grande por invitación de Anaya Llamas, de su hermano Adolfo Hernán y de su cuñada Elsa María.

Esta era una de las historias favoritas con las que el Grande deleitaba a la audiencia de presos que así matábamos las horas de insomnio, explorando diversos ángulos de la narración, una y otra vez. Nada más fue un saludo el puente que se tendió entre Calderón Hinojosa y el narcotraficante. Se dieron la mano luego de que Anaya Llamas los presentó: a Calderón Hinojosa como "el presidente de los mexicanos" y a Villarreal Barragán como su "pariente que anda en los grandes negocios". Ambos se dijeron mutuamente: "para lo que se necesite". Y, en efecto, después los dos se necesitaron.

Meses después, cuando el Grande tuvo la encomienda de contactar al presidente electo para proponerle a García Luna como secretario de Seguridad Pública, reconoció que el miedo y la incertidumbre se apoderaron de él. Estuvo a punto de negarse, pero el mismo miedo que lo frenaba también lo impulsaba, porque en más de una ocasión vio cómo Arturo Beltrán Leyva mataba a quemarropa a miembros del cártel que no acataban sus órdenes con firmeza.

El Grande estaba convencido de que García Luna jamás se habría convertido en secretario de Seguridad Pública si no hubiera sido por la reunión que sostuvo con Calderón Hinojosa.

Durante los primeros días de su misión, narraba el Grande con lujo de detalle, no hizo más que quebrarse la cabeza. No encontraba la forma de llegar al presidente sin que, si le iba bien, lo detuvieran. "Eso era lo de menos. Lo importante era no fallar a la confianza otorgada por los señores", explicó. Pero como él decía: los problemas más difíciles tienen las soluciones más simples; de modo que decidió ir por lo llano: "Le pedí al 'Licenciado' García Luna que él mismo me concertara una cita con Calderón".

Primero le dijo a "La Voz" que necesitaba hablar con el Licenciado, que se trataba de un asunto extremadamente urgente y confidencial, en el que estaba en juego la propia carrera de García Luna. Muy ufano, el Grande relataba desde su celda, donde retumbaba su voz grave y sonora, que el Licenciado, luego de hablar con "La Voz", le devolvió la llamada en menos de cinco minutos. El Grande lo notó nervioso: "Más tartamudo de lo común; casi no le entendí lo que me decía. Le tuve que decir que me hablara más despacio". Pero después se tranquilizó. Escuchó con interés el acuerdo al que habían llegado los jefes de los cárteles de Sinaloa y de los hermanos Beltrán Leyva. "Era como un niño atendiendo mis órdenes", señalaba entre risas Villarreal Barragán. Añadió que García Luna le pidió un plazo de "unos días" para contactar al presidente electo. Casi una semana después, "La Voz" le informó que la reunión ya estaba concertada: Calderón Hinojosa lo recibiría para escuchar la oferta.

Fue a principios de octubre de 2006 cuando el presidente electo presuntamente se reunió con el Grande. El encuentro fue "en una casa de la Ciudad de México, donde Calderón se reunía con su equipo de trabajo". Hasta allí llegó el Grande sin escoltas y sin dinero. Contaba que no quiso arriesgarse a una posible detención y a perder los millones de dólares reunidos por los jefes de los cárteles de Sinaloa y de los Beltrán Leyva: "Me hubieran dado un *matadón* aquí en la cárcel", porque aseguraba que lo único que no perdonan los cárteles es "perder dinero y que les traicionen la confianza a los señores".

La supuesta reunión fue breve. El Grande afirmaba que duró menos de 20 minutos. Estaba muy nervioso porque nunca había conocido a un presidente de México en persona. "Pero cuando lo vi, chaparrito, insignificante, con la finta de director de primaria, me di valor". El Grande mide más de dos metros de estatura y platicaba que en aquel tiempo pesaba 134 kilogramos, por eso su apodo.

Indicó que Calderón fue muy cordial. Que lo invitó a sentarse en la sala de la casa. Se saludaron de mano. Sólo estaban ellos dos. Luego de conocer los motivos de la entrevista que le había solicitado —siempre de acuerdo con la versión de Villarreal Barragán—, el presidente electo lo cuestionó sobre los nexos que mantenía con García Luna y con Anaya Llamas. Le preguntó por las operaciones de los cárteles de Sinaloa y de los Beltrán Leyva. El Grande sólo ofreció pormenores sin importancia de lo que hacía su cártel.

Cuando el Grande lanzó la propuesta y la oferta de los 20 millones de dólares, como se había acordado en la cumbre de la sierra de Durango, para que García Luna se hiciera cargo de la SSP, Calderón no contestó nada. Sólo le pidió que llevara un mensaje de regreso a los jefes del narco que lo habían enviado: "Me dijo: 'Diles a los señores que estén tranquilos, que no se les va a molestar' ". El Grande, antes de terminar el encuentro, le preguntó al presidente electo Calderón a dónde le hacía llegar el dinero, a lo que este respondió que ya se lo haría saber.

Los 20 millones de dólares fueron entregados meses más tarde en la propia residencia oficial de Los Pinos, según lo contó el Grande. El mismo Villarreal Barragán dijo que llevó en dos vueltas ese dinero. En cada una de las visitas, en que tuvo la oportunidad de saludar al presidente y dialogar brevemente con él, dejó cinco valijas repletas de billetes de cien dólares. Nunca entregó los millones personalmente a Calderón Hinojosa, sino "a un teniente que me recibía en la puerta [de la residencia oficial de Los Pinos]". Después entraba a saludar al presidente para decirle que allí estaba "el saludo de los señores".

7

Una relación muy Grande

"La corrupción y el narcotráfico han constituido
una fuerza que no es paralela al Estado.
Es realmente un Estado dentro del Estado".
—RIGOBERTA MENCHÚ

A SÍ COMO DESCARTÓ las advertencias sobre García
Luna que le hicieron sus colaboradores cercanos y acabó de-
signándolo secretario de Seguridad Pública, Felipe Calderón
tampoco prestó mayor atención a la disputa que el Licenciado arrastra-
ba desde su puesto como coordinador general de la AFI con Alejandro
Gertz Manero, entonces titular de la SSP en la administración del presidente Vicente Fox Quesada. El desencuentro entre ambos comenzó
cuando Gertz Manero ascendió a secretario y se negó, por jerarquía, a
seguir los lineamientos del titular de la AFI, que pretendía marcarle la
agenda de combate a la delincuencia conforme a sus propios intereses.

De acuerdo con un ex comandante de la AFI, Antonio Mejía Robles, también encarcelado entre 2008 y 2014 en la prisión federal de
Puente Grande, bajo la acusación falsa de haber recibido sobornos
de los hermanos Beltrán Leyva, García Luna se confrontó con Gertz
Manero porque buscó a toda costa colocar como subsecretario de Se-

guridad Pública a su incondicional Facundo Rosas. Ante la negativa de Gertz Manero, le propuso entonces a Igor Labastida Calderón, argumentando sus buenas relaciones con el embajador de Estados Unidos en México, Jeffrey S. Davidow, quien, como subsecretario de Estado para asuntos Interamericanos de Estados Unidos, poseía una visión global de la problemática de seguridad en México. García Luna consideraba que el apoyo del embajador estadounidense ayudaría a los planes de seguridad del gobierno mexicano, estableciendo con ello la posibilidad de una intervención más abierta de la CIA en las acciones del gobierno de Vicente Fox Quesada de combate al narcotráfico.

Gertz Manero no sólo rechazó la propuesta de que Labastida Calderón fuera subsecretario de Seguridad: también lo exhibió por sus antecedentes de corrupción como informante de los Beltrán Leyva y lo dejó al descubierto ante el propio gobierno de Estados Unidos. Para evitar un escándalo público, Labastida Calderón no fue encarcelado, sino asumido como testigo protegido, poniendo en entredicho la función de García Luna al frente de la AFI por haber permitido, al menos por omisión, la infiltración de ese cártel en lo que se suponía que ya era el modelo de una nueva policía judicial de la federación.

Denuncia sin efectos

Vengativo como se le conoce, García Luna no dejó las cosas en el olvido. Volcó a la propia AFI hacia una discreta investigación contra Gertz Manero, valiéndose ya del equipo de espionaje y del *software* especializado que la CIA proporcionó al gobierno mexicano, el cual le permitió dar seguimiento puntual a las actividades oficiales y personales del titular de la SSP. Cabe destacar que Gertz Manero es un policía de carrera, formación que demostró como secretario de Seguridad Pública del entonces Distrito Federal, durante la jefatura de Cuauhtémoc Cárdenas Solórzano, entre 1998 y 2000. Por ese motivo, puede inferirse que rápidamente se percató de que la AFI lo espiaba.

La reacción de Gertz Manero no se hizo esperar. Asignó a Nicolás Suárez Valenzuela, que suplió a García Luna como coordinador general de Inteligencia de la PFP, para tomar las medidas conducentes a evidenciar la estela de corrupción que García Luna había dejado en la dependencia. Si bien eran muchas las pruebas encontradas, al parecer Gertz Manero fue magnánimo en el juego de policías y ladrones con su rival.

Por razones que nada más conoce el hoy fiscal general de la República, luego de un año de búsqueda y un legajo de indicios de corrupción, los cuales lo mismo hablaban de protección a los cárteles de los Beltrán Leyva y de Sinaloa que de desvíos de recursos dentro de la PFP, incluso dentro del propio Cisen cuando García Luna manejó los fondos aportados por la CIA para el espionaje contra grupos guerrilleros, Gertz Manero optó —tal vez porque así le convino— por denunciar únicamente el desaseado manejo de recursos de la PFP, con respecto a la compra fraudulenta de 12 aeronaves en la que hubo adquisiciones irregulares y pagos indebidos.*

Las investigaciones de Suárez Valenzuela dieron pie a una denuncia de hechos que Gertz Manero presentó ante el Órgano Interno de Control de la PFP, integrada en el expediente ER-52/2001, el cual sirvió como base para que la entonces Secretaría de Contraloría y Desarrollo Administrativo (Secodam) iniciara una indagatoria en contra de García Luna y otros 22 funcionarios bajo su mando, sospechosos de un quebranto al erario del orden de 11 millones 693 mil 145 pesos. Además de García Luna, en la lista figuraban Juan Antonio Reyna Caballero, María del Refugio Peñuelas Armenta, Jaime Enrique Martínez Torres, José Antonio Arenas Villanueva, José Luis Morales Hernández, Gabriel Antonio Novoa Fernández, Faustino Vicente Ruiz Taviel de Andrade, José Patricio Patiño Arias, Mario Alberto Páez Bernal, César Vélez Andrade, José Luis Carbajal y Vergara, Joel Cano García, Pedro de Jesús Pastor Herrera, Fernando López Martínez, Óscar Ochoa, Armando Rafael Leobardo Abaroa Madruga, Juan Carlos Alvarado Montagner, Vicente Ernesto Pérez Mendoza, Antonio del Río Soto, Luis García Espino, Wilfrido Robledo Madrid y Jorge Vergara Berdejo.

El quebranto se había derivado de la compra irregular de nueve helicópteros del tipo S-70A y UH-60L o Black Hawk, además de tres aviones de los modelos Gruman II, Falcon y Caza, por un monto total de 320 millones de pesos. Se reportaron como unidades nuevas cuando en realidad ya eran usadas, algunas con hasta mil 200 horas de vuelo. Las aeronaves fueron adquiridas a particulares en México, Francia y Estados Unidos, no obstante que el gobierno mexicano tenía un convenio para el suministro de estas unidades con las empresas Eurocópter, de Alemania, y la estadounidense Bell Helicopter.

En aquella adjudicación directa de contratos que ordenó García Luna, las 12 aeronaves, en su condición de usadas, fueron compradas hasta con 20 por ciento por debajo de su precio de mercado. Pero, dado que se registraron como unidades nuevas, la operación arrojó un sobreprecio que hipotéticamente dejó una utilidad de 64 millones de pesos para los encargados de la negociación. La Secodam, sin embargo, tras la denuncia que hizo Gertz Manero de esa irregularidad, también fue benévola. Consideró que el quebranto al erario era sólo de 11 millones 693 mil 145 pesos. Y, por si no hubiera sido poco, no se sancionó a todos los involucrados en esos hechos.

En el dictamen final de la Secodam se determinó responsabilidad para 19 de los 23 indiciados por corrupción. Esto fue gracias a la relación de García Luna con el auditor asignado a la investigación, Roberto Muñoz Leos, hermano de Raúl Muñoz Leos, en ese entonces director general de Pemex (lo fue entre 2000 y 2004), con quien estuvo ligado por el vínculo que Raúl sostuvo con su socio Manuel Bribiesca Sahagún, hijo de la esposa del presidente Vicente Fox Quesada.

En el dictamen sancionatorio que dio a conocer la Secodam contra los funcionarios que "autorizaron la adjudicación directa de diversos contratos, sin fundamento ni motivación y realizaron pagos improcedentes", el cual inició el 25 de marzo de 2001 y concluyó el 7 de enero de 2002, sólo se dieron a conocer los nombres de Juan Antonio Reyna Caballero, José Antonio Arenas Villanueva, Gabriel Antonio Novoa Fernández, José Patricio Patiño Arias, Óscar Ochoa,

Juan Carlos Alvarado Montagner, Vicente Ernesto Pérez Mendoza, Antonio del Río Soto y Wilfrido Robledo Madrid.

Fueron absueltos de toda responsabilidad el propio García Luna, quien ordenó la compra de las 12 aeronaves, además de María del Refugio Peñuelas Armenta, Jaime Enrique Martínez Torres, José Luis Morales Hernández, Faustino Vicente Ruiz Taviel de Andrade, Mario Alberto Páez Bernal, César Vélez Andrade, José Luis Carbajal y Vergara, Joel Cano García, Pedro de Jesús Pastor Herrera, Fernando López Martínez, Armando Rafael Leobardo Abaroa Madruga, Luis García Espino y Jorge Vergara Berdejo.

En las indagatorias García Luna fue contra el equipo de Gertz Manero, haciendo responsables de la compra a otros funcionarios ajenos al asunto. En una suerte de venganza, le demostraba a su acusador el grado de influencia que mantenía con el presidente Fox Quesada. Así, fueron responsabilizados también Alfredo Ordóñez Ortiz, José Antonio Guzmán Coeto, Jaime Arturo Hidalgo López, Roberto Pedro Martínez Ortiz, Gerardo Cajiga Estrada, José Alfredo del Valle Caballero, Alfredo Trejo Villanueva, Pedro Roberto Huerta Robles, José Antonio Villavicencio Figueroa y Antonio Villarreal Maldonado. Todos ellos del equipo del entonces secretario Gertz Manero.

En este asunto de responsabilidad exclusiva de García Luna, las sanciones fueron ejemplares: se destituyó e inhabilitó por tres años para ejercer cualquier cargo dentro de la administración pública federal a Hidalgo López y Cajiga Estrada. A Martínez Ortiz se le inhabilitó para cualquier cargo público durante dos años. Del Valle Caballero fue destituido e inhabilitado para el desempeño público por diez años, igual que a Pérez Mendoza. Por su parte, Robledo Madrid fue sancionado con la inhabilitación para cargos públicos por un término de tres años.

Por lo que hace a del Río Soto, fue destituido e inhabilitado por diez años y se le impuso una sanción económica de 2 millones 892 mil 62 pesos con 72 centavos. Trejo Villanueva también fue destituido e inhabilitado por diez años y multado con 2 millones 866 mil 382 pesos y 72 centavos. Maldonado Montagner, además de ser destituido e inhabilitado por el mismo tiempo que los anteriores, recibió una multa de 349 mil 100 dólares. Patiño Arias, Ordóñez Ortiz, Novoa Fernández, Reyna Caballero, Arenas Villanueva y Guzmán Coeto fueron inhabilitados para el desempeño público por cinco años. Huerta Robles fue inhabilitado por tres años. Óscar Ochoa, Villavicencio Figueroa y Villarreal Maldonado fueron castigados con la suspensión de salario y funciones por el término de 90 días.

En cuanto a García Luna, su nombre ni siquiera fue mencionado en la resolución de la Secodam del 28 de abril de 2002.

El Licenciado y el Barbas

Si este caso, plenamente documentado como uno de los más escandalosos que precedieron a la llegada de García Luna a la titularidad de la SSP, cuyas evidencias exhibieron su proclividad a la corrupción, no impidió que el presidente Calderón Hinojosa le encargara una de las áreas más sensibles del gobierno, menos iba a hacer caso a versiones subterráneas, casi rumores, que ya corrían sobre García Luna antes de ser encumbrado como secretario de Estado. Una de esas versiones subterráneas que de manera más ostensible revelaba quién era García Luna, antes de gozar de toda la confianza de Calderón Hinojosa, se refería a su conexión con Arturo Beltrán Leyva. Al respecto, el periodista Ricardo Ravelo Galo narra el episodio en que García Luna supuestamente fue secuestrado por el Barbas, a finales del sexenio de Felipe Calderón.

Basado en una carta que un grupo de policías federales envió a la Comisión de Seguridad Pública de la Cámara de Diputados para manifestar, entre otras cosas, las precarias condiciones laborales a las que el entonces coordinador general de la AFI sometió a la base policial, y la cual retoma la versión de algunos de sus escoltas, el trabajo periodístico de Ravelo Galo señala que hombres armados de Arturo Beltrán Leyva secuestraron a García Luna durante unas horas, justo cuando viajaba por la carretera de Tepoztlán, en el estado de Morelos.

Según Ravelo Galo, el convoy en el que viajaba García Luna fue interceptado por un grupo de sicarios que superaban en número a los escoltas del coordinador de la AFI. Ante la amenaza de una confrontación, García Luna optó por el diálogo. Descendió de su camioneta y un grupo de pistoleros lo condujo hasta la casa de Arturo Beltrán Leyva. Se entrevistó con el jefe del cártel, quien le recordó los acuerdos establecidos.

Sergio Enrique Villarreal Barragán, el Grande, confirmó que ese encuentro sí sucedió, pero que no se trató de un secuestro. No fue otra cosa que "una invitación de la organización [de los Beltrán Leyva] para que 'El Licenciado' fuera a la casa del patrón [Arturo Beltrán] a tomarse unos *whiskies*", dijo el Grande. Y agregó que en aquella convivencia cordial "los dos estuvieron tomando, platicando y riendo a carcajadas". Incluso, aseguró, algunos de los escoltas del Licenciado estuvieron en la casa cuidándolo a la distancia "en una mesa que se les acondicionó a un lado de la alberca". Fue el primero de dos encuentros que sostuvieron García Luna y el Barbas.

De esa forma, el Grande aclaró que el supuesto secuestro, ocurrido cuando ya estaban hechos los acuerdos de colaboración, en realidad se convirtió en una reunión en la que Arturo Beltrán Leyva quería conocer algunas cosas y hablarlas de frente con el Licenciado. García Luna —por razones imaginables— había estado posponiendo el encuentro, que fue suspendido de última hora en tres ocasiones en la Ciudad de México. Las tres veces la cita se había acordado en una casa de seguridad en la zona de Coyoacán.

Por eso, cuando el Barbas supo que García Luna se movía por Morelos, su territorio totalmente controlado, le ordenó a Villarreal Barragán que fuera en busca del Licenciado para decirle que no lo iba a dejar salir del estado "sin que antes pasara a saludarlo". El Grande integró un grupo de hombres a su disposición en la zona de Cuernavaca. Relató que la mitad de los que formaban las Fuerzas Especiales de Arturo (FEA), unos 100 elementos con uniforme militar, plenamente identificados con las siglas en blanco en los chalecos antibalas, se dirigieron a interceptar el convoy de García Luna. Lo ubicaron sobre la carretera Cuernavaca-Tepoztlán.

Al convoy de siete camionetas que custodiaba a García Luna le marcaron el alto cerca de la comunidad de Santa Catarina. Para ello, el grupo comandado por el Grande puso un retén sobre la carretera, bloqueando el paso con más de 35 vehículos. Nunca estuvo latente el riesgo de confrontación, porque aun cuando la orden era llevar a García Luna a la casa del Barbas, este "fue muy claro al decir que no quería ninguna baja" y que se respetara la vida del Licenciado.

Eso explica por qué los elementos simplemente se mantuvieron a la expectativa, sin siquiera asomar sus armas. Según su colorida narración, el Grande fue el único que bajó de su camioneta y se paró a mitad de la carretera cuando le informaron que el convoy de García Luna ya estaba a un kilómetro de distancia. Lo esperó con los brazos abiertos, "para darles confianza y que no comenzaran una matazón". Contó que el convoy se detuvo en seco como a 50 metros de donde estaba él; después de "unos cinco minutos, bajó 'El Licenciado' de la tercera camioneta, también con los brazos abiertos".

El Grande atribuyó la reacción serena tanto de García Luna como de sus escoltas a que el Licenciado lo reconoció a la distancia. Custodiado por un grupo de sus hombres, García Luna se acercó a Villarreal Barragán, quien —refirió— caminó solo a encontrarse con él. Pero García Luna le negó el saludo de mano. Eso molestó a Villarreal Barragán. Por eso fue parco. Lo trató con desprecio. Haciendo valer su superioridad, al menos numérica, le dijo que tenía la orden de llevarlo "por las buenas o por las malas" a la casa de su patrón, que lo estaba esperando.

De acuerdo con esta versión, García Luna no se opuso ni titubeó. Aceptó ir a la cita. Le respondió a Villarreal Barragán que le indicara el lugar y que allí estaría. Como hombre desconfiado que fue siempre, y con la encomienda de cumplir al pie de la letra la orden de Arturo Beltrán Leyva, el Grande le reviró. Le dijo que no, que él lo llevaría en su camioneta y que, si quería, lo podían acompañar algunos de sus escoltas. Ambos convinieron en achicar los convoyes. A la casa del Barbas solamente llegaron tres camionetas: en la primera iban el Grande y García Luna, con dos escoltas cada uno; en la segunda, que era un vehículo oficial, iba un grupo de seis escoltas de la AFI; y en la tercera viajaba un grupo de las FEA.

El Grande describió el saludo entre Beltrán Leyva y García Luna dentro de la casa de seguridad como "el encuentro de dos cabrones, que se necesitaban y se respetaban". Y describió que como tal se trataron: "Hubo mucho respeto. Todo fue risas".

En la reunión, que duró poco más de cuatro horas, también estuvo presente Héctor Beltrán Leyva. Los tres se sentaron a la sombra de un portal. Sólo ellos supieron de qué hablaron. Ninguno de los escoltas de los tres hombres se acercó a la mesa. Todos permanecieron a la distancia. El servicio de meseros fue suspendido apenas entró García Luna a la casa. Comentó el Grande: " 'El H' [Héctor Beltrán] era el que ocasionalmente se levantaba para acercar el *whisky* y los hielos".

La reunión, estimó el Grande, se terminó cuando ya era noche. Héctor y Arturo Beltrán Leyva llevaron al Licenciado hasta la puerta. Se despidieron con un apretón de manos. Los hermanos estaban muy contentos, nadie más que ellos conocían las razones. Después, la reunión se tornó en fiesta. El Grande recibió una de las peticiones más usuales que le hacía Arturo cuando quería divertirse: que fuera en busca de "Música en Vivo"; así era como el narcotraficante se refería a Joan Sebastian, su cantante preferido. El Grande recordaba que el artista llegó un día después a la casa de Arturo para continuar con la fiesta, que se había prolongado durante dos días.

La segunda y última ocasión en que el Barbas se encontró con García Luna —en palabras de Villarreal Barragán— fue a principios de 2008, justo 15 días antes de la detención de Alfredo Beltrán Leyva, que ocurrió el 21 de enero del 2008. Esta reunión no fue tan tersa como la primera. Quien la buscó fue García Luna —ya secretario de Seguridad Pública—. Estaba molesto porque los Beltrán Leyva habían secuestrado al comandante Édgar Millán Gómez para obligarlo, a través de la intimidación, a dejar de servir al Cártel de Sinaloa y pasarse

a su bando. La reunión se llevó a cabo en una casa del Barbas en Coyoacán, Ciudad de México. Intermedió el mismo Villarreal Barragán.

"La Voz" urgió al Grande para comunicarse con el Licenciado.
Este, sin cortesías, le ordenó avisarle a su patrón que necesitaban hablar "a la voz de ya", porque "había cosas que no le estaban gustando
[a García Luna]". El encuentro tuvo lugar al día siguiente. Todo apuntaba ya hacia un rompimiento. García Luna llegó acompañado de dos
de sus escoltas. Arturo Beltrán Leyva le había preparado una recepción como la de Cuernavaca, pero " 'El Licenciado' ni siquiera se quiso sentar". Es más —prosiguió el Grande—, ni siquiera le aceptó el
saludo de mano al anfitrión. Hablaron de pie. García Luna manoteaba
en el aire. Estaba visiblemente irritado. Hubo tensión entre los escoltas de ambos. El encuentro terminó en menos de 15 minutos.

Una vez que García Luna y sus escoltas salieron de la casa, el
Grande comprendió que las cosas no iban bien. Vio que el Barbas
pateaba sillas y mentaba madres mientras pronunciaba el nombre de
García Luna. Llamó por teléfono a sus hermanos Alfredo y Héctor
para informarles que se había terminado la alianza con el gobierno
federal. Le recriminó a su hermano Héctor el secuestro de Édgar Millán. Luego ordenó a los 25 hombres que lo escoltaban que se alistaran
para refugiarse en Cuernavaca.

Para el Grande, sin embargo, el secuestro del comandante Millán
no fue el único motivo de la ruptura entre García Luna y los Beltrán
Leyva… Explicó que más bien se debió a que el Licenciado había logrado un mejor arreglo con el Cártel de Sinaloa, ya para entonces
confrontado a muerte con el de los Beltrán Leyva. De modo que "el
secuestro del comandante [Édgar Millán] sólo fue una excusa" para
no respetar los acuerdos establecidos. La hipótesis del Grande era que
"hubo varios millones de dólares de por medio para que la Policía
Federal Preventiva comenzara a cazar a los Beltrán Leyva" y brindara protección exclusiva a la gente del Mayo y el Chapo.

Apenas 15 días después de aquel encuentro se dio la captura de
Alfredo Beltrán Leyva en un operativo conjunto del Ejército mexicano,

la DEA y el FBI. Si bien el gobierno mexicano nunca ha reconocido oficialmente la participación de esas dos agencias estadounidenses en el combate al narcotráfico en territorio nacional, en el caso de la detención de Alfredo resultó más que evidente; fueron agentes de la DEA y del FBI quienes le tomaron la declaración ministerial cuando lo llevaron a la comandancia regional del Ejército en Culiacán, como lo aseveró él mismo en prisión. Siguieron interrogándolo en la cárcel federal de Puente Grande, donde terminó por revelar —entre otras verdades— el apoyo que su organización criminal recibía del titular de la SSP.

Por eso, el gobierno de Estados Unidos, que al menos desde enero de 2008 supo de la conexión del Licenciado con los cárteles de los Beltrán Leyva y el de Sinaloa, no puede decirse sorprendido ante las acusaciones que han llevado a García Luna a afrontar en ese país un juicio por narcotráfico. Voces de alerta hubo muchas, y las declaraciones de Alfredo Beltrán Leyva ya indicaban lo que sucedía dentro del área de seguridad pública en el gobierno del presidente Calderón Hinojosa.

Herrera Valles, una alerta desatendida

En ese mismo año, tan sólo 25 días después de que la DEA y el FBI conocieron a fondo la operación de García Luna a favor del narcotráfico, tras las primeras declaraciones de Alfredo Beltrán Leyva, surgió otra voz de alerta a la que no le prestó atención el presidente, quien, de haber sido totalmente honesto y ajeno a las negociaciones de García Luna con los grupos del narcotráfico, habría podido recomponer el entramado de corrupción que encabezaba el Licenciado. Pero la evidencia muestra que no quiso hacerlo.

Fue el coordinador regional de Seguridad de la PFP, Javier Herrera Valles, quien el 25 de febrero advirtió, a través de una carta enviada a Calderón Hinojosa,* una serie de errores técnicos cometidos intencionalmente por García Luna, tanto al frente de la SSP como en la titularidad de la AFI, con los cuales —sostuvo— se afectaba no sólo el esquema de seguridad, sino la disciplina, la cadena de mando, la estructura jerárquica y los principios de ética policial de la PFP. A causa de esto, sugirió remover a García Luna del cargo, en beneficio de la nación.

Esa carta-denuncia le acarreó al coordinador regional persecución y encarcelamiento. Luego de que el entonces mandatario le informó a García Luna sobre los señalamientos de Herrera Valles, este fue declarado proscrito dentro de la PFP. Se le aisló de sus funciones. Sufrió intimidación y una campaña de descrédito a su labor policial. La tensión entre Herrera Valles y García Luna fue aumentando, sobre todo después de que el primero empezó a aparecer en los medios de comunicación para buscar resonancia a su propuesta, la cual no tuvo ningún éxito, pero sí muchas consecuencias.

Herrera Valles fue detenido el 18 de noviembre de 2008, justo cuando se dirigía a dar una entrevista para el noticiario de Televisa *En Punto*, de la periodista Denise Maerker. Lo capturaron con lujo de violencia, argumentando que llevaban una orden de aprehensión por los delitos de fomento al narcotráfico y delincuencia organizada. Lo remitieron a la PGR en medio de un despliegue mediático, de los acostumbrados por Verónica Peñuñuri Herrera, la directora de Comunicación Social de García Luna, cuyas detenciones procuraba revestir de importancia histórica con el propósito de engrandecer los supuestos logros de la SSP en la desarticulación del narcotráfico nacional.

Con base en declaraciones del testigo protegido Víctor Hugo Martínez Rocha, a Herrera Valles se le acusó de haber recibido sobornos por parte de emisarios del Cártel de Sinaloa, enviados por el Mayo, y, en consecuencia, de estar al servicio de la organización criminal liderada oficialmente por el Chapo. Las acusaciones se desvirtuaron al inicio del proceso de Herrera Valles, a lo que se sumó el hecho de que el testigo protegido se retractó. No obstante, para evitar que Herrera Valles saliera libre, García Luna ordenó una segunda ronda de declaraciones acusatorias falsas, en donde otro testigo emitió una nueva versión sobre la supuesta relación de Herrera Valles con el Cártel de Sinaloa, lo que hizo que se prolongara el encarcelamiento.

Los testigos que desfilaron en el proceso de Herrera Valles fueron José Salvador Puga Quintanilla, "Pitufo"; Roberto López Nájera, "Jennifer", y Sergio Enrique Villarreal Barragán, "Mateo", quienes envolvieron al acusado en una serie de versiones, a veces contradictorias, haciéndolo pasar, a los ojos del juzgador, como el epicentro de la corrupción nacional. La presión de García Luna, y las rebuscadas historias de "Pitufo" en 2008, "Jennifer" en 2009 y "Mateo" en 2010 sobre el acusado, surtieron efecto en el juez: Herrera Valles recibió una sentencia de diez años y tres días de prisión, más una multa de 15 mil pesos y la inhabilitación de por vida para ejercer cualquier cargo público, "por haber colaborado desde su función de servidor público con el Cártel de Sinaloa", según estableció el 21 de diciembre de 2011 el juez segundo de Distrito de Procesos Penales Federales con sede en Tepic, Nayarit.

Tras la apelación a la sentencia dictada en primera instancia, Herrera Valles demostró su inocencia. Desvirtuó cada uno de los dichos de los testigos. Fue absuelto de todo cargo el 6 de septiembre de 2012 y, luego de tres años y nueve meses de prisión, salió de la cárcel federal de Tepic, donde —explicó— fue sometido a tratos de tortura por instrucción directa de García Luna, quien nunca le perdonó no haberse "callado el hocico" y haber alzado la voz para señalar su ineficiencia y corrupción, cuyo impacto se notó en la decadencia de la PFP.

El Grande, el gran narcoinquisidor

Sobre la venganza que García Luna tramó contra Herrera Valles, en la prisión el Grande narraba a ratos cómo se fraguó. Sergio Enrique Villarreal Barragán ya estaba recluido en la cárcel federal de Puente Grande cuando lo llamaron para ser testigo protegido de la PGR. En su propia versión, esa no era la única puerta de salida de la cárcel: también estaba el asilo político en Estados Unidos. García Luna —continuó el narcotraficante— le ofreció "un trato de ayuda mutua", esto a través de Francisco Javier Gómez Meza, entonces director del penal de Puente Grande, que más tarde sería detenido por nexos con el Cártel de Sinaloa.

El Grande afirmó que el entonces secretario de Seguridad Pública le ofreció beneficios dentro de la cárcel y una rápida liberación y asilo político en Estados Unidos, si le ayudaba a "empinar" a Herrera Valles. Sólo necesitaba declarar ante un juez que fue testigo de los sobornos que supuestamente recibió el funcionario. Eso no le costó ningún trabajo a aquel reo que en las noches lloraba por el silencio del encierro. En cuanto el Grande comenzó a acudir al juzgado para deposar en contra de Herrera Valles, las cosas mejoraron para él dentro de la cárcel. Fue muy notorio. Todos los presos que coincidimos con él en el área de Tratamientos Especiales podíamos observar el trato preferencial, privilegiado, que recibía.

Como testigo protegido, el Grande era el amo y señor de la prisión de Puente Grande. Llegó a poseer un control de ese penal casi al mismo nivel que en su momento lo tuvo Guzmán Loera. Pero, a diferencia del Chapo, que movía con dinero la estructura carcelaria, el Grande echaba mano de su relación con el entonces titular de la SSP y con el mismo presidente Calderón Hinojosa. Presumía de esa supuesta relación. No había elemento de custodia dentro del penal al cual no le recordara, cuando se dirigían a él, que tuviera cuidado en el trato porque lo podía reportar con García Luna "y hasta sin chamba te andas quedando, pendejo".

Hacia finales de 2010, el Grande hizo valer su condición de reo especial a cambio de atestiguar falsamente contra Herrera Valles: la custodia de aquel sector de la prisión estaba a sus órdenes. Él decidía qué elementos eran los asignados para cada guardia en el área de Tratamientos Especiales. También decidía a qué hora tomaba sus alimentos y si lo hacía en su celda o en el comedor. Cuando pedía trasladarse al comedor, ordenaba que todo el espacio fuera para él. Tal vez por temor o por el odio de otros presos, Villarreal Barragán solicitaba despejar todos los pasillos por donde caminaba cuando lo conducían al juzgado o a la visita familiar.

Si requería de servicios médicos, jurídicos o de trabajo social, exigía que los encargados de esas áreas acudieran hasta su celda. Igualmente, obligaba a los encargados de la biblioteca a llevarle materiales de lectura a donde se encontraba, cuando la norma era que el interno fuera guiado a los cubículos de dichas áreas. Si se aburría del encierro, pedía que lo sacaran al patio, lo que implicaba suspender actividades para el resto de la población penitenciaria, mientras él hacía ejercicio, tomaba el sol o simplemente se desentumecía de la celda.

El reglamento aplicable a todos los presos estipulaba que la comunicación por teléfono hacia el exterior se limitaba a diez minutos cada ocho días, y sólo se permitía llamar al número telefónico de algún familiar en primer grado. Pero el Grande usaba el teléfono diariamente, incluso tres veces al día, sin límite de tiempo y a quien él quisiera, fuera o no familiar. Lo mismo ocurría cuando solicitaba encontrarse con sus abogados: podía hacerlo cuantas veces quería, a cualquier hora del día o de la noche.

Aun cuando el área de Tratamientos Especiales era de completo aislamiento e incomunicación, donde a los presos se nos obligaba a estar en permanente silencio, al Grande se le permitía hablar con los demás reclusos de ese pasillo e incluso disponía de un pequeño televisor con radio que podía tener encendido las 24 horas del día. Eso sí, se aislaba del resto de nosotros una hora por las tardes para ver el programa *Ventaneando*, de la periodista de espectáculos Paty Chapoy. Delataban su afición por el programa las carcajadas y soliloquios que hacía frente al televisor para avalar o corregir los comentarios de los conductores.

Estos fueron los beneficios que Villarreal Barragán obtuvo de García Luna a cambio de sostener ante un juez que a él le constaba que Herrera Valles recibió sobornos de los emisarios del Mayo, a pesar de que él mismo sabía que era mentira. No tenía empacho en reconocer ante la cofradía de presos que el gobierno le estaba "pagando por contar una novela de policías y ladrones". Confesaba que a Herrera Valles ni lo conocía y que mucho menos sabía quién era ese comandante al que tanto odiaba el Licenciado.

Al mismo tiempo que ante un juez incriminaba con falsos cargos a Herrera Valles, a finales de 2010 el Grande inició —con el apoyo de García Luna— su allanamiento como parte del proceso de extradición a Estados Unidos, donde una corte federal del sur de Texas ya lo reclamaba, imputándole cuatro cargos por narcotráfico. La extradición del Grande tuvo lugar el 22 de mayo de 2012. El titular de la SSP lo ayudó a lograr un acuerdo con la corte estadounidense: se convirtió en testigo protegido y, aparte de no ir a prisión y contar con inmunidad judicial, recibe un salario del gobierno estadounidense de cinco mil dólares mensuales.

La información que ha aportado Villarreal Barragán a la DEA al parecer ha sido de utilidad pues, además de que a la fecha se le mantiene dentro del programa federal de Testigos Protegidos del gobierno de Estados Unidos, ha ayudado a sentenciar a importantes figuras del narcotráfico en México. Sus declaraciones contribuyeron a que en 2013 se le impusiera una condena de 15 años a Eduardo Arellano Félix, alias el Doctor, líder de los Arellano Félix, en la Corte del Sur de California. También ayudó a que se sentenciara a Édgar Valdez Villarreal, la Barbie, quien fuera su subalterno en el grupo de los Beltrán Leyva. La Barbie fue capturado en 2010, y extraditado a Estados Unidos en 2015, gracias a la información que proporcionó el Grande; el 11 de junio del 2018, el juez William S. Duffey, de la corte federal norte del estado de Georgia, le impuso una pena de 49 años y un mes de prisión, y una multa de 192 millones de dólares, por conspirar para traficar cocaína desde México a esa entidad.

El Grande, asimismo, ha jugado un papel importante en un proceso abierto en la Corte de Distrito Sur de Texas en contra de Jorge Costilla-Sánchez, el Coss, quien fuera jefe del Cártel del Golfo, detenido el 12 de septiembre de 2010 y extraditado en 2015. Su sentencia que se tenía programada para el 14 de abril de 2020, pero a causa de la pandemia por Covid-19 se ha reprogramado para enero de 2021; podría ser de diez años a cadena perpetua de prisión por cinco cargos de narcotráfico. De igual modo, el Grande colaboró en el proceso contra Jesús Zambada García, el Rey, del Cártel de Sinaloa, uno de los principales protegidos de García Luna. El Rey se encuentra a la espera de sentencia por parte de la Corte Este de Nueva York, la cual se ha pospuesto con la posibilidad de una reducción de tiempo gracias a su cooperación con la DEA para poder condenar a Guzmán Loera, el Chapo, convirtiéndose en su principal delator.

Al Grande no le ha importado la lealtad con tal de no pisar la cárcel. En 2017 colaboró con una corte federal del Distrito de Columbia para revelar las operaciones de narcotráfico coordinadas por Alfredo Beltrán Leyva, el Mochomo, uno de sus patrones en el Cártel de los Beltrán Leyva. Las delaciones derivaron en que el Mochomo recibiera cadena perpetua, la cual el Departamento de Justicia de Estados Unidos anunció como "un golpe demoledor a las estructuras del narcotráfico mexicano".

Otro de los grandes capos mexicanos sentenciados en Estados Unidos gracias a la cooperación de Villarreal Barragán con la DEA es Vicente Zambada Niebla, el Vicentillo, hijo de Ismael Zambada García, el Mayo, del Cártel de Sinaloa. El jueves 30 de mayo de 2019, una corte federal en Illinois condenó al Vicentillo a 15 años de prisión por siete cargos de narcotráfico, de los cuales al menos dos los señaló el Grande. La razón de esta reducida sentencia fue que, antes del dictamen, el Vicentillo se ofreció a colaborar con la DEA para delatar las operaciones de Guzmán Loera, cuyo juicio concluyó el 17 de julio de 2019.

En tal contexto, hoy Sergio Villarreal Barragán ha dejado atrás los días de la cárcel. Se encuentra en libertad. El gobierno de Estados Unidos lo ha dotado de una nueva identidad, un nuevo domicilio en algún lugar de la Unión Americana y un empleo en una oficina de gobierno. Según una fuente del Centro Nacional de Inteligencia (CNI) —antes Cisen— del gobierno mexicano, desde enero de 2020 Villarreal Barragán comenzó a reunirse en Nueva York con funcionarios del Departamento de Justicia de Estados Unidos y agentes de la DEA que operaron en México, con la única finalidad de aportar información de utilidad para el juicio del Licenciado.

8

El error de Felipe Calderón

"La tolerancia se convierte en crimen cuando lo
que se tolera es el mal".

—THOMAS MANN

QUELLA ADVERTENCIA sobre García Luna que
le hizo Javier Herrera Valles a Felipe Calderón tuvo lugar en
febrero de 2008, muy a tiempo para que el mandatario toma-
ra cartas en el asunto, a sabiendas del trabajo sin dirección que implementó García Luna primero desde la AFI y luego al frente de la SSP, y
evitara la guerra que hoy desangra al país. Esa fallida estrategia de seguridad, que arrojó un saldo de 102 mil 861 personas asesinadas entre
2006 y 2012, fue palpable en la falta de rumbo e inteligencia de la PFP
en las tres primeras acciones con los operativos *Michoacán, Guerrero*
y *Nuevo León-Tamaulipas,* todos ordenados por García Luna en el
inicio del sexenio calderonista.

Herrera Valles refiere que dichos operativos fueron desastrosos y
sin buenos resultados, porque no contaron con trabajo de inteligencia
previo y privilegiaron la resonancia mediática, además de otros errores técnicos, como el hecho de que muchos de los elementos policia-

cos que participaron, los cuales fueron agregados de la Coordinación de Inteligencia, no estaban incluidos en la Licencia Oficial Colectiva para la portación de armas. Aun cuando muchos mandos observaron tales irregularidades, nadie se atrevió a decir algo, porque así era el Licenciado. Así estaba acostumbrado a trabajar.

La cárcel como pago

El temor que García Luna infundía a sus subalternos se debía no sólo a su carácter impulsivo y vengativo, sino también a su alto grado de influencia sobre la figura presidencial. Dicho temor no era exclusivo de los mandos de la PFP: fuera de ese entorno había funcionarios de primer nivel en los gobiernos estatales que tenían pavor de confrontar a García Luna. Uno de esos funcionarios era Alfredo Castillo Cervantes, lo cual ya es mucho decir, siendo él mismo un hombre de carácter posesivo y contestatario; primero como asesor del procurador Rafael Macedo de la Concha —de 2002 a 2005—, luego como subprocurador de Control Regional, Procedimientos Penales y Amparo de la PGR —de 2005 a 2010— y aun como procurador de Justicia del Estado de México —de 2010 a 2012—, Castillo Cervantes siempre manifestó a su círculo más cercano su miedo de contradecir a García Luna.

Por eso se entiende que, cuando en 2006 se mal planeó el inicio de la guerra contra el narco, desde dentro de la PFP no hubo ninguna voz que se opusiera a la estrategia o que al menos pidiera corregir lo que ya se vislumbraba como un fracaso oficial. De acuerdo con Herrera Valles —quien, como se relató en el capítulo anterior, pagó con descrédito, persecución y cárcel el señalamiento a García Luna—, el *Operativo Michoacán*, el primero de la guerra contra el narco, resultó un fiasco, porque se antepuso el anuncio en medios de comunicación al factor sorpresa contra los grupos delincuenciales, cuyos principales objetivos a desarticular eran Los Caballeros Templarios y La Familia Michoacana.

Unos 15 días después de haber sido nombrado titular de la SSP, García Luna ordenó, el 16 de diciembre de 2006, un despliegue en Michoacán con 200 elementos de la PFP, apoyados con 40 patrullas, bajo la dirección del comandante Alejandro Romero. Por órdenes directas de Genaro García Luna, se concentraron en la ciudad de Morelia "para la foto", en lugar de ser enviados directamente a puntos de revisión en caminos y carreteras del estado a fin de interceptar a los grupos de delincuentes que, ya desde entonces, tenían pleno control de la geografía y la población michoacanas. Esa decisión eliminó el factor sorpresa y afectó los resultados de las fuerzas federales de apoyo (Ejército y Marina) que participaron en el arranque del operativo, el cual terminó sin la captura de ningún objetivo de importancia para la estrategia nacional de seguridad, anunciada con bombo y platillo en los medios de comunicación nacionales y locales.

El error táctico cometido en Michoacán se repitió el 14 de enero de 2007 en el *Operativo Guerrero*. García Luna ordenó otra vez el despliegue de 200 efectivos de la PFP, tres helicópteros y 40 vehículos patrullas, a los que se sumaron 100 elementos de la Coordinación de Inteligencia —que no estaban incluidos en la Licencia Oficial Colectiva para portar armas— y 630 efectivos de la Marina y el Ejército. Igual que en Michoacán, al inicio del *Operativo Guerrero* primero se anunciaron las acciones a través de la prensa nacional y local; luego se hizo el despliegue en busca de las células criminales, cuyo objetivo oficial era la desarticulación de los Beltrán Leyva.

Quizá ese objetivo oficial haya sido justo la razón por la que se repitió intencionalmente el error, pues 2007 fue el año en que se encontraban en su mayor nivel los vínculos de colaboración entre García Luna y los Beltrán Leyva, quienes, como ya se describió, maniobraron a través de Sergio Villarreal Barragán, el Grande, para que Calderón Hinojosa designara a García Luna como titular de la SSP.

Herrera Valles estaba en lo cierto: el despliegue del *Operativo Guerrero* logró un pobre resultado en su arranque. A pesar de su costo logístico y económico, sólo se logró recuperar vehículos robados y resolver un par de casos de pederastia.

Como si los fracasos en Michoacán y Guerrero no hubieran sido suficientes para entender que la estrategia necesitaba más inteligencia que campaña mediática, en febrero de 2007 el error se repitió al implementar el *Operativo Nuevo León-Tamaulipas*. Otra vez, sin dirección ni trabajo de inteligencia para ubicar los objetivos a capturar, García Luna —explicó Herrera Valles— ordenó que cientos de policías federales fueran retirados de los puntos de inspección, verificación y vigilancia de todo el país y se les concentrara en Monterrey y Ciudad Victoria, con la finalidad de atender la campaña mediática.

La medida no produjo grandes resultados frente a las células de los cárteles del Golfo y de Los Zetas; más bien, propició un incremento de accidentes y asaltos en las carreteras del resto del país, que de pronto se quedaron sin vigilancia. Todos los policías, incluidos los agentes de la AFI, dedicados a la seguridad de los mexicanos —agregó Herrera Valles— fueron destinados a trabajos de patrullaje urbano y de apoyo a la AFI, incrementando los cateos a cientos y tal vez miles de domicilios en los principales municipios de Nuevo León y Tamaulipas, con muy escasos logros. Por contraste, como sucedió en Guerrero y Michoacán, se incrementaron de manera alarmante las ejecuciones y las pugnas entre cárteles, principalmente en las localidades donde mantenían una presencia constante.

Las cifras oficiales hablan por sí mismas sobre el baño de sangre que significó para Michoacán, Guerrero, Nuevo León y Tamaulipas la puesta en operación de la guerra contra el narco, sin dirección ni estrategia de inteligencia. Sólo en 2007, de acuerdo con las estadísticas del Secretariado Ejecutivo del Sistema Nacional de Seguridad Pública (SESNSP), en todo el territorio nacional fueron ejecutadas 10 mil 253 personas, de alguna forma relacionadas con las disputas y venganzas entre las organizaciones criminales. De esas ejecuciones, el 18 por ciento se concentró en las cuatro entidades que eligió

García Luna para lanzar la estrategia nacional, que los medios de comunicación promocionaron como un plan eficiente.

En Michoacán se registraron 527 asesinatos ligados al narco durante el primer año de "guerra"; en Guerrero fueron 800; en Nuevo León, 285, mientras que en Tamaulipas se llegó a 265 ejecuciones de civiles, la mayoría como parte de la disputa entre grupos criminales; no obstante, otros murieron en enfrentamientos con las fuerzas federales. Del lado de la Policía Federal (PF) también hubo bajas: en 2007 fueron 11 policías durante enfrentamientos, en tanto que otros 32 fueron abatidos cuando estaban fuera de servicio.

A pesar de que las malas decisiones de García Luna ya empujaban al país hacia una espiral de violencia, a través de los medios de comunicación todo su equipo aplaudió la decisión del combate frontal, tal vez por miedo o complicidad con él, negando que se tratara de una guerra, sino más bien de una elaborada tarea para pacificar al país. Esto, a sabiendas del antecedente de la gestión de Fox Quesada, en la que García Luna encabezó la AFI, cuyo saldo fue de 74 mil 631 personas asesinadas.

Los aplaudidores de García Luna y de la guerra contra el narco, que nunca desaprovecharon sus relaciones con la prensa nacional para ensalzar la labor de la PFP en la nueva encomienda de combate a los grupos del narcotráfico, fueron los mismos que lo rodearon desde su paso por el Cisen, luego en la AFI y posteriormente en la SSP: Francisco Javier Garza Palacios, Armando Espinoza de Benito, Édgar Millán Gómez, Facundo Rosas, Héctor Sánchez Gutiérrez, Luis Cárdenas Palomino, Roberto Velazco Bravo, Aristeo Gómez Martínez, Édgar Bayardo del Villar, Igor Labastida Calderón, Ramón Eduardo Pequeño García, Roberto Cruz Aguilar González, Víctor Garay Cadena, Luis Manuel Becerril Mina, Francisco Javier Gómez Meza, Mario Velarde Martínez, Luis Jaffet Jasso Rodríguez y Francisco Navarro Espinoza.

De todos estos, únicamente resultó ileso de señalamientos Héctor Sánchez Gutiérrez, quien fuera encargado de la División de Fuerzas

Federales de apoyo. A los otros, ya sea porque los ejecutaron, los encarcelaron o simplemente los mencionaron testigos como Villarreal Barragán —el Grande— y Valdez Villarreal —la Barbie—, los alcanzó el entramado de corrupción y complicidad que García Luna estructuró con los jefes de los cárteles de Sinaloa y de los Beltrán Leyva.

Los policías promotores de la guerra contra el narco, como Millán Gómez, jefe de la División de Mandamientos Judiciales y Ministeriales; Velazco Bravo, director de Inteligencia contra el Crimen Organizado; Gómez Martínez, jefe del Estado Mayor de la PFP; Bayardo del Villar, inspector de Operaciones de la PFP, e Igor Labastida Calderón, comandante de la PFP, fueron ejecutados, como se narró anteriormente. Sus asesinatos nunca se esclarecieron del todo.

Por su parte, Gómez Meza, ex director de la cárcel de Puente Grande, fue procesado penalmente en octubre de 2010 por su colaboración con el Cártel de Sinaloa. Roberto Cruz Aguilar González, quien era director de Normatividad y Apoyo a Operativos de la PFP, fue condenado por el delito de narcotráfico en abril de 2010, luego de encontrársele en posesión 12 kilogramos de cocaína, armas y cartuchos, en compañía de otros cuatro detenidos —tres de ellos policías—: José Luis García Meléndez y Alejandro Cruz Ruiz Manrique, agentes de la policía del Estado de México; Jaqueline Miriam Chanes Salas, agente de la PF; y el civil Julio César Ruiz Manrique.

A Jasso Rodríguez, agente operativo asignado al Mando de la PF, se le apresó en junio de 2010 por encabezar una banda dedicada al robo de automóviles, los cuales eran entregados a los Beltrán Leyva para transportar drogas; Garay Cadena, quien sucedió como comisionado de la PFP a Millán Gómez tras su muerte, y Navarro Espinoza, comandante de las Fuerzas Federales de Apoyo de la PFP, fueron aprehendidos en noviembre de 2008. A ambos los acusaron de permitir las actividades de los Beltrán Leyva y les imputaron los delitos de robo y delincuencia organizada. Navarro Espinoza estuvo preso unas semanas solamente; Garay Cadena pasó cuatro años en la cárcel federal de Nayarit. En noviembre de 2012, el Segundo Tribunal Unitario del Vigésimo Circuito desestimó los cargos contra Garay Cadena, pero ya no se le permitió reinstalarse en la PFP.

En cuanto a Becerril Mina, otrora director de Intervención y Apoyo Logístico de la AFI, fue detenido en noviembre de 2010 cuando, bajo la protección del secretario de Seguridad Pública de Nayarit, Édgar Veytia —actualmente sentenciado a 20 años de prisión en Estados Unidos por sus nexos con el cártel de Dámaso López Núñez—, era director de Seguridad Pública en el municipio de Bahía de Banderas. Según los testigos protegidos de la PGR identificados como "Claudia" y "Mateo", Becerril Mina permitió la operación de López Núñez, el Lic, luego de haber sido colaborador de los Beltrán Leyva en el Estado de México. En noviembre de 2011 se le abrió un nuevo proceso penal, esta vez por lavado de dinero.

El encuentro del Rey con el Licenciado

En las versiones que Villarreal Barragán divulgó durante su estancia en Puente Grande, que aludían principalmente a García Luna, también mencionó a Francisco Garza Palacios, el agregado de la Policía Nacional de Colombia (PNC) en México. Villarreal Barragán aseguró que Garza Palacios era un "contacto múltiple", pues por un lado "ayudaba al Cártel del Norte del Valle de Colombia a expandir su presencia en México" y, por otro, se trataba de uno de los hombres de confianza de García Luna, luego de que "le ayudó a establecer los primeros acercamientos con Jesús Zambada García", el Rey, hermano emisario del Mayo, cabeza del Cártel de Sinaloa.

Villarreal Barragán detalló que Garza Palacios conoció al Rey a mediados de 1994 en Colombia, cuando, tras la muerte de Pablo Escobar Gaviria, el Patrón, ocurrida el 2 de diciembre de 1993, el Cártel de Sinaloa buscaba nuevos contactos que suplieran el aprovisionamiento de cocaína. El encuentro sucedió en Cali durante una fiesta ofrecida por los hermanos Gilberto y Miguel Rodríguez Orejuela, a la que también asistieron José Santacruz Londoño y Hélmer Herrera Buitrago, que ya lideraban el llamado Cártel de Cali, la organización criminal que heredó —al morir Escobar Gaviria— el millonario negocio del tráfico de cocaína hacia México y Estados Unidos.

Desde ese momento, prosiguió Villarreal Barragán, nació la relación entre el Rey y Garza Palacios, quien en aquel tiempo era sólo un elemento más. A la postre fue el contacto necesario del Cártel de Sinaloa para infiltrar a un sector de la policía colombiana y, de esa manera, facilitar el suministro constante de cocaína hacia México. El nexo entre ambos se convirtió en amistad cuando en 2000 Garza Palacios llegó a México para incorporarse a la recién creada AFI, coordinada por García Luna. Así se dio el primer contacto que tuvo el Cártel de Sinaloa dentro de esa corporación de seguridad.

De acuerdo con Villarreal Barragán, Garza Palacios posibilitó el primer encuentro entre el Rey y García Luna, el cual se llevó a cabo a finales de 2000 en un restaurante de la Ciudad de México. El entonces titular de la AFI recibió al capo sinaloense con cinco millones de dólares que el Mayo le envió como pago para ayudar a la fuga de Guzmán Loera de Puente Grande. Después de la exitosa primera fuga del Chapo, Garza Palacios fue incluido en la nómina del Cártel de Sinaloa, cuyo pago lo realizaba el Lic.

Las imputaciones de Villarreal Barragán contra Garza Palacios —que reiteraba en las galeras de Puente Grande al regresar del juzgado donde las deposaba ante un juez federal— no fueron las únicas que señalaron el papel de este colombiano en el entramado de corrupción de García Luna. En noviembre de 2012, Valdez Villarreal, la Barbie, antiguo subalterno de Villarreal Barragán con los Beltrán Leyva, envió una carta desde prisión al periódico *Reforma*.* Como colofón al sexenio de Calderón Hinojosa, la Barbie expuso que Garza Palacios, así como García Luna, Espinoza de Benito, Cárdenas Palomino, Millán Gómez, Labastida Calderón, Rosas Rosas, Pequeño García y Garay Cadena, recibieron dinero del cártel de los hermanos

Beltrán Leyva, a través de él, por lo cual enfatizó que eran parte en ese momento "de la estructura criminal de este país".

Intento por reunir la Cumbre del Narco

Ahí no pararon los comentarios de la Barbie: se declaró preso político por no haber aceptado las condiciones de alineamiento con la SSP para integrar un solo cártel a nivel nacional, y agregó que era objeto de persecución por orden directa de Calderón Hinojosa. Denunció públicamente que la intención del presidente era llegar a un acuerdo con todos los cárteles de las drogas, por lo que designó al general Mario Arturo Acosta Chaparro y al secretario de Gobernación, Juan Camilo Mouriño, para reunirse con los principales capos.

La carta de la Barbie abundaba: "Se realizaron diversas juntas a través del general Mario Arturo Acosta Chaparro, quien se reunió por órdenes del presidente [Calderón] y Juan Camilo Mouriño [secretario de Gobernación] con dos de los jefes de La Familia Michoacana. Posteriormente, el general se entrevistó en Matamoros con Heriberto Lazcano y Miguel Ángel Treviño, 'El Z-40'. Tiempo después, Acosta Chaparro y Mouriño se entrevistaron con Arturo Beltrán Leyva, 'El Barbas', y también se entrevistó con 'El Chapo' Guzmán, líder del cártel de Sinaloa".

Esta misma versión, con algunas variaciones de forma, pero no de fondo, fue también citada por el Grande, quien contó que García Luna le encomendó a mediados de 2010 la orden presidencial de dialogar con los jefes de los principales cárteles del país, con la finalidad de alcanzar una paz urgente ante el desbordamiento de la violencia que había generado la propia administración calderonista. Él, con la autorización de Arturo Beltrán Leyva, dijo que aceptó la encomienda hecha por el gobierno federal; se dio a la tarea de "organizar una cumbre para sentar al diálogo a los principales narcotraficantes con la cúpula del gobierno mexicano".

Apoyado por Héctor Beltrán Leyva, la primera acción del Grande para pacificar al país, como se lo había pedido el titular de la SSP, fue cesar la guerra que sostenían los Beltrán Leyva y Los Zetas por el control de Coahuila, Nuevo León y Quintana Roo. Según el Grande, la tregua unilateral hecha frente a Los Zetas sí se reflejó en las estadísticas oficiales: el SESNSP registró de enero a agosto de 2010, antes de que se intentara el diálogo con los cárteles, un promedio de mil 676 ejecuciones mensuales en todo el país. Tras la tregua decretada unilateralmente, sólo de estos dos grupos criminales, el índice en septiembre de ese año bajó a mil 662, casi un 0.9 por ciento. La disminución de asesinatos fue más evidente en los estados que tenían —y aún tienen— presencia Los Zetas.

Estas cifras hacen pensar que el Grande no blofeaba en su versión. Algo de cierto había en sus dichos: los intentos de pacificación, que terminaron el 12 de septiembre de 2010 con su arresto en la ciudad de Puebla, se reflejaron también en una disminución en las estadísticas de homicidios de Coahuila, Nuevo León y Quintana Roo. Según el SESNSP, Coahuila pasó de tener un promedio mensual de 31 ejecuciones a 19 en septiembre de 2010; Nuevo León, de 72 ejecuciones a 60; Quintana Roo, de 20 a 12.

Villarreal Barragán empezó a contactar a los principales jefes del narco en todo el territorio nacional con el propósito de materializar la cumbre hacia diciembre de 2010. Pero, antes de eso, García Luna quería apuntalar el plan ostentando al menos una notable disminución en los índices de homicidios para el 15 de septiembre de ese año, ocasión en que Felipe Calderón haría alarde de su nacionalismo festejando el CC Aniversario del inicio de Independencia.

La estrategia utilizada, a decir del otrora jefe de seguridad de los Beltrán Leyva, fue simple: en los estados donde los Beltrán Leyva mantenían una presencia preponderante, comenzó a capturar a miembros de los cárteles enemigos. No los ejecutó, como era su costumbre; solamente los secuestraba para hacerles llegar a los jefes de esos cárteles el mensaje de paz a través del diálogo que ofrecía el gobierno federal. Según el Grande, entre mayo y agosto de 2010, perdonó la vida a más de 300 sicarios a cambio de que llevaran a sus jefes la propuesta de una reunión con él, previa a un encuentro con el titular de la SSP, García Luna, y el presidente, Calderón Hinojosa.

El mensaje enviado, dijo, contaba con el aval del secretario de la Defensa Nacional, el general Guillermo Galván, quien a través de García Luna ofreció todo tipo de garantías de seguridad, entre ellas, que no serían detenidos los capos ni quienes los acompañaran a la cita, cuya sede inicialmente se propuso que fuera Acapulco, Guerrero, o Puerto Vallarta, Jalisco. La idea era que se realizara en la primera quincena de agosto, antes de los festejos del centenario de la Revolución y el bicentenario del inicio de Independencia, pero la lentitud del intercambio de mensajes obligó a reprogramarla para la segunda quincena de diciembre de 2010.

Los primeros convocados, tras el envío de mensajes con las capturas de integrantes de sus células en Coahuila, Guanajuato, Jalisco, Estado de México, Morelos y Quintana Roo, fueron Jesús Méndez Vargas —el Chango—, Servando Gómez Martínez —la Tuta— y Nazario Moreno González —el Chayo—, cabezas de La Familia Michoacana; e Ismael Zambada García —el Mayo—, Juan José Esparragoza Moreno —el Azul— y Joaquín Guzmán Loera —el Chapo—, del Cártel de Sinaloa.

Después, bajo el mismo y efectivo método, fueron "invitados" Heriberto Lazcano (el Lazca) y Miguel Ángel Treviño Morales (el Z-40), entonces jefes de Los Zetas; Vicente Carrillo Fuentes (el Viceroy) y Vicente Carrillo Leyva (el Ingeniero), hermano e hijo, respectivamente, de Amado Carrillo Fuentes (el Señor de los Cielos), que lideraban el Cártel de Juárez; Eduardo Costilla Sánchez (el Coss) y José Antonio Cárdenas Martínez (el Contador), del Cártel del Golfo; y, finalmente, Luis Fernando Sánchez Arellano (también apodado el Ingeniero) y Enedina Arellano Félix (la Narcomami), cuyos liderazgos se concretaron al frente de los Arellano Félix, luego de la captura de Francisco Javier, ocurrida el 15 de agosto de 2006.

Por parte de los Beltrán Leyva, aseguró el Grande, estaba dispuesto a acudir Héctor Beltrán Leyva, el H, pese a que las fuerzas federales habían matado a mansalva a su hermano Arturo Beltrán Leyva, el Barbas, en un supuesto intento de captura registrado en Cuernavaca, Morelos, la tarde del 16 de diciembre de 2009, cuando este fue entregado a la Marina por parte de Valdez Villarreal, la Barbie, a cambio de un supuesto acuerdo que le permitiría establecer su propio cártel. La traición de la Barbie a los Beltrán Leyva fue lo que hizo que se confrontara abiertamente con su jefe, Villarreal Barragán, el Grande, quien terminó por cazarlo y entregarlo a las fuerzas de la PFP el 30 de agosto de 2010, justo cuando el Grande convocaba a la reunión cumbre de diálogo por la paz.

Villarreal Barragán puntualizó que todos los que a través de él recibieron la invitación de Calderón Hinojosa y García Luna respondieron afirmativamente. El primero en confirmar su disposición a un pacto formal fue el Cártel de Sinaloa. El Chapo le envió un mensaje con un emisario, que también fue capturado en Nayarit por un grupo de los Beltrán Leyva y se le perdonó la vida. En su mensaje, le dijo al Grande —palabras más, palabras menos— que estaba de acuerdo con una reunión con los jefes de los otros cárteles para dar fin a la guerra que se había generalizado por el todo el país. Sin conocer las condiciones que ofrecería el aparato gubernamental, aceptó en primera instancia el pacto de paz. El Chapo, hablando en nombre del Cártel de Sinaloa, sólo antepuso una condición: "Siempre y cuando se haga una distribución equitativa de todo el país para que nadie cobre derecho de piso sobre los otros cárteles".

En los mismos términos contestó el Chango, cabecilla de La Familia Michoacana. Pidió que se le permitiera operar libremente en todo Michoacán y que no se le cobrara derecho de piso en la ruta de trasiego de drogas desde la zona norte de esa entidad hasta la frontera de Tijuana y Mexicali, Baja California. A cambio, ofreció compartir, sin reclamo de derecho de cobro, el puerto de Lázaro Cárdenas, la principal puerta de entrada al país de anfetaminas desde el sureste asiático y de cocaína desde Colombia. El Chango le externó estas propuestas a Villarreal Barragán, como emisario del gobierno federal, en una reunión que sostuvieron en Puebla, el centro de operaciones del Grande, donde este se asentó después de la muerte de Arturo Beltrán Leyva.

Por su parte, Heriberto Lazcano habló en nombre de Los Zetas sin hacer ningún ofrecimiento de entrada. En una conversación telefónica, le manifestó al Grande su voluntad de reunirse "el día y lugar que se dispusiera" con los otros jefes de los cárteles y con los representantes del gobierno federal. Y le solicitó que en la reunión únicamente estuvieran quienes tomaran decisiones. Agregó que no estaba dispuesto a tener que esperar días a una respuesta para hacer valer los acuerdos. El ánimo del Lazca —relató Villarreal Barragán— cambió totalmente cuando supo que en esa reunión estaría el propio presidente de México. "Entonces cuenta conmigo", mencionó el jefe de Los Zetas.

Quien sí mostró reticencia para el encuentro fue el Viceroy, del Cártel de Juárez. De entrada se negó a la posibilidad de una reunión por la confrontación arrastrada. Dudó que Villarreal Barragán fuera emisario de Calderón Hinojosa y García Luna. La disputa y la desconfianza del Viceroy se fundaba en la traición del Grande al Cártel de Juárez cuando se unió a los hermanos Beltrán Leyva, luego de la supuesta muerte del Señor de los Cielos, quien, desde la perspectiva de Villarreal Barragán, "no está muerto. Se volvió testigo protegido de la DEA y por eso fingió su muerte" en un hospital de la Ciudad de México, durante una operación quirúrgica para modificarse el rostro.

El Viceroy no aceptó asistir a la reunión cumbre para la pacificación. Más allá de su animadversión hacia el Grande, tuvo otro motivo: iba a asistir el Chapo, a quien le atribuía el asesinato de su hermano Rodolfo Carrillo Fuentes, el Niño de Oro; en realidad, lo había ejecutado un grupo de la PFP como un favor especial que el Grande le pidió en su momento a "La Voz", el enlace de comunicaciones entre García Luna y el narco.

También rechazó participar en la reunión Costilla Sánchez, el Coss, del Cártel del Golfo. Su pretensión era mucha. Puso como única condición que no fuera invitado Heriberto Lazcano, el Lazca, de Los Zetas. Aún estaba fresco el rompimiento entre esta fracción y el Cártel del Golfo, que se produjo a mediados de 2009, cuando el Lazca comenzó a operar libremente, con el apoyo del Cártel del Norte del Valle de Colombia, arrebatándole al del Golfo una gran parte del control de las rutas en Quintana Roo, Tabasco, Veracruz y Tamaulipas, todavía utilizada por los dos cárteles para introducir la cocaína procedente de Cancún desde Colombia con destino a Estados Unidos.

El Grande optó por aprovechar la disposición del Lazca y privilegió la presencia de Los Zetas antes que la del Cártel del Golfo en la reunión convocada. Además, el Grande aclaró que siempre tuvo mayor empatía con el Lazca, pues Costilla Sánchez "era soberbio y se sentía 'el rey del mundo', como si de verdad se lo mereciera, cuando siempre fue un 'gato' de Osiel Cárdenas Guillén: era la pilmama de Antonio Cárdenas Guillén [Tony Tormenta] desde que era policía en Matamoros". El Grande siempre se expresó con respeto de Heriberto Lazcano, de quien decía: "Era un cabrón valiente, que se había forjado en los chingadazos". En más de una ocasión, al menos en las pláticas en la prisión, terminó por reconocerle su talento "para el negocio de las drogas".

Con los Arellano Félix no hubo ningún problema: al mensaje Enedina Arellano respondió que acudiría a la cita donde lo decidiera el gobierno federal. Más que la pacificación del país, a la Narcomami le interesaba sentarse a dialogar con algún representante del gobierno federal, no tanto para definir rutas o acciones de narcotráfico, sino para buscar la forma de ayudar a salir de prisión a sus hermanos Francisco Rafael, el Menso, que purgaba una pena de seis años en Estados Unidos (más adelante fue asesinado, en 2013); Francisco Javier, el Tigrillo, condenado a cadena perpetua, también en Estados Unidos, y Benjamín, el Min, preso en Almoloya y en ese momento a la espera de ser extraditado a Estados Unidos, donde en 2012 se le dictó una sentencia de 22 años de cárcel.

García Luna estuvo informado paso por paso de la reunión encomendada al Grande. Incluso, por disposición del titular de la SSP, se le envió un millón de dólares a cada uno de los jefes de los cárteles que aceptaron sentarse al diálogo, "como una muestra de agradecimiento por la contestación, y como una cortesía para que cada uno de los interesados organizara su propio esquema de movilización". García Luna ofreció reembolsar ese dinero, que inicialmente provino de la bolsa de los Beltrán Leyva, una vez que concluyera con éxito la reunión y pudiera entregar buenos resultados en esa estrategia al presidente Calderón Hinojosa, ansioso por terminar con la guerra a la que se dejó llevar.

Finalmente, la reunión entre los jefes de los principales cárteles de las drogas y la cúpula del gobierno nunca se llevó a cabo. La razón fue que a Villarreal Barragán, el emisario de García Luna en esta tarea, lo arrestaron en la ciudad de Puebla el 12 de septiembre de 2010, justo en medio de la organización de la cumbre. Su detención fue obra de la DEA y de un grupo de elementos de la Marina que trabajaban alejados de la influencia del secretario de Seguridad Pública, ante la desconfianza que le estaba despertando al gobierno de Estados Unidos. Para ese entonces, a García Luna ya se le mencionaba como facilitador del narco en por lo menos medio centenar de averiguaciones previas.

El Grande atribuyó su captura a una acción de la Marina, derivada de una confusión. Jamás pensó que quienes lo buscaban eran agentes de la DEA, luego de que el Departamento del Tesoro de Estados Unidos aplicara en su contra, el 1 de junio de 2010, la Ley Kingpin, la cual prohíbe transacciones comerciales de particulares o compañías con narcotraficantes. Un día antes de su detención, refirió, se reunió con Héctor Beltrán Leyva, el H, quien le avisó que lo estaba buscando el secretario de Gobernación, en ese momento Francisco Blake Mora. Ambos pensaron, en palabras del Grande, que se trataba de una reunión personal para hablar sobre los preparativos de la cumbre. El H le dijo al Grande que un grupo de policías lo buscarían en su casa de Puebla y lo llevarían a la cita con Blake Mora.

Por eso no hizo ningún intento de defensa cuando a la mañana siguiente llegaron los marinos hasta su casa. El Grande suponía que lo escoltarían hasta la presencia del secretario de Gobernación. Al momento de la detención lo acompañaban al menos 30 hombres armados que sin problema habrían repelido la presencia militar, pero el Grande ordenó que nadie hiciera nada. Aun así, ninguno de sus escoltas soltó las armas. Los marinos, indicó, en un "pacto de hombres, sólo se llevaron a 'El Grande'" —le gustaba hablar refiriéndose a sí mismo en tercera persona—.

No fue sino hasta que lo esposaron cuando el Grande comprendió que no se trataba de una invitación a conversar con el secretario de Gobernación. Describió que la sangre se le heló en el momento en que dos agentes "que medio hablaban el español" pasaron sus huellas digitales sobre un ordenador portátil. Cuando en la pantalla aparecieron su rostro y su nombre, supo que su carrera delictiva había terminado. Lo primero que pidió en cuanto lo despojaron de su pistola y una credencial del Estado Mayor Presidencial que portaba —que le había entregado tiempo atrás el senador Guillermo Anaya Llamas— fue hablar con "el licenciado García Luna". Pero eso no fue posible. Se comunicó con él hasta que lo trasladaron a las instalaciones de la PGR. A pesar de que su trato fue cortante, se mantuvo dentro del acuerdo de colaboración.

El Grande narró que García Luna se comprometió a no dejarlo en una prisión mexicana. Que buscaría la forma de lograr su extradición a Estados Unidos. Y el Licenciado cumplió su palabra: a días de ser recluido en el penal de Puente Grande, el director de este, Francisco Javier Gómez Meza, le informó a Villarreal Barragán que seguía en pie el arreglo para sacarlo de esa prisión. Para ello, le pidió declararse testigo protegido de la PGR a fin de facilitar el trato con Estados Unidos; así lo hizo el Grande a finales de septiembre de 2010. Aunque lo extraditaron a Estados Unidos hasta el 23 de mayo de 2012, durante todo ese tiempo García Luna ordenó que se le diera trato de preso privilegiado.

Mensajes sin averiguaciones previas

Algunas células criminales también le advirtieron al presidente Calderón Hinojosa de la descomposición dentro de la PFP —de la que Herrera Valles alertó en tiempo y forma— y de las relaciones que García Luna mantenía con grupos del crimen organizado, como las que señalaron los narcotraficantes Sergio Villarreal Barragán y Édgar Valdez Villarreal. Los avisos de repudio a la protección selectiva del gobierno federal para algunos narcotraficantes se hicieron a través de los llamados "narcomensajes" o "narcomantas".

Son el método de comunicación más común que utilizan los grupos delincuenciales para enviar avisos a la población, a las autoridades o a los grupos rivales. Pero, extrañamente, el gobierno federal, en media docena de respuestas oficiales emitidas a través del portal de transparencia, refirió que no llevaba registro oficial de los narcomensajes.

Sin embargo, en una publicación de *El Universal,* de los periodistas Andrés M. Estrada y Alejandro Melgoza, se informa que el Ejército mexicano aseguró 3 mil 793 narcomensajes, y la entonces PGR, un total de mil 34, entre el 1 de diciembre de 2006 y el 31 de noviembre de 2012, como consta en las solicitudes de información 0000700099913 de la Sedena y 0001700166013 de la PGR. La Sedena no desglosó la información por estados, pero la PGR sí: Guanajuato, 289; Chihuahua, 155; Guerrero, 150; Tamaulipas, 105; Morelos, 78; Sinaloa y Sonora, 52 cada uno; Coahuila, 46; Michoacán, 30, y Zacatecas, 17. El resto de las entidades tuvieron menos de diez en ese periodo.

Sumado a ello, en una revisión a la hemeroteca de los principales medios nacionales y regionales, se da cuenta de que entre 2006 y 2012 por lo menos 530 narcomantas fueron expuestas en la vía pública en las principales ciudades del país.

En 2006 hubo al menos 69 mensajes, la mayoría en las principales ciudades de Guanajuato, Guerrero, Coahuila, Nuevo León y Chihuahua; en 2007 se registraron 72, encabezados por Michoacán, Morelos, Guanajuato, Jalisco, Nayarit, Veracruz y Oaxaca; en 2008 se llegó a la cifra récord de 102 narcomensajes, la mayoría de los cuales aparecieron en Oaxaca, Guerrero Michoacán, Colima, Guanajuato, Morelos y Estado de México; en 2009 hubo sólo 63 narcomensajes en el Estado de México, Zacatecas, Tamaulipas, Sinaloa, Guanajuato, Veracruz, Sonora, Puebla, Chiapas, Guerrero, Jalisco y Michoacán.

En 2010 se colocaron al menos 78 narcomantas en Nuevo León, Tamaulipas, Durango, Sinaloa, Sonora y Nayarit; en 2011 fueron 72 entre Michoacán, Coahuila, Guerrero, Tabasco, San Luis Potosí, Zacatecas y Aguascalientes; y en 2012 hubo 74 en Jalisco, Quintana Roo, Guanajuato, Michoacán y Querétaro.

De todos los narcomensajes emitidos por el crimen organizado y grupos del narcotráfico durante el sexenio de Calderón Hinojosa, cuando García Luna fue el titular de la SSP, ese gobierno sólo reconoció los que aparecieron en 2009. Según la repuesta a una solicitud de información emitida a través del portal de transparencia de la Unidad de Enlace de la PFP, dependiente de la SSP, fueron 55 narcomensajes en todo el país.*

De los reconocidos oficialmente, en 40 se hizo referencia a la ilegal e inmoral actuación de la PF en el supuesto combate al narcotráfico. En algunos casos, de manera precisa, se señaló de arbitrarios a García Luna, Espinoza de Benito y Cárdenas Palomino. En otros más se les acusó de proteger a ciertos grupos del narcotráfico, en los que no quedó intocado el general secretario de la Sedena.

Tal fue el caso de la narcomanta que apareció en Torreón, Coahuila, el 13 de julio de 2009, en la cual se leía (se reproduce la grafía exacta): "Guillermo Galvan Secretario De La Defensa Nacional deja de utilizar al ejercito mexicano para proteger al cártel de Sinaloa y sus aliados Nacho Coronel y Mario Sambada el general de division mario Marco Antonio Gonzalez Varreda recive dinero de su amigo y patron Chapo Guzman deja de venderte y ponte a trabajar General Gonzalez Varreda y ejercito mexicano". Esto se dio en el marco de la confrontación que mantenían los Beltrán Leyva frente a Los Zetas, en la que el gobierno federal estaba del lado de los sinaloenses.

El 18 de febrero de ese año apareció un narcomensaje en Uruapan firmado por una célula criminal de Los Zetas que operaba en Michoacán; era una clara alusión a García Luna (grafía original): "Sr. Director de Seguridad Pública deje de ayudar a la familia Mich. Estamos a favor del pueblo y en contra de la familia que es un grupo delictivo de secuestradores Att. Los 'z'". La manta fue colocada por el grupo de Los Zetas a cargo de Flavio Méndez Santiago, quien se disputaba el control del puerto michoacano con La Familia Michoacana, en ese tiempo encabezado por Nicolás Sierra Santana, alias el Gordo, quien a la fecha dirige el Cártel de Los Viagra, integrado por ex miembros de La Familia Michoacana y de Los Caballeros Templarios.

Otros de los mensajes más evidentes que alertaban de la descomposición en el mando de la SSP, surgidos desde la base misma del narcotráfico, fueron los que aparecieron simultáneamente, entre el 11 y el 14 de mayo de 2009, en Ciudad Obregón, Nogales, Zihuatanejo, Monterrey, León, Morelia, Poza Rica, Nuevo Laredo, Ciudad Reynosa, Zacatecas, Fresnillo y Cuautitlán Izcalli; en ellos se leía (grafía original): "Señor Felipe Calderón Hinojosa, concientes de nuestros actos, estamos en descuerdo que involucren a padres, hermanos y demás familiares, es una regla mundial que existe, la familia es intocable, le preguntamos a Genaro García Luna, Cárdenas Palomino y Armando Espino de Benítez que participan en los abusos y arbitrariedades que hacen en contra de la mayoría de los mexicanos y sus familiares, son culpables de sus actos ¿Se deben pagar por esto?, esperamos que se de cuanta que clase de gente tiene al frente de los cargos públicos nosotros nunca cometemos injusticias, jamás rompemos nuestros códigos".

Sin duda, de los narcomensajes más lapidarios contra la imagen de García Luna fueron los que aparecieron del 14 al 22 de mayo en Nogales, Los Mochis, Chilpancingo, Acapulco, Ciudad del Carmen, Zihuatanejo, Iguala y Uruapan, mediante los cuales se le pedía al presidente Calderón abrir los ojos y darse cuenta (reproducción textual) "de la clase de gente que tiene al frente de los cargos públicos, como son: Genaro García Luna, Luís Cárdenas Palomino, Armando Espinosa de Benítez, están a la orden de los carteles de la droga, mismos que se encargan de hacer los trabajos de dichos carteles". En esos mismos narcomensajes se le pedía al presidente Calderón Hinojosa investigar a fondo a los mandos operativos de la PF y del Ejército, a quienes se les acusaba de perpetrar asesinatos, desapariciones y violaciones de mujeres.

Pero, ante la autoridad federal, esto nunca sucedió. Aun cuando los mensajes lanzados desde las bases del narco eran evidentes y despertaron en su momento la sospecha de corrupción de los principales mandos, la entonces PGR jamás inició una averiguación formal para esclarecer los señalamientos. Entre 2006 y 2010, a pesar de que fueron 384 los narcomensajes, de los cuales 262 apuntaban a García Luna y su relación de protección con los cárteles de Sinaloa y de los Beltrán Leyva, la PGR únicamente emprendió tres investigaciones en 2007, 2008 y 2009,* que no fueron para indagar la conducta de García Luna ni del grupo de funcionarios acusados de corrupción, sino para dar con los responsables de esas publicaciones, que se consideraron amenazas de muerte contra el titular de la SSP y algunos de sus colaboradores.

9

La justicia,
un show mediático

"Si se es amigo de la honestidad, se es enemigo de
la delincuencia, y viceversa".
—ALLAN PINKERTON

A sí como García Luna echó a andar su maqui-
naria para evitar que se investigaran los más de 530 narcomensajes que aparecieron entre 2006 y 2012 y que exhibían
sus nexos con los cárteles de Sinaloa y de los Beltrán Leyva, de la
misma manera aceitó los engranajes para que los casos que lo posicio-
naban como un superpolicía eficiente acapararan la máxima atención
del Poder Judicial, de las instancias procuradoras de justicia, y tuvieran una resonancia mediática de peso que lo hiciera famoso. De ahí
que convirtiera en auténticos *shows* todos los casos que lo mostraban
como el implacable perseguidor de la delincuencia.

Para esto se valió de la vocación de algunos de los principales medios de comunicación, ávidos de audiencia a costa de lo que fuera, a
los que les ofreció, a través del deseo de justicia, niveles de *rating* en-
vidiables para cualquier programa de espectáculos. Entre los medios
más importantes que abrieron las puertas a la estrategia de comuni-

cación que planteaba la SSP estuvieron Televisa y TV Azteca, que se prestaron a ello con jugosos convenios publicitarios de por medio.

El Timbiriche que abrió las puertas de Televisa

La persona idónea para llegar a las dos televisoras más influyentes del sistema de comunicación mexicano fue Maximiliano Cortázar, un personaje discreto, casi opaco, pero que fue el soporte de Calderón Hinojosa en el área de comunicación. La historia de ambos data de 2004, cuando Calderón Hinojosa lo cobijó como su director general de Comunicación Social en la Secretaría de Energía (SE).

El principal mérito de Cortázar para escalar desde funcionario de tercer nivel en el gobierno de Fox Quesada no fue tanto su brillantez en el área de la comunicación como sus relaciones con algunos ejecutivos de Televisa, entre ellos Bernardo Gómez Martínez. Tiempos atrás fue un simple militante del PAN —adherido a la campaña de Fox Quesada— que se convirtió en coordinador de Comunicación Social de la Secretaría de Relaciones Exteriores (SER), en 2000; director de Medios Estatales en la Oficina de la Presidencia, en 2001, y director general de Medios Nacionales, en 2003.

La relación de Maximiliano Cortázar con Gómez Martínez nació cuando el primero, siendo un niño, se incorporó como baterista al grupo musical Timbiriche, uno de los principales proyectos artísticos del ejecutivo de Televisa; después fue baterista y corista del cantante Cristian Castro. Fue Gómez González quien lo recomendó a Juan Camilo Mouriño, que en ese tiempo, en 1997, era diputado local en el Congreso de Campeche, luego de que "Max", como se hacía llamar en el medio artístico, se confrontara con Cristian Castro y optara por dejar los escenarios para incursionar en la vida política.

Camilo Mouriño, quien más adelante llegaría a ser secretario de Gobernación y la principal apuesta de Calderón Hinojosa para sucederlo en la Presidencia de la República —lo cual habría sido factible de no haber ocurrido el accidente aéreo del 4 de noviembre de 2008 en el que perdió la vida—, aceptó la recomendación de Bernardo Gómez para que Max Cortázar se hiciera cargo de sus relaciones públicas. Allí nació la amistad entre Maximiliano y Juan Camilo, que a su vez se lo presentó a Calderón Hinojosa cuando los dos coincidieron como diputados plurinominales del PAN en la LVIII Legislatura Federal. De esa manera, integrado al equipo, Cortázar también empató ideológicamente con otro de los hombres de confianza de Calderón Hinojosa: el entonces diputado Guillermo Anaya Llamas.

Cortázar, ya para entonces convertido en un "experto en comunicación" y relaciones con los medios y periodistas, se distinguió por su línea dura contra la prensa opositora: en las reuniones de élite a las que convocaba Calderón Hinojosa, en su calidad de coordinador de la Fracción Parlamentaria del PAN, época en la que Max conoció a García Luna, él era quien hacía el balance del comportamiento de los medios de comunicación y los periodistas, proponiendo castigos y recompensas, fincadas en convenios de publicidad y bonos de ayuda ("chayote"), según su postura informativa.

El trato duro de Cortázar hacia a la prensa pudo ser la respuesta al acogimiento que recibió de Calderón Hinojosa. "Max era 'el bombero' al que se le asignaban las tareas para sofocar cualquier crisis de información que afectara a la fracción del PAN en la Cámara de Diputados", recuerda Ricardo López, ex agente el Cisen, quien considera: "Eran millones de pesos de los que disponía Max Cortázar para mantener alineada a la prensa, atendiendo a los intereses de la fracción [parlamentaria] del PAN".

El poder corruptor de Cortázar sobre la prensa se puso de manifiesto al llegar el calderonismo al nuevo gobierno. Ya posicionado en la Coordinación General de Comunicación Social de la Presidencia, integró el grupo conocido como los "neotimbiriches", que no eran otra cosa que sus amigos instalados como directores de comunicación social de las principales secretarías de Estado. Los "neotimbiriches" aplicaron a la prensa nacional la misma práctica de control a base de premios y castigos, donde quien bajaba la instrucción para apoyar o no a un medio o periodista era Alejandra Sota Mirafuentes.

Con ese *modus operandi*, Maximiliano Cortázar mantuvo el control de las áreas de comunicación de 16 de las 18 secretarías de Estado y de la PGR durante el calderonismo, contando con el apoyo irrestricto de su amigo Gómez Martínez de Televisa. Las únicas dos secretarías que escaparon a su influencia fueron las de la Defensa Nacional y de Marina, por su naturaleza militar.

El ex agente del Cisen explica que, ante la obsesión de García Luna de difundir ampliamente sus logros, Cortázar lo conectó con Gómez Martínez. Este, a su vez, lo acercó aún más a Emilio Azcárraga Jean, con quien el Licenciado ya había coincidido en algunas reuniones por la afinidad de ambos con el banquero Alfredo Harp Helú, su eterno agradecido por haberlo rescatado de su secuestro. De ese modo, Televisa puso su abanico de espacios de comunicación a disposición del Licenciado.

El nexo de García Luna con Azcárraga Jean fue también el hilo conductor para que el secretario se relacionara con Ricardo Salinas Pliego, el dueño de la otra televisora de peso en México: TV Azteca. Aun cuando esta jugó un papel medular en su estrategia de comunicación, García Luna invariablemente le dio un trato despectivo y de menor importancia. Los convenios entre la SSP y TV Azteca siempre estuvieron en un segundo plano en el ánimo de García Luna, pues se centró en privilegiar a Televisa y a su amigo Azcárraga Jean.

El negocio de la seguridad privada

Tan así fueron desestimadas las relaciones de la SSP con TV Azteca que García Luna asignó como contacto directo con Salinas Pliego a su hombre de confianza más cercano, Luis Cárdenas Palomino, bajo la asesoría de Maximiliano Cortázar, lo que no era otra cosa que una extensión del presidente Calderón Hinojosa en materia de comunicación. Cárdenas Palomino condujo las relaciones con Salinas Pliego siempre con una visión de futuro. Por eso, desde su posición, buscó mantener en un plano de igualdad el trato a TV Azteca, para que fuera al menos parecido en lo económico con Televisa.

Con el tiempo, el trato que Cárdenas Palomino le procuró a Salinas Pliego, basado en millonarios contratos de publicidad, tuvo su recompensa. Al término de la administración calderonista, Salinas Pliego, tal vez en reciprocidad, protegió a Cárdenas Palomino a través de una sociedad que hicieron en 2011, mediante la cual crearon la empresa Adamantium Security Private Services, S. de R.L. de C.V., dedicada a la seguridad privada para brindar servicios de protección a las empresas del consorcio Azteca, que se extienden desde el campo de las comunicaciones y la telefonía celular hasta las actividades extractivas en minería e hidrocarburos. De 2012 a la fecha (agosto de 2020), al frente de esta empresa de seguridad se encuentra el otrora brazo derecho de García Luna.

La creación de Adamantium Security Private Services, S. de R.L. de C.V., aun cuando opera con capital de Ricardo Salinas Pliego, fue más bien un regalo de Cárdenas Palomino, ya que él otorgó los permisos de la SSP a las empresas de seguridad privada en el último tramo de García Luna como secretario. Lo anterior coincidió con el crecimiento exponencial del número de este tipo de empresas en todo el país, gracias a que García Luna fue el ideólogo de la Ley Federal de Seguridad Privada, promulgada por Fox Quesada el 6 de julio de 2006; Calderón Hinojosa modificó algunos de sus artículos el 17 de octubre de 2011 para facilitar al sector privado el uso de armas de fuego y también como una iniciativa personal del Licenciado para privatizar la seguridad pública.

Sobre las empresas de seguridad privada es necesario señalar que se trata de una de las herencias más oscuras que García Luna legó al pueblo de México, un tema en el que han ahondado muy poco los medios de comunicación. Las empresas de seguridad privada, manejadas por particulares, son las que hoy se encargan de la seguridad en la mayoría de los aeropuertos, estaciones de ferrocarril, puertos marítimos y terminales de autobuses, puntos por donde se da uno de los mayores movimientos de narcóticos y tráfico de personas dentro del territorio nacional, y que queda a exclusiva observancia de las empresas particulares, la mayoría de las veces con personal escasamente capacitado.

La cesión de derechos en materia de seguridad pública al sector privado fue, asimismo, uno de los grandes negocios de García Luna desde que estuvo al frente de la AFI. La creación de la Ley Federal de Seguridad Pública en el gobierno de Fox Quesada, que no fue otra cosa que otorgar facultades policiales a muchos de sus amigos empresarios involucrados en ese círculo de negocios, benefició a los principales corporativos del país, los cuales, bajo su propia visión, pudieron establecer sus esquemas de seguridad alejados de la vigilancia oficial. La descentralización de la seguridad pública, siendo esta una las razones fundamentales de la creación del Estado, no sólo debilitó el esquema de seguridad del propio Estado, sino que posibilitó que cada grupo empresarial definiera su táctica a manera de autodefensa.

Antes de que García Luna ideara la creación de la Ley Federal de Seguridad Pública en todo el país, entre 1991 y 1999 solamente existían 67 empresas privadas dedicadas a brindar servicios de seguridad pública para atender un mercado de empresas inconformes o que carecían de acceso a la seguridad estatal. Esas empresas prácticamente operaban con "una mano sobre la otra" al no existir un marco normativo que les permitiera atribuciones y uso de armas como el que tenían los cuerpos de seguridad de los gobiernos locales y federal. Por eso se creó la Ley Reglamentaria, para permitir a personas físicas o morales asumir el papel del Estado en materia de protección, lo cual, si bien no arrojó múltiples beneficios económicos para García Luna, al menos sí permitió alejar a la PFP de las labores de seguridad en una gran parte del territorio nacional, dejándola en manos de particulares que fueron, por mucho, más flexibles en el combate a la delincuencia organizada y a los cárteles de las drogas.

Como titular de la SSP, ya en el sexenio calderonista, el Licenciado dio autorización a 307 empresas privadas para ofrecer los servicios antes señalados.* Consecuentemente se relajó la vigilancia en los principales puntos del territorio nacional utilizados por los grupos delincuenciales, lo que derivó así en un doble beneficio para el secretario ligado a los cárteles de las drogas: por un lado, entregó ese giro a muchos de sus amigos empresarios, con los que estableció compromisos de utilidad personal; por el otro, posibilitó a los grupos delincuenciales operar sin mayor riesgo al encarar cuerpos de seguridad privada que no tenían —ni tienen— la capacidad de hacerles frente.

La estadística oficial da idea de la dimensión de que García Luna haya entregado la seguridad pública a particulares, hecho en el que los presidentes Vicente Fox y Felipe Calderón únicamente fueron comparsas: mientras que en marzo de 2008 la PFP contabilizaba 27 mil 838 efectivos distribuidos en todo el país,* las empresas de seguridad privada disponían, sólo en 2006, de 61 mil 183 elementos operativos. Es decir, más del doble (200.19 por ciento) de elementos que integraban la fuerza de reacción de la PFP para atender los estados del país.

Para que quede más claro el daño que la descentralización descrita le causó a la seguridad pública, cabe destacar —atendiendo las estadísticas oficiales— que, mientras el país se desangraba en una guerra contra el narco que parecía —y aún parece— no tener fin, en 2006 había empresas que superaban a los efectivos de la PFP destinados a la vigilancia pública. Por citar algunos ejemplos: en estados como Aguascalientes, Colima, Durango, Hidalgo o Yucatán, que registraban entre 65 y 99 elementos de la PFP, empresas privadas excedían por mucho esas cifras, como la Corporación de Asesoría en Protección y Seguridad Interna Empresarial, S.A. de C.V. (Capsiesa), que tenía mil 200 elementos operativos; SEPSA, S.A. de C.V., 2 mil 668 efectivos; la Compañía Mexicana de Traslado de Valores, S.A. de C.V. (Cometra), 5 mil 145 elementos de seguridad, o Servicio Pan Americano de Protección, S.A. de C.V. (Serpaprosa), 8 mil 148 elementos.

En este contexto fue que Cárdenas Palomino se asoció con Salinas Pliego para crear la empresa Adamantium Security Private Services, S. de R.L. de C.V., la cual comenzó a operar en 2012 con 76 elementos y 204 equipos de seguridad (vehículos, dispositivos de radiocomunicación y armas de fuego); en la actualidad posee 237 guardias, muchos de ellos ex policías federales. Hoy en día, Adamantium ofrece servicios de seguridad a todo el corporativo Azteca, incluidos los polígonos de los proyectos para la extracción de titanio *Mina Cristina* y *Mina Nueva Francia,* extendidos sobre 35 hectáreas en el Ejido Nueva Libertad, Acacoyagua, y sobre 4 mil 500 hectáreas en Escuintla, ambos municipios pertenecientes a Chiapas. De igual manera, tiene bajo su cuidado el polígono de la mina de oro *Los Cardones,* situada sobre 422 hectáreas de suelo en la reserva de la biósfera Sierra La Laguna, en La Paz, Baja California Sur. Los tres proyectos son propiedad de Salinas Pliego.

Tanto en Chiapas como en Baja California Sur, la empresa Adamantium ha sido mencionada dentro de las averiguaciones previas realizadas por las fiscalías locales de ambos estados por los homicidios de los periodistas Sergio Martínez González, ejecutado en Cacahoatán, Chiapas, el 3 de octubre de 2018, y Maximino Rodríguez Palacios, asesinado en La Paz, Baja California Sur, el 14 de abril de 2017. Los dos periodistas se distinguieron por su trabajo informativo en relación con la defensa del medio ambiente y su oposición a los proyectos mineros del consorcio Azteca, dando voz a los grupos civiles que a la fecha mantienen detenidos los tres proyectos mineros.

Así, las relaciones de García Luna con Azcárraga Jean, a través de Maximiliano Cortázar y Bernardo Gómez Martínez, y con Salinas Pliego, por conducto de Cárdenas Palomino, fueron la base para que Televisa y TV Azteca se apuntalaran como los dos grandes aliados de la AFI y de la SSP en la aplicación de la justicia mediática —que imperó cuando García Luna fue el supuesto perseguidor de la delincuencia—, la cual no puede quedar mejor explicada que con el trato que recibieron estas televisoras en lo referente a cinco casos de antología, por citar sólo algunos.

Los casos épicos en los que el ideal de García Luna salió a relucir son los siguientes: Florence Cassez y la supuesta desarticulación de la banda de secuestradores Los Zodiacos; las detenciones de funcionarios públicos, principalmente alcaldes de Michoacán, presuntamente coludidos con el narco, en el episodio que se conoció como *El Michoacanazo;* la primera "muerte" de Nazario Moreno González, el jefe de Los Caballeros Templarios; la captura de funcionarios de la PGR presumiblemente vinculados con los Beltrán Leyva, en el operativo conocido como *Operación Limpieza;* y la detención del general Tomás Ángeles Dauahare, aparentemente vinculado con el Cártel de Sinaloa.

Todos estos casos, convertidos en escándalos nacionales como resultado de la cobertura y la estridente difusión que implementaron las televisoras, no terminaron en nada. Dejaron al descubierto el burdo montaje informativo de los llamados medios nacionales. Con un grave demerito al trabajo periodístico, exhibieron a un gobierno falto de resultados, pero fascinado por los reflectores informativos y, además, desnudaron la realidad de cómo en México se puede encarcelar sin mayor problema a personas inocentes...

El caso Florence Cassez

El 9 de diciembre de 2005, en punto de las siete de la mañana, muy "oportunamente" las cámaras de Televisa de *Primero Noticias* atestiguaron un operativo de la AFI contra una banda de secuestradores. El reportero Pablo Reinah, en un enlace en vivo con el conductor Carlos Loret de Mola, corría detrás de los agentes federales, que irrumpirían en una casa del rancho *Las Chinitas,* en San Miguel Topilejo, en la entonces delegación Tlalpan de la Ciudad de México. La primicia era la liberación de tres personas secuestradas. Dijo el reportero: "Los elementos de la AFI trabajaron durante dos semanas" para dar con su ubicación y planear el operativo de rescate.

Los secuestrados eran Ezequiel Yadir Elizalde Flores, Cristina Ríos Valladares y su hijo Cristian Hilario Ramírez Ríos, en ese entonces de diez años.

De acuerdo con la crónica que conmocionó a la opinión pública, matizada con expresiones de sorpresa de Loret de Mola, en el lugar fueron detenidos Israel Vallarta y su novia Florence Cassez, quienes fueron captados por las cámaras del noticiario de mayor *rating* de Televisa; uno sometido bocabajo contra el suelo y la otra cubriéndose el rostro con una sábana. Vallarta terminó por reconocer en *prime time* y prácticamente en cadena nacional que era parte de una banda de secuestradores, mientras que Cassez se mostraba desconcertada y negaba su participación en los hechos.

Fue evidente el burdo montaje a la vista de cualquier observador: cuando los elementos de la AFI ingresaron a una de las habitaciones del rancho *Las Chinitas,* la puerta no fue derribada ni forzada; desde dentro, un hombre de gabardina —luego se supo que era Cárdenas Palomino— abrió la puerta sin dificultad para que ingresara un equipo de cuatro hombres en formación táctica. En el interior ya estaba sometido Vallarta; Cassez se encontraba arrinconada y esposada de manos bajo la sábana. El reportero, ostentando su "oportuna" presencia en el lugar de los hechos, narró las detenciones en "tiempo real" e intentó arrancar a los aprehendidos las "primeras" declaraciones.

La trasmisión que efectuó Televisa del supuesto operativo mostró a un equipo de la AFI totalmente relajado, portando armas de asalto, trotando certeramente hacia donde se encontraban los supuestos secuestradores.

La escena también fue difundida por TV Azteca, cuya periodista Ana María Gámez reportó para el noticiario *Hechos AM* los pormenores de la incursión policial. Tanto Reinah como Gámez, por instrucción de García Luna, se apartaron en esa ocasión de los principios deontológicos del periodismo; literalmente actuaron en la recreación de un hecho noticioso. Dejaron de lado su labor de comunicadores para montarse en el papel de policía-agente del Ministerio Públicojuez, concluyendo, tras un ríspido interrogatorio, que los detenidos formaban parte de una banda de secuestradores.

En las transmisiones de Televisa y TV Azteca se dio por asentado, con base en las respuestas desorientadas y llenas de miedo de Vallarta y Cassez, que estos encabezaban el grupo criminal de secuestradores que la AFI denominó Los Zodiacos. En diversas declaraciones públicas, García Luna afirmó: "Mantenía asolada a la zona norte de la Ciudad de México".

A decir del entonces titular de la AFI, Los Zodiacos cometieron al menos cinco secuestros y estaban integrados por Israel Vallarta y Florence Cassez, los líderes, así como por Alejandro Cortez Vallarta, el Libra; Sergio Cortez Vallarta, el Leo; Hilario Rodríguez Hernández, el Acuario; David Orozco, el Géminis; Carlos Camarillo Palafox, el Sagitario; Juan Carlos Cortez Vallarta, el Virgo; Dhither Camarillo Palafox, el Tauro; Omar Acevedo Robledo, el Dólar; y Enrique Ávila Fierro, el Rabaida. También Mario Vallarta Cisneros, Arturo Vallarta Cisneros y René Vallarta Cisneros.

Sin embargo, la banda como tal nunca existió; si acaso algunos de los mencionados sí tenían antecedentes, entre ellos el Rabaida y el Dólar, quienes fueron detenidos por cometer un secuestro en 2009 y hasta mayo de 2019 recibieron penas de 57 y 110 años de prisión, respectivamente. Junto con estos también fueron sentenciados Santos Martín López Pérez, Luis Alberto Carmona Corro, alias el Lobo, y Cristian Chavarría Martínez. Pero la AFI nunca logró acreditar que fueran integrantes de Los Zodiacos.

Lo que de igual manera resultó una mentira fue el operativo de la detención de Vallarta y Cassez que transmitieron Televisa y TV Azteca: el mismo García Luna reconoció que se había tratado de una recreación solicitada por los medios de comunicación, aunque en realidad la idea provino de Cárdenas Palomino y de Cortázar. La detención había ocurrido un día antes en un lugar y de una forma muy distintos a lo que presentaron a sus audiencias Televisa y TV Azteca.

Ese solo hecho posibilitó que la francesa Florence Marie Louise Cassez Crepin revirtiera la sentencia a 60 años de prisión que le había dictado por el delito de secuestro el 2 de marzo de 2009 el Primer Tribunal Unitario del Primer Circuito, contenida en la Toca Penal 198/2008. Cuando la Suprema Corte de Justicia de la Nación (SCJN) revisó el amparo directo 517/201,* que interpuso la defensa de Cassez por la violación a las garantías individuales, determinó declarar su libertad absoluta.

Si bien es cierto que dentro de la revisión del amparo directo no se abordó la cuestión de si Cassez era culpable o inocente por el delito de secuestro, sí se encontró que dentro de la detención "se dieron violaciones —y violaciones importantes— a derechos humanos", según lo expuso el ministro José Ramón Cossío Díaz, quien agregó que a eso contribuyeron "los efectos que se dieron con motivo de las filmaciones [de Televisa y TV Azteca] que en su momento se llevaron a cabo, [y] la manera en que estas filmaciones contaminaron las declaraciones de algunas de las partes en este proceso".

El Michoacanazo

El revés que la SCJN asestó a García Luna, al recriminar jurídicamente la ventilación mediática de un caso judicial, no fue obstáculo para que el 26 de mayo de 2009 el Licenciado otra vez echara mano de la relación con Televisa y TV Azteca para centrar la atención nacional en su trabajo y su persona. Ese día tuvo lugar el episodio conocido como El Michoacanazo, que, lejos de atender a una estrategia de seguridad, en realidad fue una venganza personal que Calderón Hinojosa encomendó a su amigo García Luna, con el fin de castigar a un grupo de alcaldes y funcionarios públicos de Michoacán que siempre se negaron a la zalamería y la lisonja de las que gustaba el presidente.

Repudiado en su propia tierra natal, como presidente de la República Calderón Hinojosa insistió infructuosamente en celebrar actos masivos para demostrar una popularidad que nunca tuvo, para que fuera aplaudido con vehemencia. Muchos alcaldes de Michoacán, sobre todo del Partido Acción Nacional (PAN), aceptaron sin miramientos el deseo del presidente, pero hubo otros que se opusieron, principalmente los emanados del Partido Revolucionario Institucional (PRI) y del Partido de la Revolución Democrática (PRD), que con frecuencia no asistían a sus eventos e incluso le hacían vacío para que esos actos públicos lucieran desangelados.

Hubo confrontaciones en lo privado. Calderón Hinojosa recriminó a diversos alcaldes su falta de apoyo no sólo al paisano, sino al mismo presidente de la República, como fue en el caso de Genaro Guízar Valencia, alcalde de Apatzingán; Armando Medina Torres, de Nueva Italia; Uriel Farías Álvarez, de Tepalcatepec; Jairo Germán Rivas Páramo, de Arteaga; Antonio González Rodríguez, de Uruapan, y Odiel Méndez Chávez, de Coahuayana. Todos ellos fueron citados en la residencia oficial de Los Pinos para recibir la reprimenda por su falta de participación en los eventos oficiales convocados por la Presidencia de la República en suelo michoacano.

Otros alcaldes simplemente nunca acudieron a las reuniones que el presidente convocó desde lo privado, como José Cortez Ramos, de Aquila; Osvaldo Esquivel Lucatero, de Buenavista; José Luis Ávila Franco, de Ciudad Hidalgo; Adán Tafolla Ortiz, de Tumbiscatío; Juan Antonio Ixtlahuac Orihuela, de Zitácuaro, y Francisco Estrada García, de Nuevo Urecho. El distanciamiento ideológico entre las partes suscitó una enemistad que el presidente llevó más allá del plano político.

De acuerdo con una fuente periodística de la Coordinación General de Comunicación de la administración de Leonel Godoy Rangel, gobernador de Michoacán, fue el propio Calderón Hinojosa quien inicialmente le pidió a este ejecutar una acción penal contra los alcaldes considerados rebeldes y en alguna medida "disidentes de la directriz política marcada desde la Presidencia de la República". Según esta fuente, el gobernador Godoy Rangel rechazó la petición de Calderón "porque no existían elementos para procesar a los alcaldes que Calderón veía como enemigos".

"Esto hizo que el mismo gobernador Godoy fuera visto también como enemigo de Calderón y como solapador de la insurgencia de alcaldes" que ante los ojos del presidente se estaba dando en su propia tierra natal. En versión de la fuente, "también [Leonel Godoy] generó encono en el presidente, haciéndolo blanco de su venganza política", lo que propició que dentro del operativo encomendado a García Luna para procesar penalmente a los alcaldes desobedientes se incluyera al gobernador. No obstante, cuando Godoy Rangel supo de las intenciones del presidente Calderón Hinojosa para procesarlo sin mayor evidencia que la versión de un testigo protegido que lo vinculaba con las actividades ilícitas de su medio hermano Julio César Godoy Toscano, pudo maniobrar en el plano político y establecer una tregua.

El gobernador Godoy Rangel no fue perseguido, pero a cambio ofreció no intervenir en la averiguación iniciada a su medio hermano desde la SSP, la cual condujo a que el 14 de julio de 2009 se le imputaran oficialmente cargos por los delitos de fomento al narcotráfico y delincuencia organizada, al relacionarlo con La Familia Michoacana. El 12 de octubre de 2010 se le agregó el cargo de lavado de dinero. Por fin fue detenido el 28 de diciembre de 2017, tras siete años de prófugo.

La tregua que estableció el gobernador Godoy Rangel con el presidente Calderón Hinojosa no fue suficiente ante la operación que ya había puesto en marcha García Luna, quien, atendiendo a la instrucción inicial, ya iba, al igual que por los alcaldes rebeldes, por un grupo del círculo cercano de amigos y colaboradores de Godoy Rangel, a los que finalmente se les procesó por el cargo de fomento al narcotráfico y delincuencia organizada, acusados de pertenecer a la estructura criminal de La Familia Michoacana.

Además de los alcaldes que se confrontaron con el presidente Calderón Hinojosa, fueron procesados Miguel García Hurtado, procurador de Justicia; Citlalli Fernández González, asesora de Seguridad del gobernador; Ramón Ponce, asesor de la Procuraduría estatal; Israel Tentory García, asesor del gobernador; Ignacio Mendoza Jiménez, subprocurador de Justicia; José Lino Zamora Hernández, director de Seguridad Pública; Mario Bautista, ex director de la SSP estatal; Juan Gaona Gómez, jefe de agentes del estado, y Lorenzo Rosales, agente del Ministerio Público federal.

En la lista de acusados y encarcelados también estaban Jaime Liera Álvarez, juez de Primer Instancia; Abel Salazar Gómez, síndico en Lázaro Cárdenas; Dionisio Valencia, director de Obras en Arteaga; Ricardo Rubí Bustamante, director del Fondo Industrial de Michoacán; Mario Manuel Romero, ex alcalde de La Huacana; los policías ministeriales con cargos de mando Faraón Martínez Molina, Alfredo Ramírez García, Antonio Sánchez Gaytán, Irlanda Sánchez Román y Gabriela Mata Chávez, así como los directores de policía municipal Roberto Rubio Vásquez, Victorino Jacobo Pérez, Noé Medina García y Baldomero Morales.

La oportunidad del Chayo

De acuerdo con la versión de Manuel Madrigal Moreno, el Llavero —quien en ese momento era el contacto de La Familia Michoacana con la SSP, a través del comandante Roberto Velazco Bravo—, antes de que García Luna emprendiera el operativo para detener a los alcaldes incómodos y a los funcionarios que pagaron por Godoy Rangel su desapego al presidente, por conducto de Velazco Bravo le pidió a La Familia Michoacana que lo ayudaran a incriminar "a todos los que aparecían en una lista que se le hizo llegar [mediante el Llavero] a Nazario [Moreno González, el Chayo]".

Sin embargo, el Chayo se negó, "por la razón que sólo él supo", a colaborar con García Luna, "tal vez porque 'El Chayo' todavía estaba molesto por dos operativos de la Policía [Federal Preventiva] que se hicieron en Tierra Caliente [Apatzingán y Nueva Italia]". Dichos operativos, suscitados el 26 de febrero y el 23 de abril de 2009, dejaron un saldo de siete y 12 miembros del cártel abatidos, respectivamente, al tiempo que en cada enfrentamiento perdió la vida un elemento de la PFP.

La negativa de Moreno González, el jefe de La Familia Michoacana, para ayudar a incriminar a los que estaban destinados por decisión presidencial a ser parte de *El Michoacanazo*, tuvo repercusiones: fue el inicio del fin de la alianza entre la SSP y La Familia Michoacana. Ello quedaría demostrado el 13 julio de 2009, apenas a unos días de *El Michoacanazo*, cuando se lanzó un operativo para capturar a Moreno González —que pudo haber sido en represalia por no cooperar—, cuyo desenlace fueron los asesinatos a sangre fría de 13 policías federales emboscados sobre la autopista Morelia-Lázaro Cárdenas, a la altura del municipio de Arteaga.

Según Madrigal Moreno, la orden de ejecutar a los policías federales provino de Servando Gómez Martínez, la Tuta, pese a que "aún se mantenía la alianza con 'El Licenciado'". "La Tuta", dijo Madrigal Moreno, "se molestó por la captura de Arnoldo Rueda Medina, 'La Minsa'", detenido en Guacamayas, Lázaro Cárdenas, apenas dos días antes de la masacre. Por eso "se le ordenó a Francisco Javier Frías Lara, 'El Chivo', que hiciera la matanza".

Frías Lara, quien estaba a las órdenes de Saúl Solís, el Lince, fue detenido el mismo día de los hechos, según lo anunció en su momento Monte Alejandro Rubido García, secretario técnico del Sistema Nacional de Seguridad Pública. Tras su detención, Frías Lara incriminó a todos los detenidos en *El Michoacanazo*. El origen de esos señalamientos no es difícil de suponer si se toma en cuenta que el jefe de Frías Lara era Saúl Solís, quien, a su vez, estaba vinculado con Francisco Javier del Toro Girón, contacto de La Familia Michoacana con Luisa María Calderón Hinojosa, la hermana del presidente.

Pero ante los medios se anunció que todos los involucrados en *El Michoacanazo* tenían que ver con una supuesta red de corrupción al servicio de La Familia Michoacana, según la declaración ministerial del testigo protegido Onofre Hernández Valdez, "Emilio", quien, en una declaración digna de una novela de traiciones y corrupción, detalló cómo cada uno de los indiciados recibía sobornos de los emisarios de Moreno González, el Chayo, y de Gómez Martínez, la Tuta, a fin de permitir la operación del cártel michoacano en toda la geografía estatal. Esta versión, claramente falsa, como se demostró ante el juez que determinó la liberación de todos los detenidos el 28 de septiembre de 2010, fue difundida ampliamente en una estrategia mediática muy parecida —excepto por el montaje— a la del caso de Israel Vallarta y Florence Cassez.

El pilar de la estrategia informativa para dar a conocer el "golpe" a La Familia Michoacana fue otra vez la televisión mexicana: se hizo resonancia del hecho en forma constante a través de los noticiarios y en la barra de comerciales de Televisa y TV Azteca, desde el 26 de mayo, cuando se implementó el operativo, hasta el 30 de julio de ese mismo año.

Tan sólo por la difusión del *Operativo Michoacán,* la SSP firmó dos contratos de publicidad con Televisa* y TV Azteca,* ambos signados bajo la petición de "Servicios de Difusión de Televisión del Mensaje Relacionado con la Campaña 'Nueva Policía Federal', Versión 'Policía Científica Investigadora'". Esto fue tal vez como una estrategia legal por parte de la SSP para evitar que los 38 detenidos alcanzaran el amparo de la justicia federal bajo el argumento de violación a la presunción de inocencia, como ya había ocurrido con el caso Florence Cassez. Los convenios para difundir el vano logro de *El Michoacanazo* fueron por el orden de un millón seis mil pesos para Televisa y un millón de pesos para TV Azteca.

La primera muerte del Chayo

Otro hecho de justicia mediática fue la falsa muerte de Moreno González, el Chayo, cuyo caso exhibió de manera conveniente el gobierno federal cuando algunos medios de comunicación fuera de la influencia de los millonarios pagos de la SSP, hacia finales de noviembre de

2010, con base en las cifras oficiales del SESNSP, comenzaron a difundir la elevada cifra de ejecuciones que de forma histórica ya se registraba en todo el país.

El saldo de los 53 mil 51 homicidios dolosos que dejaba para ese momento la fallida guerra contra el narco obligó al área de Comunicación Social de la SSP a idear una estrategia de distracción, la cual cambiara en el imaginario colectivo la sensación de derrota del Estado frente a los cárteles de las drogas; un plan que levantara el ánimo entre la tropa policial y militar lanzada a las calles a un guerra sin tregua ni cuartel, en la que el enemigo se multiplicaba exponencialmente, y que se reflejaba en un sentimiento, si no de derrota, sí por lo menos de desánimo. Urgía una victoria frente al crimen organizado. Nada mejor que la captura o muerte de un jefe importante del narcotráfico, pero ¿cuál?

Según Héctor Inzunza, testigo colaborador de la DEA, después de que en noviembre de 2010 muchos medios y periodistas independientes cuestionaron abiertamente la estrategia de combate al narcotráfico, cuando se comenzó a difundir el concepto de "Estado fallido", endilgado directamente a la administración calderonista, "García Luna no tuvo más opciones, para salvar su reputación, que dejar de lado —o afianzar más, como se quiera ver— sus acuerdos de protección que había mantenido por años con algunos jefes del narcotráfico", a fin de que lo ayudaran en esa estrategia.

García quería repetir el éxito mediático que le dejó el abatimiento de Arturo Beltrán Leyva el 16 de diciembre de 2009, el cual hasta le valió un reconocimiento público a su labor, pese a que fue un operativo de la DEA y la Marina, en el que a la SSP se le mantuvo al margen desde el inicio de su planeación. Finalmente, tal vez por diplomacia, el gobierno de Estados Unidos lo reconoció como un logro del gobierno mexicano y muy particularmente del secretario García Luna.

Inzunza abunda en que, con el afán de demostrar que la guerra contra el narco era la estrategia más adecuada para alcanzar la pacificación, y cuyos resultados se palparían al anular a los principales objetivos que el gobierno mexicano perseguía, García Luna buscó a toda costa una detención que presumir. Sin embargo, como no se lograba ese resultado ante el grado de corrupción que imperaba en la PFP, tuvo que pedir ayuda a sus contactos dentro del narco. " 'El Licenciado' [García] Luna mantuvo negociaciones con 'El Mayo" [Ismael Zambada] para pedirle que le ayudara a entregar a las autoridades a 'El Azul' [Juan José Esparragoza Moreno]"; sólo que Ismael Zambada, por su compadrazgo con el Azul y su lealtad a la cúpula del Cártel de Sinaloa, rechazó esa posibilidad.

Héctor Inzunza agregó que, tras la negativa del Mayo, el Licenciado insistió en la posibilidad de que el cártel entregara por sus propios medios a otro elemento importante de esa organización. "Pidió concretamente la entrega de Aureliano Guzmán Loera [el Guano] o la de cualquiera de los hijos de Joaquín Guzmán, fuera Iván Archivaldo Guzmán Salazar o su hermano Jesús Alfredo", que ya repuntaban en el ámbito del narcotráfico; también le fueron negados. Para tratar de convencer a su interlocutor, García Luna —continuó Inzunza— "le dijo a 'El Mayo' que esa era la única forma de seguir ayudando a 'El Chapo' " para que no fuera detenido. Pero ni así cedió el jefe del Cártel de Sinaloa.

Esta versión empata con la de Madrigal Moreno, el Llavero, primo hermano de Nazario Moreno González, el Chayo. Al Llavero no lo sorprendió la muerte del Chayo, relató cuando estábamos recluidos en Puente Grande. Contó que la supuesta muerte había sido un acuerdo entre el Licenciado y el Chayo. Que todo era una farsa, que seguía vivo —como quedó demostrado después—, que el cuerpo presentado a los medios de comunicación era el de uno de los tantos integrantes de Los Caballeros Templarios del municipio de Aquila, identificado como Inés Raya González, pariente lejano del Chayo.

En el comedor de la cárcel de Puente Grande, Madrigal Moreno platicaba entre risas, a mitad de una partida de dominó, días antes de la navidad de 2010: " 'El Chayo' aceptó la oferta de 'El Licenciado' porque las relaciones entre el cártel y la Policía [Federal Preventiva] estaban ya muy desgastadas". Esa relación había decaído desde el asesinato del comandante Velazco Bravo en mayo de 2008, tras una espiral de suspensión de pagos por parte del cártel y los consecuentes operativos de reacción de la PFP, que a su vez provocaban la retención de los pagos acordados. Luego los pagos fueron suspendidos definitivamente tras la detención de Madrigal Moreno, el único contacto de La Familia Michoacana con la SSP.

La versión de que el Chayo no estaba muerto en diciembre de 2010 —contrario a lo que había anunciado el gobierno federal— se constataba cada vez que Madrigal Moreno tenía la posibilidad de hacer una llamada telefónica desde Puente Grande. Y es que entre las personas con las que el Llavero se comunicaba estaba precisamente Nazario Moreno González. En la fila de quienes esperábamos el turno al teléfono se alcanzaban a escuchar los diálogos entre los dos primos. La comunicación de Madrigal Moreno con Moreno González se confirmada invariablemente al término de cada conferencia, pues el preso se ufanaba de las atenciones que le dispensaba su primo a través del teléfono.

De acuerdo con el Llavero, de viva voz el Chayo le confirmó por teléfono que estaba "vivo y coleando en alguna parte de las montañas de la zona de Tierra Caliente" y le contó que el Licenciado se había comunicado directamente con él para pedirle que entregara a alguien de la cúpula de La Familia Michoacana; entre los que mencionó estaban Enrique Plancarte Solís, el Kike, abatido el 31 de marzo de 2014 en el municipio de Colón, Querétaro; Servando Gómez Martínez, la Tuta, detenido el 27 de febrero de 2015 en las inmediaciones de Morelia, Michoacán; y Dionisio Loya Plancarte, el Tío, detenido en Morelia el 27 de enero de 2014. No obstante, Moreno González se negó, "porque 'El Chayo' nunca ha sido un traidor".

Entonces vino una contrapropuesta, según el Llavero: el Chayo propuso entregarse con la condición de que fuera recluido en cualquiera de las cárceles estatales de mediana seguridad de Apatzingán o Morelia, "de donde se fugaría después de un año de prisión". A cambio de su entrega, Moreno González pidió un pago de diez millones de dólares por parte del gobierno federal y el compromiso de que ninguno de los solicitados por García Luna de la cúpula de La Familia Michoacana fuera detenido ni molestado en lo que restaba del sexenio calderonista. El Licenciado tampoco aceptó esto.

Finalmente se acordó fingir la muerte de Moreno González. Las dos partes estuvieron de acuerdo siempre y cuando se le respetara al Chayo conservar intacta su fortuna —estimada en varios cientos de millones de dólares en efectivo que mantenía resguardado en cuevas y casas de seguridad— y la propiedad de por lo menos 14 minas de hierro que arrebató a sus dueños originales durante su reinado en Michoacán. La muerte del Chayo, acordada entre él y García Luna, ocurriría durante un enfrentamiento en la zona de Tierra Caliente, durante un supuesto operativo para capturarlo.

Así sucedió. La mañana del 12 de diciembre de 2010, el vocero de Seguridad Nacional, Alejandro Poiré, anunció que el jefe de La Familia Michoacana había sido eliminado durante un operativo en Apatzingán, donde lamentablemente personas inocentes habían caído abatidas por las balas que tres helicópteros artillados dispararon contra un convoy de ocho camionetas, en alguna de las cuales se trasladaba el Chayo. El operativo, añadió Poiré, "fue el resultado de un trabajo de seguimiento e inteligencia que realizó la PFP durante meses", estableciendo que, con la muerte del capo, La Familia Michoacana se encaminaba hacia su extinción. Nada más alejado de la realidad.

A decir de Madrigal Moreno, la verdad fue que la PF dio aviso a Nazario Moreno González una hora antes de que salieran de Morelia, con rumbo a Apatzingán, los tres helicópteros y 35 patrullas con 130 elementos que participaron en el operativo. Nazario tuvo tiempo de salir de Apatzingán y refugiarse en la montaña, mientras el convoy en el que acostumbraba a transportarse se quedó en un campamento en la Sierra de Acahuato, cerca de la comunidad de Holanda. Las ocho camionetas fueron atacadas desde el aire con misiles, perdiendo la vida los siete integrantes de La Familia que las conducían.

En los noticiarios de Televisa y TV Azteca, y posteriormente en cortes informativos difundidos como parte de la barra de anuncios programados por la SSP, se dio cuenta del supuesto enfrentamiento, presentado como un logro de la administración federal, misma que decretó en enero de 2011 que el Cártel de La Familia Michoacana había sido desarticulada. En realidad, Moreno González y su cúpula delincuencial sólo se reagruparon, dejando La Familia Michoacana para conformar una nueva organización: Los Caballeros Templarios.

La "desarticulación" de La Familia Michoacana se dio a conocer a través de tres anuncios en el canal 2 de Televisa: uno de tres minutos con cinco segundos y los otros dos de diez segundos cada uno. Estos espacios se ampararon en contratos de servicios de difusión firmados el 30 de agosto de 2010,* como parte de la campaña denominada "Logros y Valores de la SSP", con motivo del Cuarto Informe de Gobierno del presidente; García Luna los había mandado producir con un costo de diez millones de pesos, sólo en lo que respecta a los pagos hechos a Televisa.

La Operación Limpieza

Para el 1 de septiembre de 2011 se repitió la historia de complicidad entre la televisión mexicana y la SSP. Otra vez García Luna intentó sobreponer su verdad frente a la chocante realidad mediante una historia de la que él era el protagonista desde hacía muchos años. En aras de eludir una investigación que cocinaba la DEA en contra de un grupo de infiltrados por los Beltrán Leyva al más alto nivel de la PGR, se la endosó a varios de sus enemigos políticos y algunos de los que enfrentaron a sus más cercanos colaboradores. Anunció la llamada *Operación Limpieza*.

En un operativo sin precedente que se puso en marcha en el interior de la entonces PGR, García Luna, en complicidad con la entonces titular de la SIEDO, Marisela Morales Ibáñez, y el propio titular de la PGR, Eduardo Medina Mora, ordenó la captura de 25 funcionarios de la entonces Procuraduría federal bajo la falsa acusación de que formaban parte de una red de corrupción al servicio de los hermanos Beltrán Leyva; se dijo oficialmente que recibían sobornos del narco para informar de las órdenes de captura e investigación que la PGR preparaba contra esa y otras organizaciones criminales.

La *Operación Limpieza* no fue iniciativa de Morales Ibáñez ni de Medina Mora. Tampoco de García Luna. Más bien, la motivaron las investigaciones que impulsaba la DEA, cuyos agentes en México supieron por versiones de Alfredo Beltrán Leyva, el Mochomo, luego de su detención en enero de 2008, que "un grupo de altos mandos de la AFI recibían un pago mensual por parte del Cártel, de entre 150 mil y 450 mil dólares".

Esa declaración, que el Mochomo hizo ante dos agentes de la DEA cuando estaba recluido en Puente Grande, fue objeto de investigación por parte del gobierno estadounidense a finales de 2008, casi dos años después de que García Luna había dejado la titularidad de la AFI. En realidad, la acusación sobre la red de corrupción dentro de la PGR que lanzó el Mochomo estaba dirigida a García Luna, sólo que la lentitud de reacción de la DEA provocó que las investigaciones se efectuaran a destiempo, cuando él ya estaba fuera de la AFI y era el secretario de Seguridad Pública.

García Luna sabía que las declaraciones del Mochomo se referían a él y aprovechó la confusión de los tiempos. Para cubrirse las espaldas, con la complicidad de Morales Ibáñez y Medina Mora, creó un entramado imaginario de corrupción que no tocara a ninguno de sus colaboradores más cercanos, quienes ya estaban con él en la SSP, pero que formaban parte de los policías corruptos a los cuales se refería el Mochomo y que, también, habían sido acusados por Villarreal Barragán, el Grande. La versión del Mochomo fue manipulada una vez que estuvo en sus manos.

A las declaraciones del Mochomo y del Grande, en las cuales se referían por nombres clave a los miembros de la AFI que recibían los sobornos de los hermanos Beltrán Leyva, el Licenciado agregó las de otros testigos protegidos, como "Pitufo" (José Salvador Puga Quintanilla), "Jennifer" (Roberto López Nájera), "David" (Roberto García García) y "Felipe" (Alberto Pérez Guerrero), quienes por instrucción mencionaron nombres y cargos de los funcionarios que a García Luna le convenía que fueran incriminados. Después, hizo que dos de los mencionados que supuestamente formaban parte de esa red, Fernando Rivera Hernández y Milton Cilia Pérez, bajo condiciones que sólo ellos conocieron, se convirtieran en testigos protegidos con los nombres de "Moisés" y "Saúl", para así completar el cuadro de acusaciones contra el grupo funcionarios inocentes que pagaron las culpas de García Luna.

Formalmente, a 25 funcionarios se les acusó de estar asociados a la red de corrupción detectada por la DEA, que erróneamente solicitó al gobierno federal su detención y procesamiento penal. Entre ellos estaban Noé Ramírez Mandujano, titular de la SIEDO, quien fue relevado por Morales Ibáñez en el cargo, confrontándose con ella por razones de operatividad de esa dependencia; Javier Herrera Valles, coordinador de Seguridad Regional de la PFP, y quien advirtió a Calderón Hinojosa de las irregularidades de García Luna al frente de la SSP; Víctor Gerardo Garay Cadena, comisionado de la PFP, y Francisco Navarro Espinoza, jefe de Operaciones Especiales de la PFP, quienes nunca estuvieron de acuerdo en las conclusiones sobre la investigación del asesinato del comandante Millán Gómez y se confrontaron con García Luna.

También fueron detenidos Rodolfo de la Guardia García y Ricardo Gutiérrez Vargas, ex directores de la Interpol en México, los responsables de trabajar estrechamente con el FBI y la DEA a espaldas de García Luna, y que ya ventilaban la relación estrecha de los cárteles de Sinaloa y de los Beltrán Leyva con algunos cercanos al secretario de Seguridad Pública; Miguel Colorado González, coordinador general técnico de la SIEDO, quien se confrontó con Morales Ibáñez por la forma deshonesta en que se fraguó el operativo de *El Michoacanazo;* Fernando Rivera Hernández, enlace de la Sedena adjunto a la SIEDO, quien informaba directamente al secretario de la Defensa Nacional sobre la labor de García Luna, Morales Ibáñez y Medina Mora, y que terminó por convertirse en testigo protegido bajo el nombre de "Moisés", para incriminar a los otros señalados dentro de la *Operación Limpieza,* a cambio de beneficios de reducción de sentencia.

A la lista de detenidos se sumaron los policías Jorge Alberto Zavala Segovia, Luis Manuel Aguilar Flores, Arturo González Rodríguez, José Manuel Ramírez Cabañas, Milton Cilia Pérez, Moisés Minutti Mioni, Mateo Juárez Vázquez, Antonio Mejía Robles y José Antonio Cueto López. De estos, sólo Milton Cilia aceptó la propuesta de García Luna para convertirse en testigo protegido, y bajo el nombre de "Saúl" atribuyó a sus coacusados los sobornos que el Cártel de los Beltrán Leyva hizo al círculo cercano de colaboradores de García Luna.

Colorado González, uno de los implicados injustamente en la *Operación Limpieza,* absuelto luego de cinco años de prisión en Puente Grande, dijo para esta investigación que aquella operación quedará registrada como el más grande fiasco judicial del calderonismo, pues consideró que las indagatorias que condujeron a la captura de funcionarios inocentes "en realidad estaban dirigidas a investigar a mandos militares y algunos funcionarios del primer círculo de colaboradores de García Luna", y que también influyeron intereses de otro tipo, "como la justificación de fondos aportados por el gobierno de Estados Unidos a través del Plan Mérida" para la operatividad de la PGR y de la SSP.

En el mismo sentido se manifestó Noé Ramírez Mandujano, el ex titular de la SIEDO, quien estuvo preso durante más de cinco años en el penal federal de Tepic, donde finalmente fue absuelto. Aseguró que todo se trató de una farsa sólo para acreditar la aplicación de los millonarios fondos que el gobierno de Estados Unidos aportaba a la SSP y a la PGR para el combate a la delincuencia organizada. Dichos fondos no estaban traduciéndose en la captura de los principales jefes del narcotráfico. Para justificarlos, considera, se armó el engaño y se tuvo que encarcelar a funcionarios inocentes.

La versión oficial, dada a conocer el 27 de octubre de 2008 a través de espacios pagados en los noticiarios de Televisa y TV Azteca, tras la conferencia de prensa de Morales Ibáñez, entonces titular de la SIEDO, elogió a la *Operación Limpieza* como la acción cúspide del calderonismo contra el narcotráfico. Y reconoció que las investigaciones de la red de corrupción se realizaban desde 2004... justo cuando Villarreal Barragán, el Grande, contactó a García Luna de parte de los hermanos Alfredo, Arturo y Héctor Beltrán Leyva para sobornarlo. Pero, extrañamente, la DEA nunca pudo deducir que el verdadero jefe de la red de corrupción era García Luna y toleró el encarcelamiento de inocentes, aun cuando a la postre fueron absueltos.

La verdad oficial de la *Operación Limpieza* tardará en salir a la luz pública. Nadie puede saber hoy en día cuáles fueron los objetivos de ese operativo, ni con base en qué declaraciones se detuvo injustamente a los 25 involucrados. Todos los documentos oficiales al respecto se clasificaron como confidenciales y reservados por 12 años a partir de enero de 2008* con este argumento: "Es una averiguación previa que se encuentra en trámite", según una respuesta oficial emitida a través del IFAI. La averiguación previa de la *Operación Limpieza* concluyó el 16 de mayo de 2012 con la detención del general Tomás Ángeles Dauahare y otros cinco militares de alto rango.

El caso Ángeles Dauahare

Fue precisamente el del general Dauahare otro caso fincado con mentiras de García Luna en su afán de sostener mediáticamente una falsa percepción de los logros de su gestión en el combate al narcotráfico. A Dauahare, junto con los generales Ricardo Escorcia Vargas, Roberto Dawe González y Rubén Pérez Ramírez, así como el mayor Iván Reyna Muñoz y el teniente Silvio Isidro de Jesús Hernández Soto, los acusaron de formar un grupo de apoyo para proteger al Cártel de los Beltrán Leyva. No obstante, este caso sólo se orquestó para entregar resultados ficticios al gobierno estadounidense como contraprestación por los 900 millones de dólares entregados a la PGR y a la SSP en equipo y capacitación, de conformidad con el Plan Mérida, entre 2008 y 2010.

Acerca de los recursos del Plan Mérida nada se ha mencionado en las acusaciones a García Luna, a pesar de que su manejo fue una atribución presidencial siempre delegada en el secretario de Seguridad Pública. Él era específicamente quien determinaba el destino de los equipos de transporte aéreo, terrestre y marítimo, así como de tecnología y capacitación para el espionaje, que aportaba el gobierno de Estados Unidos a México, según dijo un ex agente de inteligencia del gobierno mexicano que llevó a cabo sus labores de cerca con García Luna. "En ese manejo, García Luna se benefició personalmente, no sólo por tener el control del Plan Mérida, sino por decidir quiénes serían los proveedores de dicho equipo y capacitación pagados por el gobierno de Estados Unidos", indicó.

De manera que el fondo materializado del Plan Mérida fue uno de los manejos más oscuros durante la administración de Calderón Hinojosa, pues por su propia naturaleza discrecional, aun cuando no aporta dinero ni armas de fuego, pero sí equipos, no está sujeto a auditorías ni a revisión por parte de los gobiernos mexicano o estadounidense. Sólo se sustenta en los resultados que reporta el gobierno mexicano al estadounidense en contra de la delincuencia organizada, como se estipula en el tratado bilateral.

Fueron los presidentes Felipe Calderón Hinojosa y George W. Bush quienes firmaron, el 30 de junio de 2008, la Iniciativa Mérida, o Plan Mérida, como lo denomina el gobierno mexicano, que más adelante ratificaron los presidentes Enrique Peña Nieto y Barack Hussein Obama. De acuerdo con la embajada de Estados Unidos en México, desde que entró en vigor hasta la fecha (2020), México ha recibido mil 600 millones de dólares de un fondo autorizado por el Congreso de Estados Unidos que asciende a los 2 mil 300 millones de dólares.

Por eso, ante la falta de resultados efectivos de combate contra los cárteles de las drogas durante su gestión, García Luna dirigió la atención del gobierno estadounidense hacia casos fabricados, pues en su imaginario daban cuenta de la desarticulación de redes de corrupción incrustadas en las cúpulas de la procuración de justicia y de la seguridad pública.

Sin embargo, la historia apunta hacia otra realidad: la intención de esos operativos, por un lado, tuvieron como fin alejar las sospechas de corrupción que pesaban sobre García Luna y su equipo; por el otro, significaron la forma rápida de justificar el apoyo económico que ya otorgaba el gobierno de Estados Unidos a México, como fueron los casos fallidos de la *Operación Limpieza* y, después, del general Tomás Ángeles Dauahare, que en su momento el gobierno estadounidense aplaudió pero que, cuando se descubrió la mentira, no le merecieron más que hacer *mutis*.

El general Dauahare y sus coacusados fueron detenidos por elementos del Ejército y de la PGR, con la coordinación de inteligencia de la PFP. Ante los medios de comunicación, principalmente los noticiarios de Televisa y TV Azteca, se dijo que formaban parte de la estructura criminal de los Beltrán Leyva. Esta acusación se hizo con base en la declaración confeccionada por García Luna, a través de lo que depositó Villarreal Barragán, el Grande, en su papel del testigo protegido "Mateo", y Roberto López Nájera, como "Jennifer", quienes dieron testimonios falsos sobre la relación de amistad y de negocios entre el general y Arturo Beltrán Leyva.

Sobre estos testimonios, registrados en diciembre de 2010, pero que fueron integrados a la averiguación previa de la *Operación Limpieza* hasta enero de 2012, el Grande terminaba contándolos en medio de risotadas cuando estábamos en prisión. Decía que era una novela lo que contaba todos los días ante el juez, pero aseguraba que esa "novela", refiriéndose a las acusaciones contra el general Ángeles Dauahare, eran "la llave para salir de Puente Grande" y poder irse a vivir a Estados Unidos "sin preocupaciones de nada".

El Grande reconoció en más de una ocasión dentro de la cárcel que nunca en su vida había visto al general. Ni siquiera lo ubicaba por

su nombre. Nunca trabajó con los Beltrán Leyva. "Al general Dauahare", decía, "lo conocí hasta que el agente del Ministerio Público federal me mostró una serie de fotografías y me pidió que me grabara el
rostro, igual que el de los otros militares". Agregaba, ante preguntas
de los que escuchábamos sus pláticas, que no le costaba trabajo hil-
vanar las historias basadas en mentiras porque "en la cabeza de 'El
Grande' —así le gustaba referirse a sí mismo, en tercera persona—
sólo cambio el nombre a los comandantes de la Policía [Federal Pre-
ventiva] con los que tuve tratos, y todo ya resulta muy creíble".

Las mentiras del Grande sobre las ficticias ocasiones en que Héctor Beltrán Leyva —el H— e Ismael Zambada García —el Mayo— hicieron pagos directos al general Dauahare, y de cómo supuestamente
el general Dawe González avisaba de los operativos de seguridad al
cártel en una supuesta línea directa de comunicación que mantenía
con el H, o de cuando el general Escorcia Vargas se reunió con él en
la Ciudad de México, fueron cuadradas con las declaraciones del testigo protegido López Nájera, "Jennifer", a lo cual se agregó una versión
inverosímil de una supuesta llamada anónima —de las que fueron so-
corridas en todos los procesos penales que se integraron con base en
los trabajos de inteligencia de la SSP—, en la cual se advertía que el general Pérez Ramírez, el mayor Reyna Muñoz y el teniente Hernández
Soto se reunían con miembros de los Beltrán Leyva.

Esas declaraciones provocaron que el general Dauahare y sus
coacusados pasaran casi 11 meses recluidos en la cárcel federal de Almoloya. Los señalados salieron absueltos el 17 de abril de 2013, cuando García Luna ya había dejado el cargo al término del gobierno de
Calderón Hinojosa. La pifia no sólo fue para García Luna, sino también para el Poder Judicial, porque el juez de la causa dictó auto de
formal prisión con las declaraciones de "Mateo" y "Jennifer", y con una
supuesta llamada anónima, como elementos probables de los delitos
de fomento al narcotráfico y delincuencia organizada. Al final tuvo
que reconocer que los dichos de los testigos protegidos no estaban
corroborados fehacientemente.

10

El Cártel de Sinaloa, un aliado de confianza

"Donde comienza el Estado termina la libertad del individuo".

—Mijaíl Bakunin

EL COMBATE AL NARCOTRÁFICO durante la administración de Felipe Calderón Hinojosa prácticamente quedó en manos de Genaro García Luna. Y no sólo se puso en entredicho por las versiones de corrupción surgidas desde dentro de las células del narcotráfico. Para los más escépticos allí están las estadísticas oficiales de detenidos por delitos contra la salud, las cuales hablan por sí mismas del gran engaño al que llevó a todo el país con la llamada guerra contra el narco. Paradójicamente, durante la estrategia para hacer frente a los cárteles de las drogas fueron precisamente las estructuras de los cárteles las menos golpeadas; el llamado combate a la delincuencia estuvo mayormente focalizado en el ciudadano de a pie y en la delincuencia común.

Esto sólo puede entenderse de una forma: tanto fue el poder de corrupción de los grupos del narcotráfico y tanta la proclividad al soborno por parte de los mandos policiales de la SSP, y del mismo titular de la dependencia, que fueron los propios jefes de los mayores cárteles de las drogas quienes técnicamente dirigieron las acciones oficiales que buscaban combatir a la delincuencia organizada.

Guadalajara, el origen y rompimiento

Las principales cabezas del narcotráfico que movieron a su antojo a la SSP, a base de entrega de dinero, fueron Ismael Zambada García —el Mayo— y Joaquín Guzmán Loera —el Chapo—, por el Cártel de Sinaloa; así como los hermanos Arturo, Héctor y Alfredo, del Cártel de los Beltrán Leyva.

Aquí conviene hacer una aclaración: para el gobierno federal, durante el calderonismo, tal vez por conveniencia propia o por fallas en el sistema de inteligencia, no había distingo oficial entre las organizaciones de los Beltrán Leyva y la de Sinaloa, pues los miembros de ambas se mencionaban indistintamente como el Cártel del Pacífico o Cártel de Sinaloa. Pero ello podría ser más entendible si atendemos a la explicación que en repetidas ocasiones dio el cofundador del Cártel de Guadalajara, Rafael Caro Quintero, cuando coincidimos en la prisión federal de Puente Grande, entre diciembre de 2008 y mayo de 2010: aseguraba que los Beltrán Leyva se hicieron independientes del Cártel de Sinaloa desde octubre de 1992.

Según su versión, hacia mediados de 1980 los hermanos Arturo, Héctor y Alfredo Beltrán Leyva, igual que Amado Carrillo Fuentes, Juan José Esparragoza Moreno, Ismael Zambada García, Joaquín Guzmán Loera y los hermanos Francisco Rafael, Francisco Javier, Eduardo, Benjamín y Ramón Arellano Félix, formaban parte del Cártel de Guadalajara, el primero que nació con una estructura organizada. Lo dirigía un triunvirato: Rafael Caro Quintero, Miguel Ángel Félix Gallardo y Ernesto Fonseca Carrillo, quienes se habían iniciado en el negocio del narcotráfico a la sombra de las incipientes organizaciones criminales formadas en la década de los setenta de los tres fundadores del trasiego de mariguana hacia Estados Unidos: Pedro Avilés Pérez, Lamberto Quintero Payán y Manuel Salcido Uzeta.

Cuando el Cártel de Guadalajara, como única organización establecida en el tráfico de drogas, comenzó a crecer y a abarcar todo el territorio nacional, los tres capos de esa ciudad decidieron dividir el suelo mexicano en "encargaturas", las cuales se asignaron a cada uno de sus principales colaboradores. Fue una separación conveniente —opinaba Caro Quintero—, en vista de que había constantes fricciones entre Guzmán Loera y los hermanos Arellano Félix, entre Carrillo Fuentes y Esparragoza Moreno, y también entre Ismael Zambada García y Héctor Beltrán Leyva, quienes "seguido se andaban provocando sólo con la mirada, queriéndose matar".

Por eso, contó Caro Quintero, se tomó "la sabia decisión" —entre él, Félix Gallardo y Fonseca Carrillo— "de separar a los muchachos para no terminar peleados entre nosotros". Eso era posible, ya que cada uno de los tres capos de Guadalajara tenía empatías muy particulares; Caro Quintero siempre tuvo afinidad con los que consideraba sus protegidos: Guzmán Loera, Zambada García y Esparragoza Moreno, a los que —decía— "veía como a mis hijos", porque trabajaban con él "desde que eran unos plebes". Félix Gallardo "naturalmente estaba siempre del lado de su sangre; cuidaba al extremo a sus sobrinos, los Arellano Félix". Las simpatías de Fonseca Carrillo se decantaban por sus sobrinos Amado y los hermanos Beltrán Leyva, "que eran unos muchachos muy disciplinados y obedientes".

Caro Quintero reiteraba que el triunvirato tomó la decisión de separar el grupo "para evitar que se mataran entre ellos", dados sus constantes roces por la convivencia en Guadalajara, de donde se les comisionaba a labores de trasiego en diversas partes del país, principalmente Michoacán, Jalisco, Sinaloa, Nayarit, Baja California y Chihuahua, los estados que conformaron la ruta inicial para el tráfico de cocaína hacia Estados Unidos, la cual arribaba desde Colombia por el entonces recién construido puerto de Lázaro Cárdenas y llegaba hasta la frontera norte del país.

Así, casi de manera provisional, entre 1983 y 1984, poco antes de que Caro Quintero fuera detenido en Costa Rica —el 4 de abril de 1985—, se acordó que el Mayo, el Azul y el Chapo se asentaran en todo el territorio de Sonora, Sinaloa y Nayarit, donde se les dio la posibilidad de crear su propia estructura operativa para el trasiego de drogas, que debían seguir comprando al Cártel de Guadalajara. A los Beltrán Leyva no se les otorgó un territorio en específico; de hecho —según Caro Quintero—, no se consideraba que operarían como organización independiente; se les puso a la orden de Guzmán Loera, "para que le ayudaran en lo que necesitara", naciendo así el Cártel de Sinaloa.

También por decisión de los tres capos de Guadalajara, el Señor de los Cielos fue enviado junto con el grupo que conformaba su hermano Vicente Carrillo, el Viceroy, a la zona norte de Chihuahua, para que se asentara en Ciudad Juárez. Así nació el Cártel de Juárez o de los hermanos Carrillo Fuentes. Por su parte, los hermanos Arellano Félix, a petición expresa ante su tío Félix Gallardo, fueron enviados a Tijuana, donde ya tenían nexos con las autoridades locales y con algunos representantes de la Iglesia católica, quienes les facilitarían las operaciones.

En el caso del Cártel de Sinaloa, comentó Caro Quintero, la convivencia entre los Beltrán Leyva y Esparragoza Moreno, el Azul, se tornó difícil. Por su diferencia de edades, el Azul jamás le dio seriedad a las opiniones del Mochomo para tomar una decisión colectiva, y es que el primero era 22 años mayor que el segundo. Esparragoza Moreno siempre se refería a Alfredo como el "plebe mocoso", lo que motivó que los hermanos de este, Arturo y Héctor, amenazaran de muerte al Azul.

El Chapo, quien siempre trataba con ecuanimidad esas desavenencias, optó por, al menos, alejar a los hermanos Beltrán Leyva de la convivencia constante con el Azul y los sacó de Culiacán, donde estaban asignados como encargados de la región. Por eso les pidió a los tres hermanos que abrieran plaza para el Cártel de Sinaloa en los estados del centro del país. El H decidió establecerse en Cuernavaca, Morelos, porque dijo —según Caro Quintero— que "allá el clima es muy parecido al de Culiacán". Los hermanos Beltrán Leyva dejaron Sinaloa a principios de 1990, pero seguían trabajando bajo las órdenes del Cártel de Sinaloa, recibiendo instrucciones directas de Guzmán Loera.

Los hermanos Beltrán Leyva se separaron del Cártel de Sinaloa, sin que hubiera rompimiento, a mediados de 1992. Más bien, fue por razones del corazón. En ese año, el Mochomo conoció a Patricia Guzmán Núñez, quien se convertiría en su esposa. Ella era hija de Ernesto Guzmán Hidalgo, medio hermano de Guzmán Loera. Tras el cortejo vino el matrimonio, el cual se hizo sin que Alfredo Beltrán le pidiera consentimiento al Chapo, lo que provocó la ira de Joaquín Guzmán, al grado que le reclamó la osadía directamente al Mochomo.

El mismo Mochomo narraba aquel episodio durante su reclusión en Puente Grande. Explicó que no invitaron al Chapo a la boda por las diferencias que tenía con su medio hermano Ernesto, padre de la novia, lo que hizo que el Chapo lo fuera a buscar a Culiacán días después del casamiento. Dijo que Guzmán Loera "estaba indignado porque no fue invitado a la boda". Ese fue el principal motivo de la entrevista, pero en realidad, añadió el Mochomo, el Chapo "terminó reclamando el casamiento, por no haberle informado de esa relación". Alfredo reconoció que estaba en su derecho, no sólo por ser el tío de la novia, sino porque en ese momento era su patrón. Sin embargo, no lo invitó porque así se lo pidió su propio suegro, Guzmán Hidalgo.

El Mochomo contó que la plática acabó en discusión "y que no llegó a los balazos porque allí estaba la mujer [Patricia Guzmán Núñez]". El Chapo concluyó diciéndole a su ahora sobrino político que las relaciones del Cártel de Sinaloa con los hermanos Beltrán Leyva "se terminaban por las buenas". La decisión de Guzmán Loera también fue aceptada en buenos términos por Arturo y Héctor Beltrán Leyva, a quienes su hermano menor les informó de aquel desencuentro.

Según Alfredo, fue lo mejor que les pudo haber pasado, porque a partir de ese momento fundaron el Cártel de los Beltrán Leyva, aunque al principio tuvieron que valerse del Cártel del Norte del Valle de Colombia para suministrarse de cocaína y comenzar a hacer negocios con organizaciones de Estados Unidos, y de gente como Villarreal Barragán, el Grande, quien los acercó a funcionarios de peso para permitir sus operaciones, por ejemplo, García Luna.

Una conveniente confusión

Por ello, al conocer esa explicación, resulta increíble que el gobierno federal, con todo su aparato de inteligencia, no haya distinguido, al menos durante la gestión de García Luna al frente de la SSP, que los Beltrán Leyva eran —y siguen siendo— una organización criminal independiente del Cártel de Sinaloa. Quizá la confusión haya sido intencional... De acuerdo con las cifras oficiales del periodo 2006 a 2011, el número de detenciones que la PF de García Luna hizo de presuntos miembros del Cártel de Sinaloa, incluidos los de los Beltrán Leyva, considerados ambos como un solo cártel, es, por mucho, inferior al de otros cárteles, como los del Golfo y La Familia Michoacana.

Si el Cártel de Sinaloa se hubiera tomado como una organización distinta a la de los Beltrán Leyva, la diferencia del número de arrestos habría resultado abismal frente a los de integrantes de otros cárteles, evidenciando aún más, en las estadísticas, las componendas de García Luna con el Mayo y el Barbas para brindarles protección. Dicha protección no sólo implicaba permitirles el libre tránsito para el trasiego de drogas, sino también la seguridad para muchos de los jefes de células.

Según una respuesta pública emitida por la PGR en septiembre de 2010,* sólo de 2007 a 2009 esa dependencia, en coordinación con la PFP, logró la detención de 223 mil 883 personas acusadas de delitos contra la salud; en 2007 se registraron 81 mil 604 detenidos;

en 2008 fueron 76 mil 378, y en 2009 la cifra bajó a 65 mil 91 personas acusadas de tráfico de drogas. La mayoría de estas personas fueron recluidas en cárceles de máxima seguridad. De todos estos detenidos —señalan las estadísticas oficiales—, en 2007 sólo fueron consignados ante un juez un total de 14 mil 893, y de estos, apenas mil 310 recibieron una sentencia condenatoria. Para 2008, únicamente en 15 mil 787 casos los acusados fueron llevados ante un juez y a 8 mil 874 se les dictó sentencia. En 2009 hubo 15 mil 675 consignados, de los cuales mil 96 fueron sentenciados.

Tal vez estas cifras por sí solas no digan mucho sobre la protección que los cárteles de Sinaloa y de los Beltrán Leyva obtuvieron de García Luna, pero si observamos lo que la SSP informó en febrero de 2011* sobre la cantidad de detenidos por el delito de narcotráfico, clasificados por organización delictiva, los números alcanzan otra dimensión; pese a que el Cártel de Sinaloa y el de los Beltrán Leyva eran de los predominantes en el trasiego de drogas en México entre 2006 y 2011, ambas organizaciones —oficialmente consideradas una sola— fueron las menos golpeadas por el gobierno federal.

Las cifras de la SSP revelan que en ese lapso se logró la captura de 732 miembros de los cárteles de Los Zetas y del Golfo; 588 de La Familia Michoacana; 413 del Cártel de Sinaloa —incluidos los Beltrán Leyva—; 199 del Cártel de Juárez; 65 de los hermanos Arellano Félix, y 38 vinculados al Cártel del Norte del Valle de Colombia.

Suponiendo que fueron todos los detenidos hubieran recibido una sentencia como parte de una estructura criminal, y digo suponiendo porque no hay un informe oficial que lo señale, entonces los detenidos y procesados de Los Zetas y del Golfo representarían apenas el 0.3 por ciento de todos los capturados en esta guerra contra el narco. Los detenidos como miembros de La Familia Michoacana apenas alcanzarían el 0.2 por ciento; los del cártel conjunto para efectos oficiales de Sinaloa/Beltrán Leyva, un 0.1 por ciento; los de Juárez, el 0.08 por ciento; los Arellano Félix, el 0.02 por ciento, y los identificados como parte del Cártel del Norte del Valle de Colombia, el 0.01.

Estas cifras cobran mayor dimensión si tomamos en cuenta que —de acuerdo con el ex agente del Cisen, Ricardo López—, entre 2006 y 2012, el Cártel de Sinaloa contaba con una fuerza operativa de más de 6 mil 500 hombres, mientras que el de los Beltrán Leyva se conformaba de más de 3 mil 100 elementos, por lo que proporcionalmente la detención de sólo 413 de sus integrantes significó una reducción del 4.3 por ciento de toda la fuerza operativa de estas organizaciones, lo cual distaba mucho, o al menos en nada se aproxima, a la desarticulación de esas organizaciones, como se presumió en los anuncios pagados en los noticiarios de Televisa del 16 de abril de 2009, con base en el contrato de servicios de difusión relacionado con la campaña denominada "Nueva Policía Federal" versión "Reclutamiento 2009",* cuyo costo al erario fue de 3 millones 413 mil 432 pesos.

El Azul, un capo discreto

Pero ¿cómo fue que llegó a tal grado la complicidad entre García Luna y el Cártel de Sinaloa? La respuesta la ofrece el ex agente del Cisen, quien asegura que aun antes de que Jesús Zambada García, el Rey, hiciera contacto con García Luna para ofrecerle un plan de sobornos a cambio de inmunidad policiaca para el cártel, García Luna ya mantenía al menos contacto de amistad con Juan José Esparragoza Moreno, el Azul. Esa relación surgió a raíz del acercamiento del Licenciado cuando era subdirector A de Seguridad Institucional del Cisen, entre agosto de 1990 y marzo de 1999, con algunos ex comandantes de la desaparecida Dirección Federal de Seguridad (DFS), como Pedro García Bello, Jaime Cortés y Luis Rodríguez López, quienes eran coterráneos de Esparragoza Moreno.

El ex agente del Cisen, Ricardo López, precisa que García Bello, Jaime Cortés y Rodríguez López fueron los que hicieron que García Luna coincidiera en algunas reuniones con el Azul, quien para entonces ya era parte de la cúpula directiva del Cártel de Sinaloa, al lado del

Mayo y el Chapo. No existe evidencia de que el Azul haya entrado en negociaciones económicas con García Luna apenas lo conoció, pero sí la sospecha de que en su momento el Azul era protegido de los tres ex comandantes de la DFS, luego que pasó al narcotráfico tras estar al servicio de la DFS por más de cinco años, justamente bajo las órdenes de estos tres agentes.

Esta versión de que los entonces comandantes de las DFS le daban protección fue corroborada por Caro Quintero, quien recordaba, durante su estancia en la prisión de Puente Grande, que los que eran parte de su grupo dentro del Cártel de Guadalajara, como él, el Mayo, el Señor de los Cielos, el Chapo, Don Neto (Ernesto Fonseca Carrillo), el Jefe de Jefes (Miguel Ángel Félix Gallardo), el Barbas, el Mochomo y el H, todos portaban credenciales de la DFS, lo que les permitía resolver sus problemas y "pasar cualquier retén, fuera militar o de la policía federal, porque la DFS era una institución a la que se le tenía mucho respeto".

Según López, el ex integrante de inteligencia, el vínculo con Esparragoza Moreno y sus paisanos García Bello, Jaime Cortés y Rodríguez López también le permitió a García Luna un acercamiento directo con Miguel Nazar Haro y José Antonio Zorrilla Pérez, los últimos dos directores de la DFS; así como con Jorge Carrillo Olea, Fernando del Villar Moreno y Eduardo Pontones Chico, los primeros tres directores del Cisen, cuando esta institución nació para suplir a la DFS. No hay que olvidar que el ingreso de García Luna al Cisen fue por invitación directa de Pontones Chico, a quien siempre le guardó una absoluta lealtad.

La relación inicial de García Luna con Esparragoza Moreno no quedó en el ánimo de lo personal. Como subdirector A de Seguridad Institucional, instruyó a su grupo cercano para que cualquier asunto relacionado con el Cártel de Sinaloa y Esparragoza Moreno le fuera informado directamente. Dicha instrucción ocurrió aun cuando tenían el mismo nivel de rango dentro del Cisen; sin embargo, varios ya lo reconocían como figura importante, entre ellos Isidoro González Blanco, subdirector B de Extranjería; Braulio Quintero Gómez, subdirector C de Infiltrados, Escoltas y Base Escudo Pegaso; Eduardo Cano Barberena, subdirector D de Vínculo Internacional, y Rosaura Paz, subdirectora E de Operaciones Especiales.

Esto tenía una razón de peso: García Luna buscó a toda costa evitar la fuga de información, la cual sabía que ocurría dentro del Cisen, y que podría afectar en la naciente relación con el Cártel de Sinaloa. Fuera de la estructura oficial de inteligencia, García Luna siempre desconfió de González Blanco y Rosaura Paz. Los veía como sus competidores en materia de mantener informados a los mandos del sistema político.

González Blanco, pasando por alto la autoridad del director Pontones Chico, a través de un enlace dentro de la Segob mantenía contacto directo con el ya entonces ex director del Cisen, Jorge Carrillo Olea, quien, a su vez, era el hombre de confianza de quien en ese momento era secretario de Gobernación, Fernando Gutiérrez Barrios, encargado del plan de seguridad nacional durante los primeros cuatro años del sexenio de Carlos Salinas de Gortari. Por su parte, Rosaura Paz mantenía una relación estrecha con José Luis Figueroa Cuevas, director de Protección, quien sólo reconocía la lealtad hacia Wilfrido Robledo Madrid; este, por su parte, informaba de todo a Jorge Enrique Tello Peón, un alfil de Jorge Carpizo McGregor, enemigo político de Gutiérrez Barrios, al que terminó por quitarle la Segob para colocar a su amigo José Patrocinio González Blanco Garrido, suplido en la dependencia durante el último año del gobierno de Salinas de Gortari.

Bajo ese esquema, explica el ex agente Ricardo López, se suscitó el primer acercamiento entre el Cártel de Sinaloa y García Luna, el cual más tarde se estrechó con la mediación de Jesús Zambada García, el Rey, y que desembocó en que por lo menos en dos ocasiones se sentaran al diálogo el Mayo y el titular de la SSP. La primea reunión fue después de la primera detención del Chapo en Guatemala, en junio de 1993; la segunda ocurrió en junio, pero de 2005, luego de que en Zapopan fuera detenido uno de los hijos del Chapo, Iván Archivaldo Guzmán Salazar, conocido como el Chapito.

Con esta versión de ambas reuniones también coincide el testigo colaborador de la DEA, Héctor Inzunza, quien refiere que el primer encuentro, "donde se le pagaron millones de dólares a 'El Licenciado' García Luna, por la seguridad de 'El Chapo', fue en un restaurante de la Ciudad de México". En dicho encuentro habría estado presente el Rey. Allí, supuestamente, el Licenciado asumió el compromiso de que el Chapo no fuera deportado a Estados Unidos, pues ya lo estaba requiriendo el gobierno de ese país. Pero también ofreció garantías para que la estancia de Guzmán Loera fuera segura dentro de la prisión.

En ese momento, García Luna era subdirector A de Seguridad Institucional del Cisen. Supuestamente de la reunión y los acuerdos se enteró Pontones Chico, el director del Cisen. Lo que se desconoce es si esto fue informado a Carrillo Olea y si este, a su vez, lo comunicó a Gutiérrez Barrios, que para entonces ya no era secretario de Gobernación, pero sí asesor en materia de seguridad pública del presidente Salinas de Gortari, quien lo postularía para ser senador de la República y cuyo trabajo como legislador fue truncado por su muerte, ocurrida el 30 de octubre de 2000, sin haber asumido nunca su escaño en la cámara alta.

La reunión de Durango

Acerca de la segunda reunión que se ventila de García Luna con el Mayo, según Héctor Inzunza, ocurrió en la ciudad de Durango a finales de junio de 2005. El motivo del encuentro fue la detención de Iván Archivaldo Guzmán Salazar, capturado el 26 de mayo de ese año por la policía municipal de Zapopan. Había ocurrido de manera fortuita, por una infracción de tránsito luego de que el muchacho salió de una fiesta. García Luna era en ese tiempo el coordinador general de la AFI.

Según el testigo colaborador de la DEA, esta reunión no sucedió con la mediación del Rey, quien en ese momento se encontraba en Colombia negociando para el Cártel de Sinaloa un embarque de cocaína. Quien hizo posible la reunión fue Villarreal Barragán, el Grande, que desde abril de 2004 mantenía contacto con el titular de la AFI. Según los dichos del Grande, se ufanaba de ser "el libertador del hijo de 'El Chapo', cuando fue detenido en Guadalajara". Por instrucción de Arturo Beltrán Leyva, este le organizó la reunión al Mayo con el Licenciado.

El Grande apuntó que el Barbas fue el que le dijo que buscara a García Luna "para que se sentaran a platicar 'a la voz de ya'" por la buena relación que siempre tuvo con el Mayo, pese a que ya había diferencias con el Chapo. Pero, según Inzunza, quien logró el encuentro fue Esparragoza Moreno. Como quiera, las dos versiones coinciden en que la reunión se llevó a cabo en Durango, donde " 'El Mayo' le hizo entrega de varios millones de dólares a 'El Licenciado' ". En esa reunión también estuvo presente Dámaso López Núñez, el Lic, cuya función fue de garante para llevar en completa seguridad la reunión para las dos partes.

Héctor Inzunza matiza que durante el encuentro en Durango " 'El Mayo' pidió de favor la intervención de 'El Licenciado' para que Iván Archivaldo fuera puesto en libertad en forma inmediata", cosa a la que no se comprometió García Luna, porque el hijo del Chapo ya había sido consignado por los delitos de fomento al narcotráfico, delincuencia organizada y lavado de dinero. A lo que sí se comprometió fue a desvanecer los primeros dos delitos para que Iván Archivaldo fuera procesado sólo por lavado de dinero, con la posibilidad de que tuviera una sentencia mínima. García Luna también le garantizó al Mayo que el hijo de Guzmán Loera no sería extraditado a Estados Unidos.

Así lo cumplió el Licenciado. Durante la apelación al auto de formal prisión, la defensa de Iván Archivaldo logró que un juez considerara que no había elementos para procesar al detenido por el delito de fomento al narcotráfico, toda vez que —por increíble que parezca— el agente del Ministerio Público federal no argumentó debidamente, ni presentó pruebas suficientes para vincular al hijo del Chapo con el Cártel de Sinaloa. El delito de delincuencia organizada fue desvanecido en un amparo otorgado al detenido, en el que se le desvinculó de pertenecer a la organización criminal liderada por Guzmán Loera.

Por esa razón, a Iván Archivaldo Guzmán Salazar sólo lo procesaron por el delito de lavado de dinero, cargo que le valió ser sentenciado a un lustro en la cárcel. Estuvo recluido en la prisión federal de Almoloya, de donde salió en libertad en abril de 2008, luego de que el magistrado Jesús Guadalupe Luna Altamirano le otorgara un amparo directo. En este se concluyó que los señalamientos de lavado de dinero eran infundados, absolviendo al acusado de toda responsabilidad.

Ese magistrado fue el que García Luna también utilizó para favorecer a Sandra Ávila Beltrán, la Reina del Pacífico, a quien le ratificó la libertad tras considerar que no había pruebas que la relacionaran con los delitos de fomento al narcotráfico y delincuencia organizada, luego de que fuera acusada de intentar introducir a México, a través del puerto de Manzanillo, nueve toneladas de cocaína encontradas en el buque *El Maciel*. Finalmente fue destituido de su cargo en 2017, cuando el Consejo de la Judicatura Federal (CJF) reconoció que el magistrado Luna Altamirano había favorecido al narco en sus sentencias.

Por el favor de la liberación de Iván Archivaldo, "el Cártel de Sinaloa le pagó a 'El Licenciado' cinco millones de dólares", reveló Villarreal Barragán, asegurando que el dinero se lo entregó personalmente el Mayo en la reunión de Durango, donde también "se estrecharon aún más los lazos de cooperación entre 'El Licenciado' y la gente de 'El Mayo' y 'El Chapo'", quienes quedarían también en evidencia —dijo— cuando fueron convocados por Villarreal Barragán para hacer un pacto de paz con el gobierno federal.

Traiciones dentro del Cártel de Sinaloa

Según Inzunza, el pago de millones de dólares que el Mayo y el Chapo le hicieron a García Luna no fue lo único para compensar al entonces coordinador general de la AFI por la liberación de Iván Archivaldo; en agradecimiento por el favor, la cúpula del Cártel de Sinaloa también entregó a varios de sus hombres, jefes de células y operadores financieros, a fin de hacer lucir el trabajo de García Luna, al frente de la AFI en ese momento y después como secretario de Seguridad Pública.

Entre los hombres de confianza entregados por la propia cúpula del Cártel de Sinaloa, que de alguna forma pagaron por la libertad de Iván Archivaldo, se encuentra Roberto Barbosa Solís, otrora jefe de plaza en Monterrey, que fue detenido por elementos de la AFI con un arsenal el 28 de enero de 2005; Pedro Barraza Urtusuástegui, el Piri, uno de los operadores financieros del Chapo, fue detenido por la PFP cuando en la Ciudad de México intentó realizar un depósito bancario por 2.7 millones de dólares el 8 de noviembre de 2007; Arturo Meza Gaspar, operador financiero del Mayo, fue detenido por la PFP el 6 de marzo de 2008 en la Ciudad de México; por otra parte, el 13 de mayo de 2008, elementos de la PFP detuvieron a Zulema Iribe Sauceda y Julio Alberto Zazueta Angulo, el Moti, también operadores financieros del Chapo, quienes realizaban labores de blanqueo de dinero en Culiacán.

Otros de sus mandos que el Cártel de Sinaloa sacrificó como parte de los acuerdos de colaboración con García Luna fueron Alfonso Gutiérrez Loera, el Canelo, primo hermano del Chapo; Pedro Guadalupe Gutiérrez Reyna, el Lupillo; Benjamín García López, el Gordo, y Alfredo López Morales, el Bóxer. A todos los aprehendieron en un operativo conjunto de la PFP y del Ejército el 11 de mayo de 2008 en Culiacán, mismo lugar donde el 20 de junio de ese año fue puesto para su captura Isaí Martínez Zepeda, entonces jefe de la célula del Cártel de Sinaloa en Guasave.

Asimismo, se sumó en las entregas Dimas Díaz Ramos, el Dimas, el mismo que fue confundido por su extraordinario parecido con Nazario Moreno González, el Chayo. Este era un ex policía ministerial que operaba financieramente para el Mayo y también era el contacto del Cártel de Sinaloa con La Familia Michoacana a través de Manuel Madrigal Moreno, el Llavero. Díaz Ramos fue detenido cerca de Culiacán por agentes de la PFP el 9 de agosto de 2009. Ramón Eduardo Pequeño García anunció de manera espectacular su captura, acusando al Dimas y a su célula de planear un atentando contra el presidente Felipe Calderón Hinojosa. Junto con este también capturaron a Miguel Ángel Bagglietto Meraz, el Ángel; Joel González Esparza, el Raspu; Benni Jassiel Ramírez, el Broder, y Jesús Aarón Acosta Montero, el Tarrayas.

Como parte de esa colaboración, también se entregó a Carlos Ramón Castro Rocha, el Cuate, quien fue solicitado expresamente —según Héctor Inzunza— por García Luna, pues este operador financiero de Esparragoza Moreno era requerido por el gobierno de Estados Unidos al estar involucrado en por lo menos 40 investigaciones iniciadas por la DEA sobre el tráfico de cocaína desde Guasave hacia Los Ángeles y San Diego. El Cuate fue detenido el 30 de mayo de 2011. Por su captura, el gobierno estadounidense reconoció públicamente la labor de García Luna. El encargado de ensalzar al secretario de Seguridad Pública de México por su "destacada labor en el combate al narcotráfico" fue Eric Holder, entonces procurador de Estados Unidos.

Todo indica que la colaboración del Cártel de Sinaloa con García Luna, iniciada en 2005 a raíz de la captura y luego liberación absolutoria de Iván Archivaldo Guzmán Salazar, el Chapito, se mantuvo durante todo el calderonismo, pero fue más intensa durante 2007 y hasta 2009, cuando al secretario de Seguridad Pública le urgía sumar logros a su carrera en su aspiración de ser el director general de la Interpol a nivel internacional. Así, por decisión del Mayo y el Chapo, sólo del 2 de mayo al 16 de diciembre de 2008 el cártel facilitó la captura de 285 narcotraficantes* de menor monta. Por supuesto, esto hizo lucir a García Luna como el implacable perseguidor del narco.

Pero más allá de lo públicamente reconocido en el discurso como logros del titular de la SSP, si nos atenemos a las estadísticas que indistintamente ofrecen la PGR y la SSP sobre los resultados del combate a la delincuencia, queda en evidencia la verdadera "desarticulación" que se hizo del Cártel de Sinaloa. Según el oficio SAJI/DGAJ/05980/10 de la PGR, emitido a través del portal de transparencia y fechado el 27 de septiembre de 2010, entre el 1 de diciembre de 2006 y el 31 de julio de 2009 fueron detenidas 4 mil 488 personas bajo el señalamiento de pertenecer a la delincuencia organizada en todo el país. También fueron incautados mil 450 vehículos de transporte de todo tipo. Se aseguraron 275 inmuebles y se decomisaron 3 mil 184 armas, entre cortas y largas. Se confiscaron 334 millones 158 mil 891 dólares, un millón 407 mil 812 euros y 99 millones 267 mil 783 pesos. Además, se decomisaron y destruyeron 42.7 toneladas de mariguana, 56.4 toneladas de cocaína y 46.7 kilogramos de heroína.

Por su parte, la SSP informó, en una respuesta emitida por el mecanismo de transparencia el 1 de octubre de 2010, sobre los alcances del combate a la delincuencia en Sinaloa, donde se logró la captura de 312 personas relacionadas con el delito de delincuencia organizada, se incautaron 15 mil dólares, 71 armas de fuego, seis kilogramos de heroína, un kilogramo de cocaína, un kilogramo de goma de opio (base de la heroína), 2.3 toneladas de mariguana y 94 vehículos de transporte. Todo esto ocurrió dentro del denominado *Operativo Culiacán-Navolato*, implementado de agosto de 2009 a julio de 2010, pero en el cual se incluyen las acciones de la PFP en Sinaloa desde junio de 2005 hasta julio de 2010. En esta respuesta de la SSP no se reconoce la incautación de pesos mexicanos y euros, ni se señala el aseguramiento de algún bien inmueble.

En el cruce de información de las dos respuestas públicas de la PGR y de la SSP, surge la realidad: el combate al Cártel de Sinaloa por parte de la PFP solamente fue ficticio, pues más allá de que no se aprehendió a ninguno de los principales jefes de esa estructura criminal, la detención de algunos integrantes y los decomisos de armas, drogas y dinero del cártel apenas fueron victorias pírricas. Los 312 detenidos registrados por la SSP como miembros del Cártel de Sinaloa sólo representaron el 8.9 por ciento de todos los llevados a proceso de diciembre de 2006 a julio de 2009.

Por lo que hace a la cantidad de vehículos incautados, significó nada más el 6.4 por ciento del total logrado en el país; las armas, el 2.2 por ciento de todas las decomisadas; el monto en dólares confiscados fue de un 0.004 por ciento; la mariguana representó únicamente el 5.3 por ciento de todo el volumen sacado de circulación; la heroína decomisada a este cártel fue del 2.1 por ciento, y la cocaína requisada en este periodo fue de escaso 0.001 por ciento de todo lo que incautaron en el resto del país las otras corporaciones policiales y fuerzas federales.

Sin hablar en términos económicos de lo que significó al gobierno federal la farsa de García Luna sobre la desarticulación del cártel del Mayo y el Chapo, es necesario enfatizar que ese montaje tuvo un costo mucho más lamentable: las vidas de muchos de los policías federales asignados a las acciones enmarcadas dentro de los operativos *Sinaloa Seguro* y *Culiacán-Navolato*. Según las cifras de la SSP, entre 2006 y 2009 fueron abatidos 169 de sus agentes durante enfrentamientos con diversos grupos criminales en todo el país. En el mismo periodo fueron asesinados, fuera de servicio, otros 128 elementos de la PFP.

Tan sólo en Sinaloa, en ese mismo lapso, cayeron ejecutados fuera de servicio un total de 47 policías federales, mientras que en combate contra células de esta organización criminal murieron otros 14: cuatro de ellos en un enfrentamiento protagonizado por Jesús Alfredo e Iván Archivaldo Guzmán en Culiacán, registrado el 2 de mayo de 2008; otros dos fueron asesinados en una refriega registrada en Los Mochis, el 11 de agosto de ese año, la cual fue atribuida a Aureliano Guzmán Loera; otros ocho efectivos de la PFP cayeron también en Culiacán el 27 de mayo de 2008, en un enfrentamiento con la célula encabezada por Juan José Esparragoza Monzón, el Negro, hijo de Juan José Esparragoza Moreno, el Azul, el contacto inicial del cártel con García Luna.

Así, los pobres resultados de detenciones, incautación de bienes y drogas que sucedieron en el supuesto combate al Cártel de Sinaloa, más allá de estar en duda respecto a su eficacia, resultan ominosos; mientras los asesinatos y abatimientos de policías a manos de los sicarios sinaloenses representaron 20.5 por ciento de todos los homicidios de policías federales suscitados en el país entre 2006 y 2009, García Luna no dejó de lado las negociaciones de apoyo al cártel, que continuaron hasta el fin de su gestión al frente de la SSP.

El Lic y el Licenciado

El testigo colaborador de la DEA, Héctor Inzunza, comenta que el secretario García Luna no sólo fue objeto de sobornos por parte del Rey y el Mayo, sino "también hay una serie de encuentros que se dieron [de García Luna] con Dámaso López Núñez, 'El Lic', de los que no se ha hablado aun". En dichos encuentros el Lic habría servido de mediador del Chapo para lograr el apoyo de García Luna en la guerra contra los Beltrán Leyva.

Según este testigo protegido del gobierno estadounidense, López Núñez fue el orquestador de la detención de Alfredo Beltrán Leyva, el Mochomo, por instrucción del Chapo, versión corroborada en prisión por el Mochomo, lo cual fue el motivo del rompimiento entre ambas organizaciones delictivas. Para que esta detención se diera —explicó Inzunza durante esta investigación—, " 'El Chapo' pagó un millón de dólares a García Luna", dinero que fue entregado por López Núñez en una reunión con el Licenciado en una casa de seguridad propiedad del Mayo en la zona de Coyoacán, en la Ciudad de México. "Allí, se acordó que la ubicación de 'El Mochomo' [Alfredo Beltrán] correría por cuenta de la gente de 'El Chapo', y que la Policía [Federal Preventiva] sería la encargada de movilizar al Ejército para que hiciera la captura".

Héctor Inzunza detalló que García Luna —seguramente por los compromisos que mantenía con Arturo Beltrán Leyva— no quiso que la PFP efectuara esa captura, pero sí reclamó ser él quien informara al Ejército sobre el paradero del objetivo, valiéndose oportunamente del trabajo conjunto que la PFP realizaba con el Ejército y la Marina, dentro del *Operativo Sinaloa Seguro*. Ese fue uno de los mayores golpes al narcotráfico en la administración de Calderón Hinojosa, que le valió a García Luna el reconocimiento de la DEA.

No está de más señalar que las diferencias entre Guzmán Loera y los hermanos Beltrán Leyva ya se venían arrastrando, sin mayores consecuencias, desde que a los hermanos los obligaron a separarse del Cártel de Sinaloa; y luego, tras la unión de Alfredo Beltrán Leyva con Patricia Guzmán Núñez, prima del Lic y sobrina del Chapo. Esto terminó por fracturar al Cártel de Sinaloa en tres partes: una, que siguen controlando Ismael Zambada García, Rafael Caro Quintero y Juan José Esparragoza Moreno, que se autorreconoce como el Viejo Cártel de Sinaloa; otra, a cargo de Aureliano Guzmán Loera, Ovidio Guzmán López, Jesús Alfredo e Iván Archivaldo Guzmán Salazar, autodenominada como los Chapitos, y la tercera, a cargo de Alfredo Beltrán Guzmán —hijo de Alfredo Beltrán Leyva y Patricia Guzmán Núñez—, que se nombra el Cártel del Mochomito.

La fragmentación del Cártel de Sinaloa comenzó el 8 de mayo de 2008, cuando fue asesinado Édgar Guzmán López —hermano de Ovidio—, otro de los hijos de Guzmán Loera. El Chapo atribuyó esa muerte a los Beltrán Leyva, quienes reaccionaron de esa forma a la detención de Alfredo Beltrán Leyva, ocurrida poco más de tres meses antes de ese asesinato. Según Héctor Inzunza, antes de la ejecución de su hijo Édgar, el Chapo ya tenía la sospecha de que los hermanos Beltrán Leyva lo estaban golpeando por lo bajo a través de su familia, pero hasta ese momento no le constaba.

La muerte de su hermano Arturo Guzmán Loera, el Pollo, ocurrida dentro de la prisión federal de Almoloya el 31 de diciembre de 2004, y la captura de su otro hermano, Miguel Ángel Guzmán, el Mudo, siempre las atribuyó el Chapo al rencor de Arturo Beltrán Leyva, tras alejarlos del Cártel de Sinaloa. Según Héctor Inzunza:

" 'El Chapo' no estaba errado; los hermanos Beltrán Leyva fueron los responsables del asesinato de 'El Pollo' y de la captura de 'El Mudo'. Pagaron mucho dinero para que 'El Licenciado' [entonces titular de la AFI] permitiera meter el arma a la prisión", con la que José Ramírez Villanueva, un colaborador del Mochomo, cometió el asesinato.

De igual forma, según Inzunza, el entonces coordinador general de la AFI, como parte de su acuerdos de colaboración con los hermanos Beltrán Leyva, "recibió un pago y la información necesaria de Arturo Beltrán Leyva para lograr la detención de 'El Mudo' ". Esta ocurrió en Culiacán el 15 de junio de 2005; recibió una sentencia de 11 años 10 meses y 14 días de prisión en la cárcel federal de Almoloya, que cumplió el 29 de abril de 2017 y fue puesto en libertad.

El asesinato de Édgar Guzmán López provocó un distanciamiento entre ambas organizaciones criminales imposible de salvar, por lo que Alfredo Beltrán Guzmán, el Mochomito, quien se quedó al frente de la fracción comandada por su padre dentro del Cártel de los Beltrán Leyva, inició una guerra abierta contra la familia de Guzmán Loera, principalmente contra Jesús Alfredo, Iván Archivaldo y su tío abuelo Aureliano Guzmán Loera, el Guano. Para ello, el Mochomito contó con el apoyo irrestricto de su abuelo y medio hermano del Chapo, Ernesto Guzmán Hidalgo, un narcotraficante muy cercano también a Caro Quintero, su amigo de la infancia, con quien creció cuidando cultivos de mariguana en Badiraguato.

A principios de 2014, Guzmán Hidalgo filtró información al entonces procurador general de la República, Jesús Murillo Karam, gracias a la mediación de Dámaso López Núñez, el Lic, sobre el paradero de Guzmán Loera, quien era prófugo de la justicia, tras escaparse de Puente Grande 13 años antes. Con la información de Guzmán Hidalgo fue detenido su medio hermano, el Chapo, el 22 de febrero de 2014, y recluido en la cárcel federal de Almoloya, de donde se fugaría por segunda vez, el 11 de julio de 2015. De nuevo lo capturaron, el 8 de enero de 2016. Y fue entregado en extradición al gobierno de

Estados Unidos el 19 de enero de 2017. Lo condenaron, el 17 de julio de ese mismo año, a cadena perpetua.

La entrega del Chapo por parte de su propio medio hermano motivó que Aureliano Guzmán Loera, el Guano, decretara la muerte de Guzmán Hidalgo, la cual ocurrió el 11 de abril de 2015, luego de que un comando enviado por el Guano interceptara a la víctima y a uno de sus escoltas en la comunidad de Bacacoragua, del municipio de Badiraguato, Sinaloa. De este asesinato, Alfredo Beltrán Guzmán, el Mochomito, nieto de la víctima, culpó a su tío abuelo el Guano y a sus primos Jesús Alfredo e Iván Archivaldo Guzmán Salazar. Por lo anterior, el Mochomito se distanció del Mayo, porque este, como jefe del Cártel de Sinaloa, se negó a entregar a los hijos del Chapo para que pagaran por el asesinato de Guzmán Hidalgo. El distanciamiento y separación de Aureliano y los hijos del Chapo del Cártel de Sinaloa fue por decisión de Caro Quintero, quien también —desde prisión— se dijo ofendido por el asesinato "que se cometió a espaldas de él y de 'El Mayo' ".

En este juego de traiciones y componendas entre los cárteles de los Arellano Félix y el de Sinaloa, García Luna siempre salió ileso; su pericia en el manejo del espionaje y contraespionaje fue lo que le permitió aparecer a voluntad como aliado o enemigo de sus compinches, según se necesitara. Su imagen pública siempre quedó intocada, con lo que engañó a la mayoría de los mexicanos, pero posiblemente más a los presidentes Fox Quesada y Calderón Hinojosa, quienes en apariencia nunca supieron de los movimientos que hizo García Luna como buen espía que era, desde la subdirección del Cisen, la coordinación general de la AFI y luego en la SSP.

11

El negocio del espionaje

"Un espía que se parece a la imagen que todos
tienen de él es un fracaso".
—Augustine Og Mandino

Espionaje: dinero y rentabilidad

E L C O N O C I M I E N T O de espionaje, forjado a lo largo de
la carrera pública de García Luna, no sólo fue su principal estrategia en la relación tejida con los cárteles de las drogas, sino
que también le sirvió para hacer negocios en apariencia limpios, pero
inmorales, dada su cercanía con las fuentes económicas del Estado encargadas del sistema de inteligencia. Desde sus comienzos en el Cisen,
y aun fuera de las estructuras de gobierno en el periodo del presidente
Enrique Peña Nieto, el Licenciado utilizó las necesidades de subven-
ción del Estado en materia de equipo, *software* y capacitación de espionaje para crear o ser parte de una red de empresas, donde la vigilancia
fue la moneda de cambio que se tradujo en un negocio perfecto.

Si se quiere otorgar el beneficio de la duda al origen criminal del
dinero acumulado por el ex secretario de Seguridad Pública, proce-

dente de sobornos de los grupos del narcotráfico a los que protegió, entonces en esta arista —la del negocio de los servicios de inteligencia— puede entenderse mejor la naturaleza de la fortuna amasada. Él fue uno entre muchos de los grandes beneficiados con la prestación de servicios de espionaje del sector privado al Estado mexicano, cuyo crecimiento vino con el desarrollo de la tecnología informática y de las telecomunicaciones.

A García Luna le cayó como anillo al dedo la transición del espionaje de a pie, desde los viejos tiempos con los policías de la DFS agazapados en la discreción y merodeando domicilios y personas, hasta llegar al espionaje a control remoto cuya conexión a internet y un servidor informático era suficiente para que los agentes del Cisen supieran de los movimientos delincuenciales. En esa transición, García Luna encontró una veta de oro, de la que aún no se sabe con precisión a cuánto ascendió su beneficio, sin duda rentable.

Todo tiene su origen en 1994. García Luna ya operaba como mando en el Cisen cuando, por disposición del secretario de Gobernación, Esteban Moctezuma Barragán —hoy secretario de Educación Pública en el gobierno de la Cuarta Trasformación—, se crearon las Unidades de Información y Análisis de los gobiernos estatales. Estas unidades tenían como finalidad proporcionar a los gobiernos locales un sistema de inteligencia preventivo sobre posibles atentados a la seguridad pública por parte de movimientos guerrilleros, principalmente del EZLN, que en ese momento era la preocupación del sistema nacional de seguridad.

García Luna, como subdirector A de Seguridad Institucional del Cisen, fue el responsable de adjudicar equipos de intercepción de comunicaciones a los gobiernos estatales, que habían manifestado su preocupación ante eventuales incursiones del EZLN en sus territorios. Los primeros gobiernos apoyados por el Cisen, apersonado en García Luna, fueron los del Estado de México, gobernado por Emilio Chuayffet Chemor; de Chihuahua, bajo el gobierno de Francisco Barrio Terrazas, y del entonces Distrito Federal, a cargo del jefe de

Gobierno, Óscar Espinosa Villarreal. Sin medidas de transparencia ni rendición de cuentas, García Luna fue autónomo en el presupuesto, compra y distribución de los equipos de intercepción de comunicaciones propuestos por el gobierno federal a las administraciones estatales.

En cuanto a la tecnología que se proveyó a los gobiernos estatales para la intercepción de comunicaciones privadas, García Luna la encontró en oferta por su desuso en algunos países de Europa del este, los cuales ya desmantelaban los sistemas de seguridad de que los había dotado la KGB de la entonces Unión de Repúblicas Socialistas Soviéticas (URSS). Esa tecnología, basada en el sistema CDMA (Acceso Múltiple por División de Códigos), obsoleta frente a la tecnología GSM (Sistema Global para Comunicación Móvil), que ya comenzaba a dominar el mercado en Europa occidental, Japón, China y Estados Unidos, fue la que se ofreció a sobreprecio a los gobiernos estatales.

En esa operación suministró equipos espías al gobierno de Nuevo León, durante el mandato de Sócrates Rizzo García, en la que participaron Monte Alejandro Rubido García y Daniel Santos Gutiérrez Córdoba, como encargados sucesivamente de la Unidad de Inteligencia y Análisis, quienes gobernaban los sistemas de inteligencia de las gestiones estatales. Esto fue durante el tiempo en que Emilio Herrera Margaín estaba a cargo del grupo de la CIA, que realizaba trabajos conjuntos con el Cisen en la investigación de grupos subversivos; de igual modo, cuando Luis Rodríguez Bucio era el coordinador del Grupo Antiterrorista (GAT)… Todos relacionados con Wilfrido Robledo Madrid, que ya estaba al frente de la Dirección de Protección.

La Unidad de Inteligencia y Análisis desapareció en 2001 luego de una denuncia pública hecha por Manlio Fabio Beltrones, quien aseguró que el Cisen lo espió durante su paso como gobernador de Sonora. Por otro lado, la PGR encontró intervenciones de comunicaciones realizadas por esa misma área a Santiago Creel Miranda, entonces secretario de Gobernación, y a Francisco Gil Díaz, secretario de Hacienda. También se descubrió que el equipo espía, aunque con tecnología rebasada, estuvo al tanto de otros actores políticos como Napoleón Gómez Urrutia, líder minero; Carlos Romero Deschamps, líder petrolero; Roberto Madrazo, gobernador de Tabasco; Andrés Manuel López Obrador, jefe de gobierno de la Ciudad de México, así como Cuauhtémoc Cárdenas y Amalia García, líderes del movimiento de izquierda, entre otros.

El escándalo del espionaje político cometido por el Estado se desató cuando García Luna ya había dejado el Cisen. Y ya como coordinador de la AFI designado a la investigación del caso, no tuvo empacho en perseguir judicialmente a los mismos funcionarios que designó en esa labor, dejando a salvo a los agentes de su círculo, como Facundo Rosas y Wilfrido Robledo Madrid. Con ambos se vería envuelto en otro escándalo posteriormente: el de las aeronaves usadas que vendió como nuevas al gobierno mexicano, en el que resultó sin ningún roce de las sanciones impuestas por la SFP, pese a la denuncia interpuesta por el entonces secretario Alejandro Gertz Manero, como se relató anteriormente.

Después de ese otro escándalo, el superpolicía reconfiguró su logística para la venta de equipos, capacitación y *software* requeridos por el Estado en la labor de espionaje que, por supuesto, no se dejó de ejecutar. Aprovechó —de acuerdo con el ex agente del Cisen, Ricardo López— la revuelta dentro del aparato de inteligencia del gobierno mexicano para pasar inadvertido en su encomienda personal; se dedicó, sin tomar parte, a observar cómo Jorge Tello Peón y Jesús Murillo Karam se disputaban la colocación de un hombre de confianza como primer comisionado de la PFP. Finalmente, Omar Fayad Meneses fue impuesto por Murillo Karam; luego dejaría ese cargo para que lo asumiera Robledo Madrid, por lo que García Luna se volvió a reposicionar, pero ahora como coordinador general de Inteligencia de la entonces recién creada PFP.

La nueva posición de García Luna y su mentor Robledo Madrid, afianzados en el negocio rentable de venta de equipos de seguridad e inteligencia para el gobierno mexicano, se vio favorecida con la salida de Nicolás Suárez Valenzuela de la Coordinación General de Inteligencia para la Prevención de la PFP. Con ello surgió la posibilidad de invitar a otras empresas del ramo de la seguridad, propuestas por García Luna, a convertirse en proveedores del Estado mexicano.

Se privilegió a empresas como Nice Systems LTD, un consorcio de origen israelita representado por los empresarios Ori Zoller y Alberto Martínez, a través de la firma mexicana de seguridad Polaris Industries, S.A. de C.V. Esta, a su vez, ya venía atendiendo los requerimientos de equipamiento técnico para el espionaje del gobierno mexicano mediante la empresa inglesa Smith Myers LTD, al que le suministró sistemas de intercepción telefónica de la firma FinFisher, un consorcio alemán especializado en el equipamiento para estas prácticas de todos los gobiernos que lo pueden pagar.

Una de las empresas ligadas a García Luna que ingresó al suministro de servicios y equipos de seguridad para el gobierno mexicano fue Sistemas Gerenciales Administrativos, S.A. de C.V. (Sogams), la cual se constituyó en 1997 a iniciativa de un grupo de ex militares israelitas y ex funcionarios del Pentágono y del FBI. Dicha empresa se vinculó con la firma israelita Verint System Inc., cuya representación en México se dedicó a hacer negocios directos con el Cisen, cuando este era dirigido por Eduardo Medina Mora Icaza, y con la SSP, cuando el comisionado general era Alejandro Gertz Manero.

A través de Sogams, la firma Verint Systems Inc., la cual contaba con equipo tecnológico de punta para la intercepción de comunicaciones privadas con 30 estaciones de monitoreo y una base de datos telefónicos con capacidad para albergar ocho millones de sesiones de escucha y grabar hasta 60 conversaciones al mismo tiempo, logró contratos de servicio para el SAT de la Secretaría de Hacienda, Pemex Exploración y Producción, la Oficialía Mayor del Gobierno de Querétaro y el Cisen. Con este último consiguió 14 contratos, actualmente reservados.

No es difícil deducir cómo Verint Systems Inc., a través de Sogams, obtuvo estos contratos. Todos fueron asignados de manera directa con la mediación de García Luna. Pero más allá de la forma, destaca la manera como se ocultó la verdadera intención de los servicios adquiridos, pues, mientras oficialmente el gobierno mexicano compró "equipo educacional y recreativo", en realidad se trataba de equipo de encriptación telefónica para intervenir cualquier comunicación privada.

Además, como parte de estos contratos, el gobierno mexicano aceptó una cláusula dispuesta por el Departamento de Estado del gobierno de Estados Unidos, en la cual obligaba a compartir en tiempo real a las agencias estadounidenses de espionaje toda la información captada por el gobierno mexicano a través de los equipos de Verint Systems Inc. Es decir, cualquier información del aparato de inteligencia mexicano se compartiría; por ejemplo, de grupos subversivos, de la delincuencia organizada y de los objetivos políticos y sociales marcados.

Verint Systems Inc. obtuvo utilidades de cuatro millones de dólares por los 14 contratos con el Cisen. Por los 11 contratos establecidos con la PFP para la venta de simuladores de armas de fuego y equipos de intercepción de llamadas telefónicas, logró ingresos por tres millones de dólares. Por el equipo de informática y de espionaje vendido al SAT de la Secretaría de Hacienda, fueron 560 mil dólares. Acerca del equipamiento tecnológico vendido a Pemex Exploración y Producción, la empresa estadounidense ganó dos millones de dólares. El equipo espía para la Oficialía Mayor del Gobierno de Querétaro fue tasado en 232 mil dólares.

García Luna movía bien sus piezas para lograr la adjudicación de contratos y la demanda de servicios y equipos de Verint Systems Inc. Esto quedó claro con la contratación de la Oficialía Mayor del Gobierno de Querétaro, donde el contacto para estos jugosos negocios fue Gerardo Gutiérrez Zarazúa, quien se desempeñó de 2013 a 2018 como director general de Desarrollo Tecnológico del Cisen. Aunque antes, de 1987 a 2000, justo en el tiempo que García Luna era mando dentro del Cisen, Gutiérrez Zarazúa fue director de área, para luego ser invitado como director dentro de la PFP. Gutiérrez Zarazúa es hermano de Abraham Gutiérrez Zarazúa, quien durante el tiempo de la contratación de los servicios de Verint Systems Inc. era delegado del PRI en Querétaro.

Aun cuando la empresa Sogams era representante en México de Verint Systems Inc., eso no le impidió hacer negocios directos con el gobierno mexicano a través de García Luna. Esta empresa logró un contrato con la PGR para dotarlo de un sofisticado equipo de espionaje que se instaló en las oficinas de la SIEDO. Actualmente sigue activo y la FGR puede lograr acceso a todas las comunicaciones privadas vía telefónica e internet, principalmente las manejadas entre particulares a través de correos electrónicos, *chats*, *messenger*, Twitter, Facebook y Skype. Por este servicio contratado sin licitación y que hoy es base en el trabajo de inteligencia de la FGR para el combate de la delincuencia organizada y el terrorismo, Sogams se embolsó cuatro millones de dólares.

Sogams fue una de las empresas favoritas del Cisen, por recomendación de García Luna, cuando Medina Mora era el titular de la PGR. También brindó servicios de capacitación en materia de intervenciones telefónicas al personal del Cisen. Igualmente, por la relación del director de Sogams, Jorge Palacios Noriega, con García Luna, esta empresa se colocó como la principal proveedora de servicios de capacitación en materia de espionaje para muchos gobiernos estatales, entre los que destacan el de Hidalgo, durante el gobierno de Miguel Ángel Osorio Chong; de Sonora, en las administraciones de Armando López Nogales y Eduardo Bours Castelo; y de Chihuahua, con los gobiernos de Patricio Martínez García y José Reyes Baeza Terrazas.

Obses de México, S.A. de C.V.

Siendo García Luna titular de la SSP, ya vinculado estrechamente con los cárteles de Sinaloa y de los Beltrán Leyva, el tráfico de influencias seguía en marcha para la contratación de servicios y equipo de inteligencia para el Estado mexicano. Por razones que sólo García Luna sabe, dejó de lado la relación de negocios con Sogams y Verint Systems Inc. y dio paso a nuevos jugadores. Se alió con los hermanos Gustavo y Ramón Cárdenas Moreno, propietarios de la empresa Obses de México, S.A. de C.V., y socios de la firma Balam Security, que proveyó de equipamiento técnico al Ejército y a la Marina, en coordinación con la firma Hacking Team, de Daniele Milán, que dotó a la PGR del *software* "NSO" conocido como *Pegasus*.

El contacto de García Luna con los dueños de Obses de México, S.A. de C.V. fue José Luis Marmolejo García, quien fuera titular de la Unidad Especializada en Investigación de Operaciones con Recursos de Procedencia Ilícita de la PGR, bajo el mando directo de Medina Mora. Marmolejo García trabajaba simultáneamente con la PGR y la firma Obses, hasta que perdió los dos empleos cuando intentó extorsionar con dos millones de pesos a José Luis Ramírez Becerril, accionista de Obses, mediante la falsificación de documentos de una supuesta investigación por lavado de dinero. Marmolejo García fue encarcelado el 21 de enero de 2014 y exonerado 51 días después.

Mientras Marmolejo sirvió a la PGR y a Obses de México, S.A. de C.V. se pudieron concretar grandes negocios para la firma, que alcanzó jugosos contratos vía adjudicación directa con la PGR, el Ejército, la Marina, el Cisen y la PFP, dependencias a las que suministró equipos de espionaje y *software*, así como intervención de teléfonos inteligentes. Entre los negocios que posibilitó a Obses la relación de Marmolejo García y García Luna destaca la venta a la PGR del *software FinFisher/FinSpy* y el geolocalizador *Hunter Punta Tracking/ Locsys*, sistemas por medio de los cuales se pueden ubicar y conocer todas las comunicaciones privadas de cualquier aparato telefónico y de cómputo. Por este equipamiento, el gobierno federal pagó 202 millones de pesos.

Los socios de García Luna, dueños de Obses de México, S.A. de C.V., y socios de Balam Security, Gustavo y Ramón Cárdenas Moreno, fueron señalados dentro del escándalo *Panamá Papers*, revelado por el diario alemán *Süddeutsche Zeitung*, donde se sacó a la luz el entramado de empresas fantasmas ocupadas por algunos empresarios, principalmente del ramo de la prestación de servicios a diversos gobiernos del mundo, entre ellos el mexicano, para destinar millones de dólares a paraísos fiscales, lejos de auditorías y supervisiones.

Entre los documentos del *Panamá Papers*, obtenidos del despacho panameño Mossack Fonseca y divulgados por el Consorcio Internacional de Periodistas de Investigación, se establece que muchas de las utilidades logradas por Balam Security y Obses de México, S.A. de C.V. fueron a parar a inversiones en Las Islas Británicas y Nueva Zelanda, como resultado de ventas de alta tecnología y equipos para inteligencia a dependencias de seguridad mexicanas. En algunos de los documentos se mencionan como beneficiarios de esa red de empresas fantasmas a Lydia Elizondo Himes y a Gustavo Cárdenas Fuentes, la esposa y el padre de Gustavo Cárdenas Moreno, quienes habrían movido el dinero generado por las transacciones de Obses de México, S.A. de C.V. y Balam Security.

Los ingresos de Balam Security por venta de servicios y tecnología al gobierno mexicano no están del todo claros. Muchos de los negocios logrados con la ayuda de García Luna se subvencionaron a la empresa Hacking Team, la cual firmó 18 contratos con la Sedena para establecer el sistema espía *Pegasus;* este mismo fue suministrado por Hacking Team al Centro de Intercepción de Comunicaciones operado por la SSP en la Ciudad de México, el mismo centro equipado por Verint System Inc., también con el apoyo de García Luna para la obtención de contratos sin licitar.

Dichos contratos no se cumplieron en su totalidad por un déficit presupuestal que manifestó la dependencia. Se encontraba el de la instalación de un sistema de comunicaciones satelitales en bandas C y L, para lo cual se proyectó una inversión de 33.9 millones de pesos; la instalación de enlaces de radiocomunicación para sustituir tecnologías análogas por digitales, donde se pactó un pago por 389.6

millones de pesos; la instalación de estaciones remotas de comunicación satelital fija, cotizada en 44.2 millones de pesos; y la sustitución del sistema *trunking*, así como de equipos que integran el sistema de radiocomunicación (analógico) obsoleto por equipos de tecnología digital, con una inversión de 99.3 millones de pesos.

Entre los contratos cumplidos cabalmente entre la Sedena y Hacking Team se encuentra el de la compra de equipos de radiocomunicaciones, radares terrestres y tecnologías satelitales, por los que el gobierno federal pagó 4 mil 484 millones de pesos; la adquisición de un equipo de espionaje telefónico y cámaras de espectro infrarrojo, cuyo costo ascendió a los 5 mil millones de pesos; la compra de equipos de radiocomunicación de alta frecuencia con un costo de mil 991 millones de pesos, así como el equipamiento de nuevos equipos de radiocomunicación con tecnología avanzada, los cuales causaron un gasto a la federación por el orden de los 219.6 millones de pesos.

Comtelsat e ICIT Security, las consentidas

Otro consentido de García Luna fue Manuel Arroyo Rodríguez, el actual dueño del periódico *El Financiero* y fundador de la empresa Comtelsat, S.A. de C.V. Pasó de ser un simple proveedor de componentes para la instalación de antenas parabólicas a convertirse en un sofisticado distribuidor de soluciones integrales para nuevas compañías con participación en el mercado de la televisión, a través de su otra empresa Lauman. Incursionó en la búsqueda de contratos federales para sus negocios, tras la adquisición del periódico *El Financiero*, y los servicios que este medio le ofreció a la administración calderonista.

A diferencia de todas las empresas promovidas por García Luna para su crecimiento económico, Comtelsat, S.A. de C.V. no incursionó en el ámbito de la prestación de servicios tecnológicos demandados por el aparato de seguridad e inteligencia del gobierno mexicano. Buscó otros senderos, como la adquisición de contratos con el Instituto Nacional Electoral (INE), el Canal 22 y la SEP, donde alcanzó muchos beneficios. Comtelsat no fue una empresa recta. La SFP la sancionó el 21 de julio de 2006 con una multa de 70 mil 122 pesos por incumplimiento de contrato, lo cual se repitió en 2014, cuando fue multada y suspendida por tres meses de toda negociación con el gobierno federal.

Sin duda, el mayor juego económico en manos de García Luna dentro del negocio de la venta de equipos y servicios para el aparato de inteligencia se definió con la empresa ICIT Security Group Holding LLC, creada en 2011 en Miami, Florida, por Mauricio Salomón y Jonathan Alexis Weinberg. Luego tuvo su par en México a través de ICIT Holding, S.A. de C.V., subsidiaria de Nunvav Inc., propiedad de García luna, que aparecía así en algunos contratos.

El contacto con la familia Weinberg nació cuando el otrora funcionario del Cisen, García Luna, tuvo una partida económica permanente otorgada por la CIA para el equipamiento del sistema de inteligencia mexicano, a fin de que estuviera en posibilidad de combatir el terrorismo. Por esa razón, este comenzó a conocer a los principales proveedores mundiales de sistemas de espionaje. Fue Juan Pablo Weinberger Franolich quien le comenzó a suministrar los primeros equipos de intercepción de llamadas telefónicas; también les brindó capacitación al respecto a él y a varios de los funcionarios del aparato de inteligencia mexicano, entre ellos Facundo Rosas y Luis Cárdenas Palomino.

Al tiempo, García Luna decidió constituir su propia empresa de suministro de servicios tecnológicos para el sector de inteligencia con la ayuda de los Weinberg. Así nació en Miami, el 12 de diciembre de 2004 la Consultoría GL & Associates Consulting, cuya representación en los trámites de constitución legal de la empresa corrieron por cuenta de la firma Serber & Associates P.A., propiedad de Daniel J. Serber, un subcontratista de la familia Weinberg, quien recomendó como administrador general de la empresa de García Luna a Gabriel Díaz Sarmiento, otro empleado cercano a dicha familia.

Tanto J. Serber como Díaz Sarmiento aparecen indistintamente en documentos como los representantes en Miami de la firma Security Group Holding LLC y de la Consultoría GL & Associates Consulting. Las dos empresas también son una sola en cuanto a socios, teléfonos, diseño web y abogados. Después, en México, a través de Javier Marcowies, representante de Security Group Holding LLC, también serían un consorcio en cuanto a contratos otorgados por el gobierno federal para la compra de tecnología destinada al espionaje, siempre con la intervención directa de García Luna.

Fue así como el Licenciado amplió su abanico de negocios a través de Security Group Holding LLC. Durante los primeros cinco años como secretario de Seguridad Pública se dedicó a la compraventa de bienes raíces, registrando en 2011 la compra de un terreno con un valor catastral de más de 32 millones de dólares, según revela un documento interno del Centro Nacional de Inteligencia (CNI),* antes Cisen. En 2012 registró la compra de 19 departamentos, cuyas transacciones a veces mostraban a Security Group Holding LLC como el primer comprador de los inmuebles, y esta vendía después a la Consultoría GL & Associates Consulting; en otras ocasiones era al revés.

En lo que pudiera ser una contraprestación a la familia Weinberg durante la gestión de García Luna, Weinberg Pinto registró la empresa Publifón, y Carlos Hugo Weinberg Franolich, las empresas Barrio Sur, Barrio Norte, El Otro Barrio y Choripán, con las que licitaron contratos de servicios de comunicación, alimentos y bebidas para el sistema penitenciario del gobierno federal, que les otorgó beneficios económicos a través del Órgano Administrativo Desconcentrado Prevención y Readaptación Social, el encargado de la administración de las cárceles federales, dependiente de la SSP, dirigida entonces por García Luna.

Otro miembro del clan Weinberg es Mauricio Samuel Weinberg, dueño de la empresa Seguridad Gull de México, S.A. de C.V., la cual, junto con las firmas Productores Dorell y UPM Raflatac, obtuvieron el contrato directo asignado por García Luna en 2008 para la fabricación de 35 millones de chips, cuyo uso sería parte del programa federal del Registro Público Vehicular, contemplado dentro de las acciones del Sistema Nacional de Seguridad Pública para el combate a la delincuencia.

Mauricio Samuel Weinberg es socio dentro de Seguridad Gull de México, S.A. de C.V., de José Kuri Harfush, quien fue uno de los hombres de negocios de mayor peso en la toma de decisiones de García Luna, gracias a lo cual dicha compañía pudo participar en el suministro de tecnología y servicios informáticos para el manejo de la Plataforma México, el banco de datos más importante del país que contiene la información personal y delictiva de más de 670 mil personas sentenciadas o procesadas y recluidas en las cárceles federales mexicanas.

La conexión de Kuri Harfush dentro de las empresas dedicadas al giro de servicios y equipos para el sostenimiento del aparato de inteligencia del gobierno mexicano no fue sólo con Seguridad Gull de México, S.A. de C.V., sino que también mantuvo al menos relación financiera con la empresa Elbit System LTD. Esta es también una de las favoritas de García Luna, pues obtuvo contratos en promedio por más de 50 millones de pesos anuales durante los últimos tres años del gobierno de Calderón Hinojosa. Elbit System LTD deslumbró al titular de la SSP en 2011 con la puesta en operación de un dron Hermes 450 cuyo costo para el gobierno ascendió a los dos millones de dólares.

Finalizada la gestión del titular de la SSP, no terminaron las relaciones de Elbit System LTD con el gobierno mexicano. En la administración del presidente Peña Nieto, esta empresa de origen israelita se reposicionó y vendió a la administración federal la plataforma *WIT* de fusión de datos, un *software* aplicable a cualquier plataforma de las redes sociales para la identificación de voz. Funciona con un cruce inmediato basado en los datos contenidos en la Plataforma México, la cual proporciona hasta los datos biométricos de cualquier persona procesada, aun sin haber sido sentenciada. Por este *software*, Elbit System LTD cobró a la administración de Peña Nieto la cantidad de 122 millones de dólares.

La negociación entre Elbit System LTD y el gobierno de Peña Nieto para la compraventa de la plataforma *WIT* fue atendida por el oficial mayor de la Segob, Jorge Márquez, y Frida Martínez Zamora, ambos elementos de la mayor confianza dentro del equipo de trabajo del entonces secretario de Gobernación Miguel Ángel Osorio Chong. De acuerdo con una fuente del CNI, para la operación de la plataforma *WIT* Elbit System LTD ofreció capacitación a más de 600 funcionarios de la Sedena, Semar, PF, Cisen y de la PGR, de los cuales menos de 100 se mantienen en servicio; al resto los despidieron, se jubilaron o causaro baja. "Incluso algunos pasaron a las filas del crimen organizado", comenta la fuente.

Neolinx, el gran negocio

Entre las empresas aún activas que García Luna acercó a una fuente inagotable de recursos, desde 2006 hasta el cierre de esta investigación, se encuentra Neolinx de México, S.A. de C.V., propiedad de Gilberto Enríquez Jaime, otro de los empresarios favoritos durante su periodo. La relación de Neolinx con el gobierno de Peña Nieto fue a través de Tomás Zerón de Lucio, el policía que García Luna designó para ser enlace directo de la SSP con la DEA.

Zerón de Lucio —de acuerdo con una fuente del CNI—, entonces titular de la Agencia de Investigación Criminal (AIC), fue quien acercó a Enríquez Jaime y su empresa Neolinx a Francisco Guzmán Ortiz, cuando este sucedió a Aurelio Nuño como jefe de Oficina de la Presidencia. La llegada de Neolinx de México, S.A. de C.V. al jugoso negocio de la venta de servicios de tecnología fue un efecto colateral del posicionamiento de Zerón de Lucio, ante el presidente Enrique Peña Nieto, realizado a través de una campaña mediática permanen-

te por parte del mismo Enríquez Jaime, con el apoyo de los periodistas Ramón Alberto Garza y Antonio Navalón; el primero de ellos,
propietario del periódico *Código Magenta* y fundador de *Reporte
Índigo;* y el segundo, miembro del consejo de administración de Star
Petroleum, una de las empresas señaladas como beneficiarias de la
triangulación de inversiones para el lavado de dinero, revelado en
el escándalo del *Panamá Papers.*

Neolinx de México, S.A. de C.V. consiguió rápidamente contratos directos para el suministro de equipos y servicios de espionaje,
un campo que ya Enríquez Jaime conocía a la perfección, dada la relación de negocios que mantenía con Yohai Barkazi, dueño de la empresa israelí Rayzone Group LTD., y con David Avital, dueño de la
firma IDR, S.A. de C.V., también de origen judío, con quienes Neolinx
de México, S.A. de C.V. desarrolló nuevas versiones de los programas
ya existentes de geolocalización, a través de la telefonía celular, con lo
que se desplazó a las empresas que ofrecían este servicio a las áreas
encargadas de la seguridad pública del gobierno mexicano.

La firma Neolinx de México, S.A. de C.V. se logró posicionar con
una versión mexicana de las mismas plataformas (programas espías),
como *Raptor* y *Lighthouse,* las cuales ya venía suministrado Verint
Systems Inc. y Sogams al gobierno mexicano. En esto también contribuyó Patricia Bugarín Gutiérrez, ex titular de la Comisión Nacional Antisecuestro, quien recibió la recomendación de la plataforma
Neolinx por parte de Zerón de Lucio. A su vez, la misma Bugarín
Gutiérrez propuso la plataforma a la mayoría de las fiscalías y pro-
curadurías de justicia de los estados. Después, también la DEA se
interesó por ese *software* espía. Y no es que Estados Unidos careciera
de esa tecnología, sino que lo atractivo del programa remasterizado
por Neolinx de México, S.A. de C.V. fue que, debido al reclamo de la
plataforma de un usuario y contraseña, este permitía al administrador general del programa, en este caso la DEA y Neolinx de México,
S.A. de C.V., conocer a quién espiaban cada uno de los cientos de
usuarios con acceso y manejo del *software.* Es decir, se podían antici-

par las acciones de investigaciones de cualquier dependencia en sus tareas de vigilancia.

Un documento interno del Cisen* demuestra cómo Neolinx, pese a ser sólo el proveedor del programa de espionaje para el gobierno mexicano, también lo utilizó para fines particulares al espiar por su propia cuenta, de manera regular, a por lo menos dos líneas telefónicas que mantenían comunicación con Francisco Javier Fernando Moreno Valle Suárez, dueño y presidente de la Corporación de Noticias e Información, mejor conocida como Canal 40; 123 teléfonos fijos y móviles ubicados en la zona metropolitana de la Ciudad de México; diez en Cuernavaca, dos en Jojutla, Morelos; cuatro en Acatzingo, tres en la ciudad de Puebla; tres en Córdoba, dos en Amatlán, dos en Jalapa, tres en Perote, Veracruz; dos en Ciudad Obregón, Sonora; dos en Guasave, uno en Los Mochis, Sinaloa; un teléfono de extorsión ubicado en Azcapotzalco; cinco teléfonos respectivamente de Mitsubishi Motors, Aeroméxico, Izzy, Atención Médica del ISSSTE y The Home Depot; tres líneas telefónicas de Francia y una de Santa Ana, California.

Pegasus, la estafa al sistema

Aunque fue evidenciado hasta la administración de Enrique Peña Nieto, pero se gestó durante el periodo de García Luna al frente de la SSP, un caso similar al de Neolinx de México, S.A. de C.V. fue el de la empresa israelita NSO Group Technologies.* Esta firma vendió al gobierno mexicano el *software* espía denominado *Pegasus*, con el cual, a través del Cisen, tanto el gobierno mexicano, la DEA y la propia empresa NSO Group Technologies pudieron espiar a decenas de personas consideradas "objetivos de investigación", pertenecientes a medios de comunicación, sector empresarial, política, crimen organizado, seguridad pública y ámbito cultural de todo el país.

Gracias a la gestión de García Luna, NSO Group Technologies fue una de las empresas que suministraron diversos equipos de computación y sistemas de informática a la Sedena, la PGR y al Cisen. Esta empresa, igual que en el caso de Neolinx de México, S.A. de C.V., sólo adecuó a la versión mexicana un programa de geolocalización diseñado por el gobierno de Israel con acceso a videos, fotografías, mensajes de texto, correos electrónicos y lista de contactos de cualquier dispositivo móvil. En la versión mexicana de *Pegasus,* sus diseñadores adaptaron el sistema para poder activar vía remota el micrófono y la cámara del teléfono celular. La infiltración de *Pegasus* —que sigue activo, según una fuente del CNI— sólo depende de un mensaje de texto que se envía al dispositivo del objetivo, que al ser abierto da acceso a una conexión permanente con un centro de comando que se mantiene operando indefinidamente.

La empresa NSO Group Technologies vendió su primera versión del programa *Pegasus* al gobierno de Calderón por la cantidad de 74 millones de dólares, esto luego de que la firma israelita contrató a la empresa Proyectos y Diseños VME para modificar el programa; esta remasterización del programa espía les costó 31 millones de dólares. Durante la gestión de García Luna como secretario de Seguridad Pública, *Pegasus* sólo fue utilizado por el Cisen y la PF. Ya en la administración de Peña Nieto, la Segob tomó la decisión de extenderlo a las áreas de inteligencia de la PGR, Sedena y Semar.

La empresa Steren, propiedad de Nathan Shteremberg, vendió inicialmente el programa *WIT Osint* al Cisen. Esta empresa también está relacionada con la firma Elbit Systems LTD. El estrechamiento de las relaciones de negocios entre Nathan Shteremberg y García Luna fue por conducto de Édgar Guillermo Ramos Masetto, quien llegó a ser coordinador de Operaciones del aparato de inteligencia, donde mantuvo una cercana conexión con el general Miguel Robles, que presentó su renuncia tras la salida del director de esa dependencia, Eugenio Ímaz Gispert.

La adquisición de la versión mexicana de *Pegasus* en el periodo de García Luna se debió a que el sistema *WIT Osint* —también con la función de programa espía, pero sin la posibilidad de activar remotamente el micrófono y la cámara del dispositivo objeto— comenzó a presentar fallas. "El principal problema de *WIT Osint* fue en la transmisión de datos, la que de manera frecuente se interrumpía y a veces ya no permitía la reconexión entre el centro de comando y los dispositivos a vigilar", explicó una fuente del CNI. Por esa razón, se decidió emigrar al programa *Pegasus*.

El uso de *Pegasus* que hacían las principales corporaciones de seguridad del gobierno federal se puso en la mira pública tras una investigación de la organización canadiense Citizen Lab, publicada por el periódico estadounidense *The New York Times*, en la cual se establecía que el programa de espionaje del gobierno mexicano, centrado en representantes importantes de diversos sectores de la sociedad civil, fue exclusivamente en la administración del presidente Enrique Peña Nieto. "En realidad *Pegasus* o sus programas similares de espionaje fueron puestos en operación por García Luna, en 2007, como parte del Programa Nacional de Seguridad de Combate a la Delincuencia", explicó un funcionario actual del sistema de inteligencia del gobierno mexicano, quien señala que, a través de los programas espías, tan sólo el Cisen —hoy CNI— realizaba un promedio de mil geolocalizaciones de dispositivos móviles por semana.

Un documento interno de Seguridad Nacional elaborado en diciembre de 2018,* que contiene sólo las llamadas interceptadas en una semana por uno de los operadores del Cisen, revela cómo fue el diagrama de espionaje de *Pegasus*. Del sector político fueron espiados Karime Yaspik Cáceres, de Pachuca, Hidalgo; Olga Carranco, Pablo Amílcar Sandoval Ballesteros, Hortencia Palacios Ordaz, Gonzalo Fabián Medina Hernández, José Ramón López Beltrán —interconectado con José Francisco Vázquez Rodríguez— y Raymundo Regato Loyola, de la Ciudad de México; así como María Rosa Badillo Beltrán, de Hidalgo, y Jesús Alfonso Navarrete Prida de Huixquilucan, Estado de México.

En el área de seguridad pública se espió a Carlos Manuel Díaz García, de la población de Nuevo Pajarito, Guerrero, así como los usua-

rios de los teléfonos de la PF en la Segob y los del CJF, en la Ciudad de
México. Del sector cultural se espió a Rubén David Martínez López,
de la Ciudad de México, mientras que del sector público fueron in-
tervenidas las comunicaciones de José Cruz Lizárraga, en Coahuila, y
José Carlos Martínez, de la Ciudad de México. Del sector empresarial,
de acuerdo con el documento, se señala también la intervención de
las comunicaciones de Manuel Trillo Minutti, de San Andrés Cholula,
Puebla; Priscila Mariana Macías Reyes y Raúl Cedillo Van Prah, de la
Ciudad de México.

De igual forma, a través de *Pegasus* fueron interceptadas las co-
municaciones de las empresas Ventacel, S.A. de C.V., de Querétaro;
Prohídro y Topografías, S.A. de C.V., de Culiacán; Bansi, S.A., de
Guadalajara; Exportadora de Sal, S.A. de C.V., de Guerrero Negro,
Baja California Sur; Constro, S.A. de C.V., de Mérida; el Ayuntamien-
to de Monterrey, Sistemas UTS, S.A. de C.V., de San Nicolás, Nuevo
León; y el Centro de Apoyo al Microempresario, Nacional Financie-
ra, Comercializadora IMU, S.A. de C.V., Multisistemas de Seguridad
Industrial, S.A. de C.V., Estudios y Proyectos Integrales para el Uso
Eficiente del Agua, S.A., Inmobiliaria EMBA, S.A. de C.V., ADT Pri-
vate Security Services de México, S.A. de C.V., Actica Sistemas, S. de
R.L. de C.V., Televisa Talento, S.A. de C.V., Operadora de Rastreos
UDA, S.A. de C.V. y Emsat Comercial, S.A. de C.V., todas las Ciudad
de México.

Los medios y periodistas espiados por García Luna durante el gobierno de Calderón Hinojosa, pero lo cual se hizo público hasta el
gobierno de Enrique Peña Nieto, fueron Multisistema de Noticias
Cambio S. de R.L. de C.V., de Puebla; Flor de María Hernández Ramos, de Oaxaca; José Armando Sánchez Nava, de Puebla; Javier Valdez Cárdenas —quien sería asesinado el 15 de mayo de 2017—, de
Culiacán; Raymundo Riva Palacio Neri, Marco Antonio Mejía Moreno y María del Carmen Aristegui Flores, de la Ciudad de México.

Aun cuando el sistema espía tuvo como inmejorable pretexto la
vigilancia a los miembros de la delincuencia organizada, se obser-

va que en la práctica el seguimiento estuvo más bien dirigido al ciudadano común, como consta en el citado diagrama que proporcionó para esta investigación una fuente del sistema de inteligencia federal. En la semana muestra de operación del *software Pegasus,* sólo se interceptaron seis teléfonos de presuntos miembros del crimen organizado, pero los teléfonos intervenidos de la sociedad civil, aparte de los de políticos, empresarios y periodistas, fueron 384. De estos, 182 corresponden a ciudadanos comunes de Sinaloa, 46 de la Ciudad de México, 42 de Jalisco, 25 de Guerrero, 19 de Veracruz, 18 del Estado de México, nueve de Guanajuato, ocho de Oaxaca, ocho de Tamaulipas, siete de Chiapas, cinco de Morelos, cinco de Michoacán, dos de Sonora, dos de Campeche, y uno respectivamente de Colima, Nayarit, Querétaro, Chihuahua, Puebla e Hidalgo.

12

El omnipresente

"Para crecer y expandirse, la delincuencia
organizada sólo precisa de picar cualquier vena
de corrupción del Estado; eso la nutre".
— JOSÉ REVELES

MÁS ALLÁ DEL CONTROL impuesto por García
Luna en el sistema de inteligencia, fincado en la relación
y acceso a las empresas que proporcionaban *software* espía al Estado mexicano, con lo que estuvo en posibilidad de vigilar
las operaciones de toda la estructura criminal en el país, incluidos
aquellos líderes con los cuales tuvo nexos, este no se limitó a ello
para saber de los movimientos internos de cada uno de los cárteles
de su interés.

Fuentes al interior de los Arellano Félix, La Familia Michoacana
y del Golfo, que hablaron para esta investigación, revelaron cómo
el titular de la hoy extinta SSP no sólo tejió una red de infiltración
de esos cárteles, sino que también mantuvo contacto, a través de sus
hombres de confianza, con los líderes de esos tres grupos criminales.
Por eso, siempre estuvo al tanto de sus operaciones.

Sociedad con la Narcomami

La omnipresencia de García Luna dentro del Cártel de los Arellano Félix, tal como lo hizo con los cárteles de Sinaloa y de los Beltrán Leyva, los cuales hasta cierto punto le permitieron conocer las acciones de trasiego de drogas, comenzó a tejerse desde que el Licenciado era el titular de la Subdirección A de Protección Institucional del Cisen. Sin embargo, su mayor crecimiento se dio hasta que estuvo al frente de la SSP, como lo explicó José Luis Reyna, quien, antes de estar dentro de la estructura criminal de Dámaso López Núñez, el Lic, sirvió como jefe de célula en Tijuana y La Paz para el Cártel de los Arellano Félix.

De acuerdo con esta fuente, la relación de García Luna con los Arellano Félix surgió en 2010, cuando Enedina Arellano Félix, la Narcomami, fue convocada por Villarreal Barragán, el Grande, para ser parte del diálogo de paz propuesto desde la Presidencia de la República, asignando como contacto directo a Octavio Leal Hernández, alias el Chapito Leal, quien fue detenido el 20 de febrero de 2020, ya en la administración de Andrés Manuel López Obrador. A través de Leal Hernández, quien "mantenía contacto directo con un comandante de apellido Rosas [probablemente Facundo Rosas], era que Enedina Arellano pagaba mensualmente a la Policía [Federal Preventiva] 100 mil dólares, para permitir al cártel las operaciones de trasiego en la zona de Tijuana, La Paz y Mexicali".

De esa forma el Chapito Leal, pareja sentimental de la Narcomami, tenía a su disposición a todos los elementos desplegados de la PFP en los estados de Baja California y Baja California Sur, cuyos comandantes regionales, entre 2010 y 2012, no sólo estuvieron a las órdenes de Enedina Arellano Félix, sino que "también cobraban en la nómina del cártel", con lo que se contuvo la expansión del Cártel de Sinaloa, que siempre disputó el control del tráfico de drogas en la frontera mexicana más importante con Estados Unidos, y que para ello también pagaba a los mandos de la SSP.

Igual que hizo con el Cártel de Sinaloa y el de los Beltrán Leyva, en un intento de ocultar la relación que mantuvo con Enedina, García Luna no limitó su protección a las operaciones del cártel sólo a cambio de dinero: también pidió que le fueran entregados algunos objetivos de consideración dentro de esa estructura criminal, a fin de presentarlos ante la opinión pública como resultado de la política oficial de combate al narcotráfico. Hasta antes del convenio de impunidad establecido con este cártel, la SSP únicamente había podido darle un golpe certero.

El mayor logro de García Luna en el combate al Cártel de Tijuana se registró el 13 de agosto de 2008, cuando en Los Cabos, Baja California Sur, ocurrió la detención de Gustavo Rivera Martínez, el Gus, uno de los principales operadores financieros de esa agrupación, que había tomado el control de las células que estaban bajo el mando de Francisco Javier Arellano Félix, el Tigrillo, el que a su vez había sido detenido el 16 de agosto de 2006 mientras navegaba en su yate *Dock Holiday* en aguas internacionales, frente a las costas de Baja California Sur. La detención del Tigrillo fue producto de un operativo de la DEA, que por cortesía dio crédito de cooperación sólo a la Semar.

Así, para superar la afrenta que le pudo representar al gobierno de Calderón Hinojosa la detención ejecutada por la DEA, prácticamente en aguas mexicanas, de uno de los capos de las drogas más buscados del mundo en ese momento, García Luna se lanzó a la caza del Cártel de los Arellano Félix, pero su eficiencia sólo le alcanzó para lograr la detención del Gus. La falta de investigación previa a dicha detención estuvo a punto de estropear las cosas; en el momento de su captura no estaba en posesión de dinero ni drogas ilícitas. Sólo pesaba sobre él la sospecha de ser parte de la estructura criminal del Cártel de Tijuana, dada su relación sentimental con Enedina, jefa de la organización.

Para evitar que la detención del Gus fuera en vano y que un juez lo pusiera en libertad al no existir elementos de prueba sobre los delitos de fomento al narcotráfico y delincuencia organizada, el superpolicía recurrió a su práctica favorita: la mentira. Junto con Rivera Martínez se detuvo a otras dos personas, ajenas totalmente al narcotráfico, que tuvieron la mala suerte de estar en el mismo lugar y momento de la detención. A esos otros dos detenidos, Pável Kulisek y Antonio Moreno Herrera, se les utilizó para fundamentar el delito de delincuencia organizada durante el proceso penal, ya que, según la ley vigente, se da exclusivamente cuando tres o más personas se reúnen para delinquir.

Por eso, explicó José Luis Reyna, como parte de esa relación entre García Luna y el Cártel de los Arellano Félix, se le pidió a Enedina que ayudara en la entrega de algunos de los miembros de esa organización criminal, a fin de presentar públicamente algunos logros del combate que hipotéticamente se hacía contra los grupos del narcotráfico. Aun así —añadió Reyna—, fueron pocos los detenidos de ese cártel durante el sexenio de Calderón Hinojosa. Su versión puede corroborarse estadísticamente con las cifras que emitió la propia SSP el 28 de febrero de 2011, en respuesta una solicitud pública de información, en la que se establece que entre 2006 y 2011 se arrestó a 65 presuntos miembros del Cártel de Tijuana, la cifra más baja para un cártel mexicano en ese periodo.

Apenas se estableció la relación de negocios entre la Narcomami y García Luna en 2010, el Cártel de los Arellano Félix comenzó a operar como una extensión de la PF, no sólo en los estados de la península de Baja California, sino también en aquellas entidades donde intentaba extenderse, principalmente en Nuevo León y Tamaulipas. Así, la célula armada de Leal Hernández, el Chapito Leal, que incorporó a su grupo a varios elementos de la PFP que oficialmente fueron asignados "a tareas de inteligencia", comenzó a rendir buenos resultados a García Luna.

El grupo combinado de la PFP y del Cártel de Tijuana que comandaba el Chapito Leal consiguió en 2010 la desarticulación de una importante célula del Cártel de Los Zetas culpable de detonar la violencia en la zona limítrofe de Coahuila y Nuevo León, la cual era comandada por Martín Omar Estrada de la Mora, el Kilo, y que estuvo relacionada con la ejecución en masa de 14 mujeres y 58 hombres migrantes centroamericanos en el ejido El Huizachal, de San Fernando, Tamaulipas. Los detenidos por el grupo del Chapito Leal y entregados a la PF de García Luna, quien hizo pasar esto como un logro de su gestión, fueron Armando Rivera, el Payaso; Sergio Orlando Alvarado Maldonado, el Comandante Checo; Luis Arturo Reyes Martínez, el Pollo; Óscar Osiel Juárez Zamarripa, el Chiriquilla; Felipe Morales Santiago, el Papantla; Ana Yaneth Reyes Martínez; Mayra Esther Ramos Cortes, la Güera; Elena Enríquez Escandón y Adriana Chávez Salazar.

A petición expresa de García Luna, también en 2010 Enedina ordenó al Chapito Leal la captura y entrega de Manuel Garibay Espinoza, el Mata Policías, un miembro del Cártel de los Arellano Félix que a pulso se ganó el apodo y que por ello comenzó a ser incómodo para el cártel. Garibay Espinoza, detenido en Mexicali, estuvo relacionado con la ejecución de por lo menos de 13 policías federales. Las ejecuciones en las que participó el Mata Policías fueron cinco en Baja California: una el 17 de enero de 2008, otra el 15 de mayo y tres más el 17 de abril de ese mismo año; cuatro en Nayarit, que se registraron el 18 de abril de 2009; dos en Nuevo León, ocurridas el 19 de julio de 2008, y dos en Chihuahua, el 25 de junio de 2009.

La entrega de Garibay Espinoza no fue sólo por atención a García Luna; hubo algo de venganza por parte de Enedina debido a que, según José Luis Reyna, el Mata Policías prestaba a la par sus servicios como sicario para el Cártel de Sinaloa, "como lo evidenció el 'Comandante Rosas', que fue el que en una reunión en Tijuana le explicó a Enedina cómo era que uno de sus sicarios preferidos estaba al servicio del cártel más enemigo que tenían los Arellano en ese momento".

Nacho Coronel, el eslabón más débil

Los Arellano Félix también colaboraron, en reciprocidad con García Luna, en la ubicación de Ignacio Coronel Villarreal, alias Nacho

Coronel, quien se quedó al frente del Cártel de Guadalajara por decisión de Ernesto Fonseca Carrillo, Don Neto, cuando ese cártel se fragmentó y dio origen a las principales organizaciones de trasiego de drogas. Nacho Coronel había sido considerado un aliado de los hermanos Arellano Félix al mantenerse imparcial en la disputa desatada entre el Cártel de Tijuana y el grupo de Guzmán Loera.

Hay que recordar que el enfrentamiento entre los hermanos Arellano Félix y el de Guzmán Loera se originó cuando los dos bandos aún eran parte del Cártel de Guadalajara. La razón del desencuentro fue el asesinato de Armando López, el Rayo de Sinaloa, quien era compadre de Guzmán Loera y hasta ese momento el hombre de su mayor confianza. El Rayo de Sinaloa murió de un disparo en la cabeza que le dio a sangre fría Ramón Arellano Félix, cuando la víctima se disponía a hablar de sus intenciones de amor, que ya sostenía con Enedina Arellano Félix, a la que enamoró y con la que estableció una relación sentimental sin que ninguno de los seis hermanos lo supiera.

Ese asesinato no sólo hizo irreconciliables a los Arellano Félix y a Guzmán Loera, sino que dentro del Cártel de Guadalajara llevó a la decisión conjunta de Caro Quintero, Fonseca Carrillo y Félix Gallardo de "separar a los muchachos, para que no terminaran matándose entre ellos", según lo explicó Caro Quintero dentro de la prisión federal de Puente Grande. En aquella decisión, luego de que se le asignó a cada uno de los principales jefes una región determinada para continuar sus operaciones, se le encomendó la zona de Guadalajara a Coronel Villarreal.

Así, mientras Ismael Zambada García, Juan José Esparragoza Moreno, Rafael Caro Quintero y los hermanos Beltrán Leyva tomaron partido por el Chapo, en el lado de los Arellano Félix se aliaron Amado Carrillo Fuentes, Miguel Ángel Félix Gallardo y Ernesto Fonseca Carrillo. En el fragor de esa disputa, Nacho Coronel se mantuvo alejado de partidos, lo que tomaron con simpatía los hermanos Arellano Félix, quienes hasta cierto punto lo consideraron su aliado.

Todo iba bien entre los hermanos Arellano Félix y Nacho Coronel, hasta que este decidió extender la presencia del Cártel de Guadalajara más allá del estado de Jalisco. Con el apoyo de Luis Valencia y Óscar Nava Valencia, el Lobo, sus socios del Cártel del Milenio, decidió tomar posesión de las rutas del narcotráfico en Quintana Roo a fin de suministrar la cocaína que llegaba de Colombia al Cártel de Sinaloa, con el que siempre estuvo en sociedad. Esa expansión del Cártel de Nacho Coronel causó molestia al Cártel de Tijuana. Por ello, ya en su alianza con García Luna, ofrecieron la posibilidad de capturar a Nacho Coronel, a quien ya lo buscaba la DEA con una recompensa de cinco millones de dólares.

Como refiere José Luis Reyna, esa oportunidad no la dejó pasar de largo el Licenciado: "[Genaro García] proporcionó un equipo de intervención de comunicaciones a los Arellano Félix, con el que 'El Chapito Leal' fue a la caza de 'Nacho Coronel', hasta que lo logró ubicar en Zapopan". Tras conocer la ubicación de Coronel Villarreal, igual que en el caso de la detención de Alfredo Beltrán Leyva, la PFP de García Luna decidió no intervenir en la detención. Esto sólo es entendible por los acuerdos establecidos de protección entre la SSP y el Cártel de Sinaloa, donde Nacho Coronel era uno por los que siempre abogaba en las negociaciones que mantenía el Rey, como enviado personal de su hermano el Mayo, frente a García Luna.

Por eso, dice Reyna, " 'El Licenciado' le pasó el balón al Ejército, para que este hiciera la detención y que no se viera esa captura [de Nacho Coronel] como una traición de la Policía Federal [Preventiva] hacia el Cártel de Sinaloa", que en realidad sí lo fue. En el operativo del Ejército con el apoyo de la Marina, en Zapopan, Jalisco, el 29 de julio de 2010, para la captura de Coronel Villarreal, este decidió no pasar la vida dentro de una prisión. Se enfrentó a las fuerzas federales y fue abatido en el lugar.

La muerte de Nacho Coronel benefició tanto al Cártel de los Arellano Félix como al propio García Luna: el secretario de Seguridad Pública de México fue reconocido otra vez, en abril de 2011, por la DEA durante la 28 Conferencia Internacional para el Control de las Drogas de la ONU, en la cual la representación del gobierno estadounidense mencionó la loable labor de cooperación del secretario García Luna en la lucha trasnacional contra la delincuencia organizada. Por su parte, los Arellano Félix concretaron una alianza con Nemesio Oseguera Cervantes, el Mencho, quien ya disputaba en Jalisco el control del tráfico de drogas al Cártel de Guadalajara de Nacho Coronel. De la alianza entre la Narcomami y el Mencho surgió el Cártel Tijuana Nueva Generación, hoy un apéndice del poderoso CJNG.

El Molca, un aliado de la PFP en Jalisco

La muerte de Nacho Coronel también impulsó a La Familia Michoacana a tratar de controlar la zona metropolitana de Guadalajara, para lo cual el jefe del cártel michoacano, Jesús Méndez Vargas, el Chango, envió como emisario a conquistar el territorio a Ramiro Pozos González, el Molca, miembro del grupo de élite conocido como El Grupo Especial de Reacción, que integró Méndez Vargas y que luego tendría bajo su control Nazario Moreno González, el Chayo, cuyo nombre cambió por el de Los Doce Apóstoles, siempre con la encomienda de atender las tareas especiales de La Familia Michoacana y de Los Caballeros Templarios.

El grupo de Los Doce Apóstoles, ya famoso por sus prácticas sanguinarias, nació en septiembre de 2010, luego de que Villarreal Barragán, el Grande, contactó al Chango para que La Familia Michoacana estuviera presente en las negociaciones de paz a las que estaba convocando la Presidencia de Calderón Hinojosa. De acuerdo con Graciano Escamilla, el Tanos, un miembro de Los Caballeros Templarios que hoy sigue activo en una célula predominante en tres estados del centro del país, Los Doce Apóstoles fueron entrenados en operaciones especiales por elementos de la PFP. Entre ellos

estaban Pozos González, el Molca; Luis Antonio Torres, el Americano; Ignacio Rentería, el Cenizo; Javier Barragán, el Borrado; Alfonso Morales, la Moraleja; Gustavo Malfavón, el Tavo; Sergio Pérez, el
Checo, y Nicolás Sierra, el Gordo.

De acuerdo con esta fuente —quien también formó parte de Los
Doce Apóstoles—, el entrenamiento que recibieron por parte de un
grupo de instructores de la PFP "fue una muestra de buena voluntad
que 'El Licenciado' García Luna le ofreció a Jesús Méndez, para que
se sentara a las pláticas de paz". Según esta versión, con la finalidad
de contar con el respaldo de La Familia Michoacana en la unifica-
ción de todos los cárteles, García Luna, a través del representante Villarreal Barragán, le entregó al cártel varios millones de pesos
"para equipar al 'Grupo de Reacción Especial', que fue un dinero que
se invirtió en armas, que fueron compradas al Ejército, vehículos
blindados y equipos de comunicación y de intercepción de llamadas
telefónicas".

De esa forma el grupo de Los Doce Apóstoles comenzó a expandir la presencia del Cártel de La Familia Michoacana en el Estado de
México, Guanajuato, Guerrero y Colima. Nunca se pretendió controlar Jalisco, porque esa era la base de operaciones de Coronel Villarreal y "Jesús Méndez siempre le guardó mucho respeto, no sólo por
las buenas relaciones que mantenían, sino porque había un pacto de
negocios entre La Familia y el Cártel de Sinaloa", que también fun-
cionó para frenar el paso de Los Zetas en Michoacán y Colima, concretamente en las zonas portuarias de Lázaro Cárdenas y Manzanillo,
el punto obligado de paso de cocaína desde Colombia, precursores
químicos desde la India y China, y armas desde Estados Unidos y
algunos países del sureste asiático.

Así fue como el Tanos abundó que, tras la muerte de Nacho Coronel, siempre con la ayuda de la PFP, La Familia Michoacana buscó
hacerse del control del tráfico de drogas en Guadalajara y el resto de
Jalisco, donde ya era notoria la presencia del CJNG de Nemesio Oseguera Cervantes, el Mencho. "Por eso Jesús Méndez decidió mandar

a uno de sus sicarios más aguerridos, de los pocos que no le tenían miedo a 'El Mencho' ". Ese era Pozos González, el Molca, quien aseguraba tener parentesco con Nazario Moreno González, lo que le valió para escalar dentro de la estructura criminal de La Familia Michoacana, luego de que fue reclutado en Veracruz, estado del cual era oriundo, para luego avecindarse en Uruapan y Morelia.

El Molca llegó a principios de agosto de 2010 a la zona de Guadalajara, dispuesto a tomar el control de la estructura de trasiego de drogas que dejó acéfala Nacho Coronel. En menos de tres meses logró que las células de los hermanos Arellano Félix, las cuales ya operaban con el apoyo del Mencho, se replegaran. En esta acción, La Familia Michoacana contó con la ayuda de la PFP, según la versión del Tanos, la cual actuó como "equipo de limpieza". El grupo del Molca sólo señalaba la ubicación de las células de los Arellano Félix y del CJNG. Luego, las detenciones corrían por cuenta de la PFP, a su vez auxiliada por el Ejército y la Marina en esas operaciones. Al final, estas dos instituciones se llevaban el reconocimiento público por su combate a la delincuencia organizada en Jalisco.

Gracias a la ayuda del Molca, la PFP localizó a Mario Carrasco Coronel, el Gallo, el segundo al mando del grupo de Nacho Coronel, quien fue abatido en un operativo del Ejército y la Marina. Como era costumbre de García Luna, la PFP no intervino porque el Gallo estaba protegido por el Cártel de Sinaloa, el cual tenía vedada a la PFP en la ejecución de operativos en contra de cabecillas que no fueran autorizados por Zambada García, de tal manera que hacía "valer así la nómina que pagaba a los mandos de la Policía [Federal Preventiva] que estaban a cargo de la seguridad pública en los estados de Sinaloa, Sonora, Nayarit y Jalisco", en versión del Tanos.

El Molca también fue el cerebro detrás de las detenciones de otros miembros del cártel encabezado por Nacho Coronel. Fue el "dedo" que señaló las ubicaciones en Jalisco, como parte del acuerdo de colaboración entre La Familia Michoacana y García Luna. Entre ellos estaban Margarito Soto Reyes —el Tigre— y Juan Pedro Mora

—el Choche—, quienes fueron capturados por militares y marinos en una acción implementada el 25 de septiembre de 2010 en el municipio de Zapopan. De igual manera fueron aprehendidos Maximino Martínez Sánchez, María Luisa Mesa Rodríguez, Martín Terrazas Leyva, Hilarión Díaz Rosas, Frederick Figueroa Gómez, Elías Meza Martínez y María Engracia Santos Núñez, todo ellos operadores cercanos a Nacho Coronel.

Otro de los golpes que se atribuyó la SSP fue el de Martín Beltrán Coronel, el Águila, ocurrida el 13 de mayo de 2011 en un operativo conjunto de la Marina y el Ejército. Sin embargo, en realidad fue producto de la expansión del Molca, quien ya para ese entonces había conformado el grupo denominado La Resistencia, el cual mantenía una alianza con el CJNG. Así, Nemesio Oseguera Cervantes, el Mencho, se encontraba aliado por un lado con La Familia Michoacana, a través de La Resistencia, y por otro, con Enedina Arellano Félix, mediante el Cártel de Tijuana Nueva Generación. Esto derivó en la apropiación del mercado de las drogas en Jalisco.

Según la versión del Tanos, el Mencho entabló negociaciones con García Luna para esta encomienda: "La relación de 'El Licenciado' y 'El Mencho' fue directa. No hubo necesidad de mediadores. 'El Mencho' lo buscó y se entrevistó con 'El Licenciado' a mediados de octubre de 2011. La cita fue en una casa [condominio de playa] de seguridad que Édgar Veytia [el ex fiscal de Nayarit] tenía en Bahía de Banderas". Veytia —quien trabajaba para López Núñez, el Lic, y este a su vez para el Mencho— fue el encargado de acordar las formas del encuentro.

Tras esa reunión, el ex fiscal de Nayarit ya era un hombre de confianza de García Luna. A decir de la fuente, "el Cártel de Jalisco acordó un pago mensual [sin especificar el monto] para 'El Licenciado', con la única finalidad de que la Policía [Federal Preventiva] no fuera contra ninguna de las gentes de 'El Mencho' [...]. El garante de ese acuerdo, como testigo de honor, fue el [ex] fiscal de Nayarit". Ya en ese momento, el Mencho dominaba gran parte de Michoacán, Colima, Jalisco, Nayarit

Así era el Diablo Veytia

Ahora bien, cuando sucedió el encuentro entre el Mencho y García Luna, el ex fiscal Veytia era el secretario de Seguridad Pública de Nayarit, cargo que obtuvo gracias a la protección de Francisco Patrón Sánchez, el H2, el hombre de mayor confianza de Héctor Beltrán Leyva, quien sólo disputaba su autoridad dentro del Cártel de los Beltrán Leyva con el Grande; este, a su vez, era el emisario del Barbas, con quien de igual modo Veytia estableció buenas relaciones y lo asumió como un hombre de confianza. Fue luego de la muerte del Barbas cuando el H2 se sumó a las filas del grupo delictivo de Los Dámaso y se radicó en Tepic, bajo el cobijo del ex fiscal de Nayarit. Esto propició un mayor acercamiento con el titular de la SSP, quien —según lo manifestó Édgar Veytia en su momento— siempre lo tuvo en buen ánimo y como "una de sus gentes de mayor confianza".

Veytia fue el segundo al mando del grupo de Patrón Sánchez hasta que el H2 fue asesinado en Tepic durante un operativo de la Marina el 10 de febrero de 2016. A partir de allí, Veytia asumió el control del grupo del H2 y se convirtió en el segundo al mando de Los Dámaso; junto a estos, ya disputaba desde 2010 el control por la fracción del Cártel de Sinaloa, controlado para ese entonces por Aureliano Guzmán, el Guano, así como sus sobrinos Iván Archivaldo y Jesús Alfredo Guzmán Salazar, conocidos como los Chapitos, y Ovidio Guzmán López, el Ratón.

Édgar Veytia fue el narcotraficante con mayor cercanía a García Luna luego del vínculo que el secretario de Seguridad Pública mantuvo con el Grande y le reconoció. La cercanía de Veytia con García Luna lo hizo escalar de simple director de Tránsito en Tepic en 2008 —llevado a ese cargo por el entonces alcalde de esa localidad y luego gobernador Roberto Sandoval Castañeda— hasta convertirse en el fiscal general de Nayarit, con un poder inmenso, por encima del mandatario local.

El otrora fiscal nayarita presumía su proximidad con García Luna: toda su escolta, conformada por 12 elementos de la Marina y la PFP, fueron asignados directamente desde la SSP. "Todos eran elementos que eligió el propio Genaro García", contaba Veytia. Él mismo me lo confesó en una serie de entrevistas que le realicé a principios de 2016 para una investigación sobre el despojo de tierras en los pueblos indígenas de esa entidad. Él me mandó llamar para otorgarme su permiso de libre tránsito por Nayarit.

Cuando lo conocí, se ufanaba de ser un protegido de García Luna, cuya gestión en la SSP ya había finalizado. Al Diablo, nombre clave de Édgar Veytia dentro del hampa, lo visité en su oficina cuando despachaba como fiscal estatal. Su caso ya era un ejemplo de colusión entre el narco y las estructuras de mando del gobierno, muy frecuentes en la política mexicana, y que por lo mismo pasaba inadvertido. Su poder sobre el gobernador Sandoval era absoluto. Sólo ellos sabían la razón. Su encumbramiento en el poder estatal siempre fue un secreto a voces: sus relaciones con los cárteles de las drogas y su conexión con García Luna lo convirtieron en una pieza clave dentro del organigrama delincuencial, no sólo de Nayarit, sino de todo el occidente mexicano.

El encuentro con Veytia no fue fortuito. Ordenó traerme. En ese momento realizaba con secrecía una investigación periodística en Tepic; no obstante, él ya sabía que un periodista foráneo pisaba su territorio. Ese era su nivel de control; sabía a la perfección quiénes entraban y salían de su estado. Una periodista de Nayarit me describió de la mejor manera posible el poder del que gozaba este hombre: "En Nayarit no se mueve una sola hoja de un árbol, sin que el fiscal no lo sepa". Con una sonrisa dudé de esa aseveración, pero pronto iba a comprobarlo.

Fue el 25 de febrero de 2016 cuando me llevó hasta él. No tenía ni tres horas de arribar a Tepic, ni siquiera acababa de instalarme en el hotel, cuando dos hombres tocaron a la puerta. Era la habitación 216 del hotel Fray Junípero Sierra, en pleno centro de la ciudad. Eran dos policías ministeriales. Desde afuera de la habitación preguntaron por mi nombre completo. Por el ojillo de la puerta, como si supieran que los veía desde dentro, me mostraron sus placas de identificación. Tuve miedo, pero la curiosidad fue mayor por saber la razón de aquella extraña visita. Entonces abrí la puerta. Corrí el cerrojo sin saber que no sólo le abría la puerta a dos extraños, sino que en ese momento estaba entrando a una de las historias de narcotráfico más estrambóticas que como reportero he conocido.

—El jefe te quiere ver —me soltó uno de los dos policías, sin mediar explicación de por medio.

"¿El Jefe? ¿Qué cártel es el que controla Nayarit? ¿Me están confundiendo?", me pregunté. Traté de no mostrar miedo, aunque en mi caso siempre ha sido difícil. No supe si decir la verdad o tratar, como siempre lo he hecho, de pasar inadvertido y no delatar mi posición de periodista. Y es que, cuando uno está en coberturas de riesgo, negar la profesión es lo que puede hacer la diferencia entre la vida y la muerte. Finalmente, el instinto me empujó a identificarme como reportero para intentar inhibir cualquier atentado.

—Soy periodista y no vengo solo —blofeé—. Creo que me están confundiendo. Estoy haciendo un reportaje sobre los pueblos indígenas —les dije a través de la rendija por donde apenas cabía mi nariz.

—El jefe te quiere ver —me dijeron nuevamente aquellos corpulentos policías.

—Yo no sé de qué se trata…

No alcancé a terminar mi frase de desconcierto, cuando otra vez el mismo policía me insistió:

—El jefe te quiere ver.

Era inútil resistirme. De cualquier forma, no tenía escapatoria. Salí de la habitación escoltado por los dos hombres que hacían mecánicamente su trabajo. Uno se colocó delante de mí y el otro detrás. Caminamos por el angosto pasillo. No usamos el elevador. Seguimos por las escaleras. En el *lobby* frente a la cámara de seguridad hice un alto. Miré hacia el ojo de la cámara como dando una muestra de que iba forzado. El suave empujón del policía detrás de mi rubricó la imagen que, por un instante pensé, sería la última que quedaría de mí. Afuera esperaba una camioneta *pick up* blanca, con las intermitentes encendidas. El policía que iba delante de mí se colocó al volante. Yo subí en medio y el que iba detrás cerró con furia la portezuela.

El trayecto fue breve. Acaso diez o doce minutos a toda velocidad. No hubo bolsas en la cabeza, nunca se me pidió que ocultara la vista. Los policías estaban abstraídos en sus pensamientos. Dos veces quise preguntar a dónde íbamos y me estrellé con el silencio oficial de alguien que sólo cumple con una orden. Respiré cuando la camioneta entró al estacionamiento de la Fiscalía General del Estado de Nayarit. Rodeó las instalaciones y se detuvo frente a una minúscula puerta negra custodiada por al menos una docena de policías.

La puerta se abrió. Luego una escalera de caracol que conducía a una segunda planta. Después otra puerta con dos agentes como custodios. Tras esa puerta estaba la oficina del Diablo. Era una oficina similar a la de cualquier despacho de gobernador. Tenía todos los lujos; al centro un escritorio con cuatro sillas dispuestas al frente. Dos sillones de piel, para la antesala. Empotrado en la pared un televisor con ocho recuadros que daban cuenta de las cámaras que vigilaban el exterior de la oficina y del estacionamiento de la fiscalía. Había una bandera mexicana a la espalda del sillón alto de piel, la cual reposaba a un lado de una espada de samurái.

Sobre el escritorio estaban cuatro teléfonos celulares. Una computadora Mac y dos teléfonos de base. Lo único que adornaba la marmoleada superficie eran un dulcero, un cubo de pegapost, junto con dos plumas fuente y un legajo de tarjetas con recados. En la pared dos fotografías. Una, la institucional del gobernador Roberto Sandoval, y la otra, de Édgar Veytia posando con su pistola calibre 9 milímetros, fajada al lado izquierdo de la cintura, y como fondo el helicóptero negro de la fiscalía llamado *El Pájaro*, como le decía Veytia.

Me ordenaron esperar al jefe. Quise esperar de pie, pero me sentaron en una de las cuatro sillas frente al escritorio. La espera tardó minutos interminables. Los dos policías que me escoltaron desde el hotel hasta la fiscalía permanecían inmóviles a mis espaldas. En una habitación contigua se escuchaban voces y risas. Después dos hombres salieron por la misma puerta que momentos antes crucé. Uno de ellos era Hilario Ramírez Villanueva, Layín, el entonces alcalde de San Blas, quien fue acusado por la PGR de lavado de dinero. Lo reconocí por su sombrero y su inconfundible camisa azul a cuadros del mismo modelo que decía tener por cientos, para no preocuparse por pensar todos los días en la mañana qué camisa usar. El fiscal los despidió de mano. Se abrazaron. Los dos visitantes soltaron la risa ante la recomendación del fiscal de "pórtese bien".

Allí conocí al Diablo. Se dirigió a mí. La risa dibujada por la anterior visita se le borró. No dijo nada. Sólo me miró. Clavó su vista en la pluma Bic asomada sobre la bolsa izquierda de mi camisa. Se desfajó la pistola. La puso sobre la superficie llana del escritorio. Se sentó y revisó sus recados. Llamó a su asistente y le dio instrucciones, al tiempo que le devolvía algunas de las tarjetas que aguardaban frente a sus ojos. Después puso las manos sobre el escritorio, una sobre otra, con las palmas hacia abajo. Habló.

—Mira —me dijo como si me conociera de años—, no sé a qué chingados viniste a Nayarit, pero aquí no hay nada qué investigar. Aquí todo está bien. Aquí no quiero problemas. Y menos quiero periodistas hurgándole al tema del narco.

—Vengo a hacer un trabajo de investigación sobre los pueblos indígenas —traté de explicarle y me identifiqué con mi carnet de prensa.

El Diablo era desconfiado. Miró de un lado y de otro la credencial. Luego me la aventó. No hizo falta la identificación. Édgar Veytia sabía con quién hablaba. Me dijo mi ficha biográfica en cuatro frases: un periodista que estuvo preso, que se dedica a la investigación de temas de narcotráfico, que más de tres cárteles lo quieren matar y que ahora investiga temas de pueblos indígenas. Dijo que no me creía. Sus ojos se me clavaron como si buscara otra verdad que yo desconocía.

—No. No me la trago —espetó, mientras acariciaba la cacha de su pistola sobre el escritorio—. Tú vienes a moverle al tema del narcotráfico. —Pausó la voz como si buscara palabras exactas para decir lo que pensaba—: Te van a matar. Eso es un hecho, y no quiero que te maten en Nayarit. Tú sí me representas un problema.

Fue directo con lo que necesitaba decirme. Me pidió sin cortesías que saliera del estado, "a la voz de ya". No era la primera vez que sacaba a un periodista de su camino. Yo acepté, por no discutir y salir del paso. La respuesta no le gustó. Él supo que no era cierto y que esa no era mi intención. Dedujo mi terquedad. Me miró fijamente. Veytia era muy intuitivo. Se estiró lo más que pudo desde su sillón, como para que sus palabras me alcanzaran mejor.

—Así que sólo hay de dos: o te vas por donde viniste, y ya… O te pongo una escolta para que te vigile mientras haces tu trabajo, y te vas en cuanto termines tu trabajo, y ya.

No me quedó de otra. Acepté la vigilancia. Durante una semana, dos agentes de la policía ministerial de Nayarit fueron mi sombra en todo el recorrido que hice por las zonas indígenas de Nayarit. Reportaban todos mis movimientos a Veytia; le daban cuenta con quién me entrevistaba, a qué personas veía, a qué sitios me llevaba la investigación, con cuáles reporteros me reunía y hasta de quiénes recibía llamadas en mi teléfono o con quién me reunía al término del día para tomar la cerveza.

Ese era Veytia. Un hombre que hablaba sin rodeos. No andaba con medias tintas. Era directo. No en balde estaba arriba del gobernador. Era el verdadero poder tras el poder. Y no es algo dicho por mí, sino por todos sus conocidos. Nadie de los que lo trataron durante su función pública duda que el gobernador se doblegaba a sus órdenes. Y que el respeto que alguna vez le tuvo se tornó en miedo.

Hay una anécdota más reveladora. Corría el mes de agosto de 2014 cuando Veytia —ya en el pedestal como fiscal de Nayarit desde febrero 2013, cargo al que fue encumbrado con el poder que todavía tenía García Luna pese a no pertenecer al gabinete de Peña

Nieto— fue llamado por Sandoval Castañeda hasta su despacho. El fiscal acudió de mala gana a la cita. Él mismo le había dicho al gobernador que no tenía tiempo para atenderlo. En esos términos se lo dijo en las tres llamadas que recibió en su teléfono celular mientras despachaba asuntos en su oficina.

La insistencia del gobernador terminó por exasperar al entonces fiscal, que decidió suspender su agenda para acudir a la oficina de aquel. Enfadado, arrojó el teléfono sobre el escritorio. Mentó madres. Avisó a su escolta —compuesta por 12 hombres— que saldría a la oficina del gobernador. En menos de 15 minutos ya caminaba por los pasillos del palacio de gobierno. No se anunció ni hizo antesala. Fue directo hasta el despacho principal, según cuenta una fuente del área de prensa del gobierno de Nayarit.

El gobernador, quien atendía a algunos de sus funcionarios, suspendió de súbito la reunión. Se dirigió al fiscal con un saludo que no obtuvo respuesta. Se quedaron solos. Hablaron durante unos minutos. Sólo ellos saben los temas que tocaron. Pero lo que sí quedó en evidencia fue la detonación de un arma de fuego que se escuchó desde el interior del despacho, seguida de una retahíla de insultos que salían de la boca de Veytia.

Cuando, alertados por el disparo, los escoltas de ambos entraron al despacho, sólo pudieron ver a Veytia de pie, muy molesto, blandiendo la pistola 9 milímetros con la mano derecha. El gobernador seguía sentado. Estaba "amarillo de miedo". Su rostro desencajado contrastaba con el rojo que encendía la cara redonda del fiscal, quien, aseguraron los testigos, "temblaba de coraje". Veytia, pese a estar rodeado del equipo de seguridad del gobernador, no tuvo empacho en encañonar a su jefe. Lo miró en silencio, pasaron interminables segundos antes de que el fiscal optara por guardar el arma, no sin antes susurrar unas palabras que fueron la rúbrica con la que dio por terminada la reunión:

—Pinche joto —cuentan que dijo Veytia entre dientes mientras se acomodaba otra vez la pistola en la cintura.

Veytia dio la media vuelta y caminó seguido de sus escoltas. Nadie se le interpuso en el camino. Nadie le pidió una explicación sobre lo sucedido previo al disparo. Él nunca dio a nadie una versión de aquel arrebato extremo de ira que lo llevó a tener a su merced la vida del mandatario y hacer el disparo que, según algunos, se impactó cerca de la pierna derecha de este. Su autoridad sobre el gobernador creció de forma casi mítica.

Era Veytia un hombre colérico, acostumbrado a imponer su voluntad a otros a fuerza de violencia. El incidente frente al gobernador de Nayarit tal vez resulte espectacular, pero, comparado con otros sucesos sobre él, podría ser ínfimo, no sólo por el valor de realizarlos, sino por no medir —o no importarle— las consecuencias de sus actos. Otro ejemplo de ello fue su reto a Guzmán Loera, el jefe del Cártel de Sinaloa, con quien estuvo estrechamente ligado y, posteriormente, con el apoyo de García Luna, pretendió arrebatarle por asalto el control del imperio de las drogas que formó durante tres décadas.

La insistencia de un solo cártel

La intención de Veytia para controlar la fracción del Cártel de Sinaloa dirigida por el Chapo fue un acto que nadie en su sano juicio habría intentado, de no haber contado con el respaldo de García Luna, explica José Luis Reyna, quien estima que ese apoyo contribuyó a la debacle Guzmán Loera, "por el solo hecho de que un narcotraficante menor lo comenzó a retar a los ojos de los jefes de otros cárteles, incluidos los que junto con él gobernaban el Cártel de Sinaloa, como Rafael Caro Quintero, Ismael Zambada García y Juan José Esparragoza Moreno". De acuerdo con la fuente, esa acción terminó por menguar la autoridad de liderazgo del Chapo.

Todo lo que hizo Veytia para apoderarse de la fracción del Cártel de Sinaloa de Guzmán Loera no fue sólo producto de su ambición personal. Detrás estuvo el cerebro de García Luna, quien hasta el último día de su gestión como secretario de Seguridad Pública jamás dejó de acariciar la idea de integrar a todos los grupos delincuenciales dentro de un solo cártel como única solución para alcanzar la pacificación del país. Veytia fue el plan B en ese intento fallido de la cumbre de cárteles promovido a través del Grande.

El problema con el otrora fiscal de Nayarit fue que no se contuvo una vez que García Luna salió del escenario público. Sus ambiciones, fermentadas por el Licenciado, para organizar un solo cártel de las drogas a nivel nacional fueron transexenales; siguió con ellas durante la administración del presidente Peña Nieto, valiéndose de las relaciones estrechas que tejió con el secretario de gobernación Miguel Ángel Osorio Chong y los procuradores Jesús Murillo Karam, Arely Gómez González y Raúl Cervantes Andrade.

Su sueño de apoderarse de la fracción del Chapo quizá surgió cuando Patrón Sánchez, el H2, lo incorporó a la estructura de los hermanos Beltrán Leyva; esto último ocurrió cuando se le encomendó cuidar los intereses de esa organización criminal en Nayarit. Para ello, García Luna lo recomendó como director de Tránsito de Tepic en septiembre de 2008. El posicionamiento a Veytia nació de las relaciones de negocios que los hermanos Beltrán Leyva mantenían con el titular de la SSP a través del Grande.

Por esa razón, aun cuando era parte del equipo del H2, también estaba bajo las órdenes del Grande. Por medio de ambos bajaban las instrucciones de Héctor y Arturo Beltrán Leyva, quienes a su vez tenían una relación de negocios con López Núñez, el Lic, al que tanto el Chapo como Héctor y Arturo Beltrán Leyva mantenían como socio y lo utilizaban como última opción; una especie de puerta trasera, cuando cualquiera de los dos grupos criminales requería del otro para satisfacer sus propios intereses económicos o de logística, pero que no se atrevían a solicitar ayuda directa por las diferencias entre los dos cárteles.

Así fue como Veytia entró en contacto con López Núñez. De esa manera estableció negocios directos con el Chapo y, al mismo tiempo, con el Mencho y la Narcomami; a través de Patrón Sánchez y Villarreal Barragán, además de lograr un acercamiento con Arturo y Héctor Beltrán Leyva, también se ganó la confianza de García Luna, quien para agosto de 2010 ya le había dado su bendición para encabezar la Secretaría de Seguridad Pública en Nayarit. Desde allí, Veytia sirvió a seis fracciones de cuatro de los cárteles más importantes, siempre bajo la protección de la SSP de la administración de Felipe Calderón Hinojosa.

Su dominio como secretario de Seguridad Pública local no se limitó solamente a esa entidad. Su control, con el apoyo de la PFP, fue casi absoluto en gran parte de la zona del Pacífico; en Colima y Jalisco era el inmejorable aliado del CJNG; en Nayarit servía a los intereses de los hermanos Beltrán Leyva, tanto a través de Francisco Patrón Sánchez como de Sergio Enrique Villarreal Barragán; en Sinaloa y Nayarit también se rindió a los intereses de Los Dámaso, dirigido por Dámaso López Núñez y su hijo Dámaso López Serrano, el Minilic; en Sinaloa, la presencia de Veytia era de plena alianza con Joaquín y Aureliano Guzmán Loera; en tanto que en Sonora y en las dos Baja Californias servía a los intereses de los hermanos Arellano Félix.

Con ese poder y cúmulo de relaciones otorgados por los jefes de los principales cárteles del Pacífico mexicano fue que Veytia buscó tomar el control de la fracción del Cártel de Sinaloa al mando del Chapo. Para ello buscó una alianza con el Mayo y el Azul, pero estos se negaron por la lealtad que siempre mantuvieron con él. Esa negativa también se fincó en la solidaridad que Guzmán Loera siempre mantuvo con Caro Quintero, cuando este estuvo en prisión, pues era quien llevaba las cuentas del negocio a Rafael.

Mientras el Chapo estuvo en libertad, bajo la protección de García Luna desde la AFI, entre 2001 y 2006, y luego desde la SSP de 2006 a 2012, las acciones de Veytia por menguar el imperio del Chapo se mantuvieron a baja escala. Pero una vez que García Luna terminó su gestión y dejó de ser el protector del líder del Cártel de

Sinaloa, Veytia —en alianza con López Núñez y alentado por el Mencho y la Narcomami— se lanzó abiertamente contra la fracción de los Guzmán dentro del Cártel de Sinaloa. Para esto logró el respaldo de Alfredo Beltrán Guzmán, el Mochomito, quien nunca perdonó la captura de su padre Alfredo Beltrán Leyva, atribuida al Chapo.

La cacería del Chapo

La primera acción de importancia de Veytia contra Joaquín Guzmán Loera fue brindar información de su ubicación a las autoridades federales que ya lo buscaban. A él se le atribuye la segunda detención del Chapo, registrada en Mazatlán el 22 de febrero de 2014 durante un operativo conjunto de la Marina, la DEA y los Marshalls de Estados Unidos. Los tres fueron informados anónimamente sobre los movimientos que hacía Guzmán Loera para mantenerse fuera del radar de búsqueda, el cual ya se había puesto en marcha por parte de los gobiernos de Barack Obama, de Estados Unidos, y de Enrique Peña Nieto, de México.

La denuncia de la ubicación del Chapo fue una jugada con la que Veytia buscó ganar simpatías con Caro Quintero, quien había sido liberado en medio de una cuestionada decisión judicial, inaceptable para el gobierno estadounidense. Y es que, para el sistema judicial mexicano, los derechos constitucionales de Caro Quintero fueron violentados al ser juzgado por una corte federal en el homicidio del agente de la DEA, Enrique Camarena Salazar, cuando debió ser juzgado en una corte del fuero común. Esto derivó en un fallo a su favor con una libertad absolutoria, otorgada el 9 de agosto de 2013. Aun así, el gobierno estadounidense siguió considerando a Caro Quintero como responsable del asesinato del agente encubierto de la DEA; por ello presionó diplomáticamente al gobierno mexicano para que se revirtiera la decisión judicial de libertad y se emitiera de nuevo una orden de captura.

Para bajar presión a la demanda del gobierno de Estados Unidos, Veytia ofreció al secretario Osorio Chong la entrega del Chapo, quien en ese momento estaba prófugo y también era requerido por el gobierno estadounidense; la idea era que el reclamo de captura de Caro Quintero pasara a un segundo plano. La oferta del ya para entonces fiscal de Nayarit fue aceptada por la administración del presidente Peña Nieto. Así, con la ayuda de Ernesto Guzmán Hidalgo —medio hermano mayor del Chapo, suegro de Alfredo Beltrán Leyva y abuelo de Alfredo Beltrán Guzmán, el Mochomito—, logró ubicar a Joaquín Guzmán, quien fue capturado y extraditado a Estados Unidos.

Como reacción de la familia —ya narrada anteriormente—, el Guano decretó la muerte de su medio hermano mayor Guzmán Hidalgo, quien apareció ejecutado, con los dedos índices cercenados y con visibles huellas de tortura. Este asesinato, de acuerdo con la versión emitida en su momento por Veytia como fiscal de Nayarit, fue la principal razón por la que inició la restructuración del Cártel de Sinaloa, que, como actor preponderante en la vida criminal del país, impactó en todas las organizaciones delictivas de México, donde Veytia buscó posicionarse a toda costa.

Tras la muerte de Guzmán Hidalgo, Édgar Veytia, con la estructura que logró formar al amparo de García Luna, se dio a la tarea de conformar una alianza estratégica para mantener el control del trasiego de drogas de toda la costa del Pacífico mexicano. Dicho grupo, denominado La Federación, sumó a partir de 2015 a otras organizaciones criminales menores en el trasiego de drogas, pero igual de violentas, como La Línea, en Chihuahua; Los Viagra y La Tercera Hermandad, en Michoacán; Los Rojos, Los Granados, Los Ardillos, el Cártel Independiente de Acapulco y El Comando del Diablo, en Guerrero, los cuales en algún momento estuvieron aliados con el Chapo, y con los que se consideró en posibilidad de asumir el control de la fracción de los Guzmán dentro del Cártel de Sinaloa.

Con La Federación bajo su mando, no sólo buscó mantener el control del trasiego de drogas en gran parte del Pacífico mexicano, sino que al lado de los Beltrán Leyva emprendió una guerra abierta contra los cárteles de Los Zetas, El Golfo, La Familia y Los Caballeros Templarios; así nació el escuadrón de la muerte conocido como Los Matazetas, cuya tarea no sólo era ejecutar a los miembros de esa organización, sino a todos los enemigos de Nemesio Oseguera, Enedina Arellano y los Beltrán Leyva.

En ese transcurso, Guzmán Loera se volvió a fugar de la cárcel, ahora del penal federal de Almoloya, Estado de México, el 16 de octubre de 2015. Esto provocó que todos los grupos delictivos comandados a nivel nacional por Veytia comenzaran una cacería de Guzmán Loera, quien, ya sin protección oficial, no tuvo muchas opciones de mantenerse alejado del reclamo que hacía de él la justicia. Según la versión de Héctor Inzunza, el 8 de enero de 2016 el Chapo Guzmán fue capturado en un operativo implementado por la Marina, luego de que López Núñez fuera informado de su ubicación por parte de un grupo que operaba en esa zona bajo el mando de su hijo López Serrano. La ubicación fue reportada en primera instancia a Veytia a fin de que llevara a cabo la detención y cobrara la millonaria recompensa ofrecida por la captura del jefe del Cártel de Sinaloa; no obstante, Veytia optó por filtrar el dato a las fuerzas federales.

Con el Chapo de vuelta a prisión y luego del anuncio de su extradición, Veytia, apoyado por Beltrán Guzmán, mandó dos mensajes de clara advertencia al Chapo para que cediera en su intención de mantener el control de la fracción del Cártel de Sinaloa que encabezaba a través de sus hijos y su hermano; primero allanó el domicilio de la casa materna, donde vive la señora María Consuelo Loera Pérez, y después secuestró a sus hijos Iván Archivaldo y Jesús Alfredo. En palabras de José Luis Reyna, esto fue "sólo para demostrar que su alcance no tenía limites, y que la vida del mismo Chapo Guzmán no estaba a salvo, ni aun dentro de prisión".

La incursión a la casa de la señora María Consuelo, en el poblado de La Tuna, en Badiraguato, Sinaloa, se llevó a cabo el 15 de junio de 2016. Ese sábado, un comando de 150 hombres tomó por asalto la población habitada por muchos de los familiares del Chapo. Los elementos fueron directos a la casa: al frente del comando iban Isidro Meza Flores y Alfredo Beltrán Guzmán, apoyados por elementos de la policía ministerial de Nayarit y de algunos grupos de autodefensas pagados por el Mencho. El comando armado no hizo un solo disparo. Respetaron la vida de la mamá del Chapo. Sólo hicieron la sustracción de dos vehículos y dos motocicletas. Los sicarios le recomendaron a la madre del Chapo abandonar la población. Tres días después, una avioneta la sacó del lugar para llevarla al centro del país.

Sólo dos meses después de ese suceso, los hijos del Chapo fueron secuestrados y estuvieron desaparecidos durante seis días. El secuestro, ocurrido durante la madrugada del 15 de agosto, lo ejecutó un comando de al menos siete sujetos armados; los hijos del narco fueron trasladados junto con cuatro de sus acompañantes cuando celebraban una fiesta en el restaurante La Leche del municipio de Puerto Vallarta, Jalisco, donde, al igual que en el caso de la incursión a la casa de la señora María Consuelo, no hubo un solo disparo. Se respetó la integridad de por lo menos otras diez personas presentes en la reunión.

Jesús Alfredo e Iván Archivaldo Guzmán Salazar fueron liberados cinco días después sin lesiones físicas aparentes. Sus captores los dejaron libres la madrugada del 20 de agosto sobre la carretera Puerto Vallarta-Guadalajara, tras un proceso de negociaciones entre cárteles, en las que el gobierno federal intervino a través de Veytia, quien fue el representante de la Segob para dialogar con los secuestradores, de los que él mismo era parte.

De acuerdo con la versión emitida en su momento por Veytia, la liberación fue negociada por Guzmán Loera desde la prisión —vía telefónica con sus abogados, su esposa Emma Coronel y Zambada García—; tuvo que aceptar la sumisión de su cártel a las nuevas disposiciones marcadas por el CJNG. Durante la llamada, dicha organización le reclamó el control de las rutas en Nayarit, Sinaloa, Sonora, Baja California Sur y Baja California, que mantenía bajo su control la parte del Cártel de Sinaloa correspondiente a la familia del Chapo.

Veytia se posicionó luego del secuestro como uno de los narcotraficantes más poderosos y más discretos del país, quien, al lado de Enedina Arellano Félix, Alfredo Beltrán Guzmán y Nemesio Oseguera Cervantes, se ubicó en la posibilidad de mantener el control de todas las rutas del narcotráfico existentes en el Pacífico mexicano. Sus acciones de confrontación con el grupo de Guzmán Loera provocaron que el mapa del narcotráfico se reconfigurara tal como se conoce hoy, donde el máximo cártel en la historia del narcotráfico mexicano, el de Sinaloa, quedó dividido en tres fracciones: una parte quedó bajo la dirección de Ismael Zambada García, el Mayo, quien fue siempre socio del Chapo, pero que terminó distanciado por diferencias personales por la forma en que el Guano intentó llevar los negocios de esa organización; otra parte estaría dirigida por Caro Quintero, en sociedad con el de los hermanos Beltrán Leyva, ahora liderado por el Mochomito, quien se encuentra también asociado con el grupo de Meza Flores, el Chapito Isidro; la tercera sección, la más disminuida y centrada en la producción de mariguana en la zona del Triángulo Dorado, es la controlada por la familia directa de Guzmán Loera, a través de su hermano el Guano y sus hijos Jesús Alfredo e Iván Archivaldo Guzmán Salazar, los Chapitos, así como Guzmán López, el Ratón, quienes han fortalecido sus relaciones con el gobierno federal a través de la Secretaría de Seguridad y Protección Ciudadana, antes Secretaría de Seguridad Pública.

Por otro lado, a partir de la nueva reconfiguración, el CJNG ahora tiene presencia en al menos 18 estados del centro, sur y norte del país. En este control se incluye toda la franja del Pacífico, donde estaría actuando en sociedad, mediante un pacto de no agresión, con las fracciones del Cártel de Sinaloa encabezadas por Zambada García, Caro Quintero y Beltrán Guzmán. Además de estas alianzas, según fuentes del CNI, el CJNG también opera en alianza con un grupo de La Familia Michoacana y otro de Los Caballeros Templarios, a través de los cuales mantienen presencia en Michoacán, Guanajuato, Colima y Querétaro.

Otras alianzas logradas por el CJNG, como efecto de la reconfiguración desatada por Veytia en el narcotráfico nacional, son las establecidas con los cárteles de Juárez y La Línea, con los que estaría uniendo su lucha en común contra Los Zetas. Por su parte, Los Zetas quedaron confinados sólo a algunas regiones de Guanajuato, San Luis Potosí, Tamaulipas, Coahuila, Durango, Nuevo León, Puebla, Veracruz, Oaxaca, Tabasco, Chiapas, Quintana Roo, Yucatán y Campeche, donde la disputa por el control de esas entidades es abiertamente contra el Cártel del Golfo. Por lo que hace a este último, enemigo natural del Cártel de Sinaloa, es la agrupación más reducida al día de hoy, al mantener presencia sólo a través de algunas células criminales en Tamaulipas, en el norte del Veracruz y en algunas regiones de Puebla y del Estado de México.

EPÍLOGO

La cita con la historia

"La justicia, aunque cojeando, siempre alcanza al criminal en su carrera".

—HORACIO

A CASI UNA DÉCADA de que García Luna dejó el cargo de secretario de Seguridad Pública, aún se resiente en la vida nacional el efecto de las relaciones que mantuvo con los principales jefes del narcotráfico. La ola de violencia y la reconfiguración que se vive al interior de los principales cárteles es todavía parte de la herencia y el legado de 27 años de servicio público, en el que el sello distintivo fue la corrupción. Y por extraño que parezca, pese a los testimonios expuestos y las evidencias manifiestas que los señalan no sólo como uno de los principales colaboradores, sino como el más importante favorecedor del narcotráfico desde la cúpula oficial, el gobierno federal mexicano no contempla, al menos de manera oficial, un proceso de juicio para llevar a García Luna ante la justicia por esos hechos.

Sólo mediáticamente se han referido algunas acciones administrativas contra el ex secretario de Seguridad Pública, como la congelación de cuentas bancarias de varias de sus empresas vinculadas al negocio de suministros para el sistema de inteligencia, pero no más. En la práctica, ninguna de las dependencias encargadas de la procuración de justicia y el combate a la delincuencia y la corrupción han siquiera reconocido, ya no digamos el inicio de una investigación contra García Luna, tampoco la existencia de un expediente de hechos que sirva de base para una investigación que lleve a un proceso penal.

Oficialmente, para las secretarías de Marina, de Gobernación, de Seguridad Pública y Protección Ciudadana, de la Defensa Nacional, de Hacienda y Crédito Público, de la Función Pública, la Fiscalía General de la República, el Secretariado Ejecutivo del Sistema Nacional Anticorrupción o la Unidad de Inteligencia Financiera (UIF), el caso García Luna es un tema que simplemente ha pasado de largo, dejando su resolución judicial en manos del gobierno estadounidense, como si esa nación fuera la única afectada por el abuso del ejercicio público que hizo García Luna durante las administraciones de Ernesto Zedillo Ponce de León, Vicente Fox Quesada y Felipe Calderón Hinojosa.

Tal vez por complicidad con el pasado, o por no trastocar las estructuras del poder actual, donde aún permanecen decenas de colaboradores que ayudaron a García Luna en su empresa criminal, pareciera que al actual gobierno del presidente Andrés Manuel López Obrador no le interesa la rendición de cuentas de este ex funcionario ante la justicia, pues oficialmente en ninguna de las citadas dependencias se ha abierto ninguna investigación con fines de procedimiento judicial. La FGR, la cual tiene por mandato constitucional la obligación de la procuración de justicia, no sólo no ha procedido a la integración de una carpeta de investigación contra García Luna, sino que —para contribuir a la opacidad— ha decretado con reserva oficial por cinco años, a partir de 2020, toda información que exista dentro de esa dependencia en relación con García Luna.

En sendas respuestas oficiales, otorgadas durante esta investigación a través del portal Plataforma Nacional de Transparencia, ninguna de las dependencias arriba referidas reconoce que exista un proceso de investigación para enjuiciar en México a García Luna por hechos relacionados con el fomento al narcotráfico y/o lavado de dinero. A lo mucho, la Segob reconoce únicamente la existencia de un expediente que contiene la trayectoria profesional y de desempeño público del Licenciado, decretado en reserva para el acceso público también por un lapso de cinco años.

La postura oficial del gobierno mexicano sobre el caso García Luna es distante entre el decir y el hacer: la Unidad de Inteligencia Financiera (UIF), a cargo de Santiago Nieto Castillo, la cual salió a los medios —luego de la detención de García Luna en Estados Unidos— a decir que se había iniciado un proceso de investigación por posibles actos de lavado de dinero cometidos por el ex secretario de Seguridad Pública, en los hechos manifiesta otra realidad... Según una respuesta pública firmada por el propio Nieto Castillo el 5 de febrero de 2020,* se establece: "Después de una búsqueda exhaustiva [...] no se encontró expresión documental alguna relacionada con un expediente de investigación [...] que contenga el nombre y número de las empresas y cuentas bancarias de su propiedad".

La postura oficial del gobierno mexicano, a través de la UIF de la SHCP, es, pues, ambivalente. De acuerdo con una fuente del CNI, esa dependencia fue informada puntualmente sobre la red de corrupción establecida por García Luna a través de sus empresas Nunvav Inc. y Glac Consulting Technology Risk Management SC. A través de estas se pudo desfalcar a la federación por más de 711 millones 778 mil pesos, los cuales se obtuvieron mediante contratos de venta de servicios y *software* para el sistema de inteligencia sólo en el periodo del presidente Peña Nieto.

A lo anterior se suma un hecho omitido por el gobierno mexicano: la forma en que ambas empresas se relacionaron, a través de Perseo Quiroz, con la firma RCU Sistemas, S.A. de C.V., la que logró por asignación directa, durante el último semestre de la administración de Felipe Calderón en 2012, el contrato para la protección de periodistas incorporados al Mecanismo de Protección de la Segob, gracias a lo cual tanto RCU Sistemas, S.A. de C.V. como Nunvav Inc. y Glac Consulting Technology Risk Management SC. se beneficiaron con ingresos por más de 5 mil millones de pesos.

En este punto no es menor la actuación de García Luna, pues más allá de haber logrado un beneficio económico inmoral, por su cercanía con las fuentes financieras oficiales, estuvo relacionado con la protección de un amplio grupo de periodistas, quienes fueron asediados en razón su labor informativa por grupos del crimen organizado y diversos funcionarios públicos, entre los que se encontraba él mismo. En el periodo en que García Luna estuvo vinculado extraoficialmente con RCU Sistemas, S.A. de C.V., entre julio de 2012 a diciembre de 2019, hubo mil 209 periodistas y/o activistas con amenazas de muerte, quienes buscaron la protección del gobierno federal para ponerse a salvo. Todos estos periodistas y/o activistas —pese a la secrecía del programa oficial de reubicación y protección— siempre estuvieron monitoreados por García Luna, quien a través de RCU Sistemas, S.A. de C.V. conoció en tiempo real sus ubicaciones y movimientos personales.

De acuerdo con el periodista Gildo Garza, presidente de la Asociación Mexicana de Periodistas Desplazados y Agredidos (AMPDA): "Esta situación puso en riesgo a 139 mujeres periodistas, 353 periodistas hombres, 352 defensoras de derechos humanos y ambientales y 365 defensores hombres". Todos ellos confiaron su seguridad al Mecanismo de Protección de Personas Defensoras de Derechos Humanos y Periodistas de la Segob, el cual, a su vez, subrogó esa seguridad a la empresa RCU Sistemas, S.A. de C.V., desde donde se filtró la información a García Luna, aun cuando ya no era el responsable de la Secretaría de Seguridad Pública del gobierno federal.

Los informes de RCU Sistemas, S.A. de C.V. sobre la ubicación de periodistas y defensores de derechos humanos, que se le hacían llegar de manera sistemática a García Luna, incluso cuando ya había salido del gobierno federal, no sólo fueron por conducto de Quiroz

Rendón, quien de junio a septiembre de 2012 trabajó de cerca con García Luna, pues este lo colocó como asesor del subsecretario de Asuntos Jurídicos y Derechos Humanos de la Segob; la información también se filtraba a través de la hermana de García Luna, Esperanza, quien era parte del corporativo y representante de su hermano dentro de la sociedad de RCU Sistemas, S.A. de C.V.

A manera de paréntesis, hay que señalar que Esperanza Luna siempre fue el orgullo del nepotismo de su hermano Genaro. Ella escaló dentro del sistema público federal gracias a las recomendaciones de este; con sólo la licenciatura de periodismo por parte de la Escuela Carlos Septién García, Esperanza llegó a cargos de jefatura dentro de Ferrocarriles Nacionales de México, la SSP, el Instituto Mexicano del Seguro Social y la Lotería Nacional. Es decir, siempre fue intocable en los sexenios de Zedillo Ponce de León, Fox Quesada y Calderón Hinojosa.

Con el peso de su autoridad dentro del Cisen, García Luna hizo que su hermana pasara de simple empleada de administración a jefa de departamento de Seguridad Integral de la entonces empresa paraestatal Ferrocarriles Nacionales de México, donde permaneció de mayo de 1996 a marzo de 1999. Después, entre marzo de 2000 y diciembre de 2008, mientras García Luna pasaba de titular de la AFI a secretario de Seguridad Pública, Esperanza, sin ninguna capacidad ni mérito para ello, estuvo designada como directora de la Policía Cibernética de la SSP, acreditándose operativos producto de logros del Ejército y la Marina.

De febrero a marzo de 2009, la hermana del Licenciado fue asignada como subjefa de la Dirección B de la Dirección de Innovación y Desarrollo Tecnológico del IMSS, donde estaba a cargo del Departamento de Capacitación. El último cargo de ese nepotismo, antes de que terminara su imperio dentro de la administración calderonista, se suscitó en la Dirección de Sistemas de la Gerencia de Administración de la Lotería Nacional, donde permaneció de mayo de 2009 a octubre de 2012; en ese tiempo se relacionó comercialmente con

RCU Sistemas, S.A. de C.V., y allí conoció con exactitud todos los movimientos de los periodistas y defensores de derechos humanos y ambientales protegidos por el gobierno federal.

Hay que referir que la firma RCU Sistemas, S.A. de C.V., sólo en la administración del presidente Peña Nieto, obtuvo contratos con sobrecostos directos de la Segob por el orden de los 5 mil millones de pesos, aun cuando —de acuerdo con fuentes del Mecanismo de Protección de la Segob— la inversión realizada en la seguridad de periodistas y activistas no fue mayor a los mil 200 millones de pesos durante ese lapso. Sin embargo, como si se tratara de seguir protegiendo la opacidad que imperó en durante la celebración de esos contratos, el gobierno federal de López Obrador informó en una respuesta pública emitida por la Secretaría de Economía, a través del portal de Transparencia, el 22 de abril de 2019,* que, del 1 de enero de 2011 a la fecha de la respuesta, en ninguno de los archivos de la dependencia se encontró contrato alguno de asignación de servicios a favor de RCU Sistemas, S.A. de C.V., a pesar de que hasta hoy esta firma sigue prestando los servicios de protección a periodistas y defensores amenazados que buscan el cobijo del Estado mexicano.

De acuerdo con fuentes del Mecanismo de Protección de Periodistas, Esperanza García Luna también se encuentra relacionada con la triangulación de recursos de RCU Sistemas, S.A. de C.V. Esto sucede desde que dicha empresa es subsidiaria del gobierno federal en el programa de protección de periodistas y defensores de derechos humanos y ambientales; sólo en la administración de Peña Nieto, entre 2016 y 2018, a través de RCU Sistemas, S.A. de C.V., las empresas Nunvan Inc., Icit Holding, Glac Security Consulting y Operadora Grupo Gas Mart recibieron 2 mil millones de pesos.

Pero más allá de la responsabilidad que García Luna pueda tener sobre el desvío de recursos realizados a través de sus empresas, queda en evidencia el grado de vulnerabilidad al que estuvieron expuestos cientos de comunicadores y defensores. Esa exposición de los inscritos en el mecanismo deriva de que García Luna, aunque ya no era secretario de Seguridad Pública y ya se sospechaba que estaba coludido con diversos grupos del narcotráfico, tuvo acceso a sus datos personales, como ubicación, dirección, número de teléfono, nombres de familiares y hasta rutinas de trabajo y movilización personal de los periodistas y activistas en riesgo.

Esa podría ser una razón para entender, en el plano de lo hipotético, el porqué de los 17 periodistas asesinados en 2017, los 18 en 2018 y los 13 en 2019. Fueron ultimados 16 periodistas sujetos a "protección" a través de un botón de pánico, mediante el cual eran monitoreados las 24 horas del día por parte de la empresa RCU Sistemas, S.A. de C.V. En eso también contribuye la hipótesis que la FGR establece en cada una de las averiguaciones previas y carpetas de investigación iniciadas para esclarecer esos homicidios: la posibilidad de filtración de información hacia el o los ejecutores sobre la ubicación de sus víctimas.

A la lista de 16 periodistas asesinados cuando estaban bajo las medidas de protección de RCU Sistemas, S.A. de C.V. se suman las ejecuciones de por lo menos siete defensores de derechos humanos y ambientales, quienes en su mayoría participaban en actos de resistencia social contra empresas mineras, justamente las mismas del Grupo México, a las que García Luna les otorgó el servicio de seguridad privada a través de la PFP.

RCU Sistemas, S.A. de C.V. generó una crisis de seguridad para periodistas y defensores incorporados —desde la gestión de García Luna como secretario de seguridad Pública— dentro del Mecanismo de Protección de la Segob, de acuerdo con las versiones de al menos media docena comunicadores y cuatro defensores de derechos humanos, quienes son monitoreados por RCU Sistemas, S.A. de C.V. Tras ello han coincidido en señalar no sólo irregularidades en la prestación del servicio por parte de esta empresa, sino que en no pocos casos, a través del propio botón de pánico, muchas de estas personas en riesgo siguen recibiendo amenazas de muerte.

Como resultado de lo anterior, en la Fiscalía Especializada para la Atención de Delitos cometidos contra la Libertad de Expresión

(FEADLE) de la FGR, al momento del cierre de esta investigación existen al menos 16 denuncias penales presentadas por periodistas y defensores de derechos humanos. Las denuncias señalan una posible responsabilidad de RCU Sistemas, S.A. de C.V. en relación con conductas impropias de la empresa, como filtrar información; los periodistas y defensores consultados coinciden en que están en mayor riesgo como personas perseguidas por su actividad social.

Pero eso, igual que toda la estela de corrupción y la histórica relación con los principales actores del narcotráfico, ni siquiera es observado por el gobierno México como un indicio de investigación que pueda llevar a García Luna a enfrentar la justicia en nuestro país: cómodamente, o tal vez para no trastocar más el sistema político nacional, el gobierno federal ha optado por la tibia posición de dejar en manos de la justicia estadounidense el enjuiciamiento de García Luna. Esto podría ser sólo la punta de un iceberg de corrupción que por décadas ha permitido la proliferación de los grupos delincuenciales.

Esa tibia posición del gobierno mexicano ha permitido que García Luna sea llamado a cuentas ante la justicia extraterritorial para que explique allá cómo amasó una inmensa fortuna, la que está vedada para cualquier mexicano que no toque los linderos de la colusión y la comparsa con la corrupción y el crimen organizado. Y para que diga ante el gobierno de Estados Unidos, en suplencia de la natural función del Estado mexicano, cómo fue que a su amparo creció la actividad delincuencial de los principales jefes de los cárteles de las drogas.

En realidad, sin embargo, ¿el gobierno estadounidense está interesado en descifrar la corrupción del sistema político mexicano? No. Según la opinión del Lince, un funcionario del sistema de inteligencia de México que lleva más de 30 años de servicio en el gobierno federal, Estados Unidos no pretende desenmarañar las entrañas de corrupción entre la cúpula del poder en México y las organizaciones criminales. Esas relaciones ya las conoce bien el sistema de inteligencia estadounidense, las tiene por demás documentadas. En la DEA, la CIA y el FBI se sabe de sobra quiénes son los actores políticos mexicanos que han permitido la expansión de los cárteles. "Son cartas que los estadounidenses barajan a su favor cada vez que les conviene", asegura el Lince.

Para este agente de inteligencia, detrás del juicio a García Luna en Estados Unidos hay una cuestión de honor; el gobierno estadounidense trata de cobrar la burla que hizo durante 27 años el ex secretario de Seguridad Pública, quien fue financiado y apoyado logísticamente con fondos y recursos para el combate internacional contra el terrorismo y la delincuencia organizada, sin saber que a sus espaldas García Luna negociaba para su beneficio personal con los objetivos buscados por el gobierno estadounidense.

Por eso, asegura el Lince, ahora el gobierno estadounidense "trata al menos de subsanar un orgullo maltrecho, una confianza que Genaro García dejó herida, y que en gran medida representa una lesión grave a la política de ese gobierno que nunca como ahora había sido expuesta como fallida". Antes de García Luna, el antecedente más inmediato de fracaso que se registra en la política del gobierno de Estados Unidos, al apoyar a un agente de seguridad de otro país que terminó del lado del narcotráfico, sólo existe el del general panameño Manuel Antonio Noriega Moreno. Al igual que el ex secretario de Seguridad Pública de México, también contó con todo el respaldo estadounidense para el combate al narcotráfico en su país; con todo, terminó aliado con los grupos delincuenciales que había prometido combatir.

El general Noriega Moreno terminó siendo derrocado de su cargo de presidente de Panamá por fuerzas de Estados Unidos, que actuaron bajo la operación *Causa Justa* durante el gobierno del presidente George H. W. Bush. Esa operación lo llevó a una sentencia de 40 años de prisión, luego de comprobarse que los recursos económicos y de inteligencia aportados por Estados Unidos fueron puestos al servicio del Cártel de Medellín. A través de este cártel, el general introdujo decenas de toneladas de cocaína al territorio estadounidense, exhibiendo como un fracaso la política de combate al narcotráfico implementada por el ex jefe de Estado Ronald Reagan.

El caso de García Luna, salvo el derrocamiento, es similar al del general Noriega, no sólo por el aprovechamiento de la confianza estadounidense, sino por las facilidades que este ofreció para que al menos los cárteles de Sinaloa, los Arellano Félix, los hermanos Beltrán Leyva y —aunque en menor medida— el CJNG pudieran introducir decenas de toneladas de cocaína al territorio estadounidense. Con ello burló la confianza de los presidentes George H. W. Bush (padre), Bill Clinton, George W. Bush (hijo) y Barack Obama, cuyas administraciones aportaron fondos para la lucha antinarcóticos de México e impulsaron la carrera de García Luna, desde que estuvo al frente de una subdirección en el Cisen hasta que se desempeñó como secretario de Seguridad Pública.

De ahí el castigo ejemplar a García Luna. Por eso la fiscalía de Estados Unidos puso la mira en el dinero y las propiedades que acumuló el ex funcionario mexicano a lo largo de su carrera pública. Un dinero y unas propiedades que, si bien podrían tener un origen ilícito surgido de la relación de Genaro García con grupos del narcotráfico, en realidad no habrían sido posibles sin el manejo desleal del apoyo que a lo largo de casi tres décadas le ofreció el gobierno estadounidense para su tarea de combatir el terrorismo y la delincuencia organizada, con la que terminó aliándose.

Entre las pruebas que incriminan a García Luna sobre el manejo faccioso de los recursos y apoyo que le brindó el gobierno estadounidense, se encuentran las transacciones económicas que subrepticiamente pudo hacer para adquirir propiedades inmuebles en el estado de Florida por un monto de más de cuatro millones de dólares. Para ello contó con el apoyo del despacho Serber & Associates P.A., el cual fungió como representante de la firma GL & Associates Consulting LLC,* propiedad del mismo García Luna, en donde también aparece como socia su esposa Linda Cristina Pereyra Gálvez.

Las propiedades de las que se hicieron García Luna y su esposa, a través de su propia empresa de seguridad, se encuentran en uno de los sitios más exclusivos de Miami, dentro del complejo residencial Aventura Park Square. Allí pudieron adquirir un espacio para oficina, dentro de una torre de negocios, un departamento en la zona residencial de mayor lujo y cuatro espacios para consultorios y oficinas dentro de una torre de servicios médicos. Estos aparentemente fueron comprados sólo con un sueldo promedio mensual de 125 mil pesos, es decir, el salario último que recibió como titular de la SSP; y es que García Luna, en todas sus declaraciones patrimoniales, se negó a señalar públicamente sus percepciones.

Ahora es llamado a cuentas. Llegó a donde nunca se imaginó que podría estar. Con la acusación de cuatro cargos por narcotráfico, no sólo la justicia de Estados Unidos, sino todos en México, podrán conocer cómo fue que un agente del Cisen de mediana monta, en su escalada por el sistema político —hasta llegar a ser el responsable de la seguridad pública del país—, pudo amasar una fortuna más grande que la que muchos hombres de negocios han logrado a lo largo de sus vidas. Él se ha declarado inocente de todos los cargos imputados y bajo esa tesitura va su defensa.

Puede que el gobierno de Estados Unidos llegue al fondo de la investigación, y que oficialmente un día se conozca cómo fue que nació y creció la inmensa fortuna del segundo hombre más importante de la administración del presidente Calderón Hinojosa, y uno de los de mayor confianza de la administración de Fox Quesada. Puede, bajo el amparo de la justicia estadounidense, que un día también se sepa con claridad y detalle qué fue lo que movió a este hombre a traicionar la confianza del gobierno estadounidense y la de millones de mexicanos que vieron en García Luna la posibilidad de abatir el problema del tráfico de drogas en México. Puede que un día haya justicia por todo ello.

Pero mientras: ¿quién va a rendir cuentas de los cientos de miles de ejecutados que dejó la guerra contra el narco? ¿Quién va a explicar ante la justicia —mexicana o estadounidense— dónde están los miles de desaparecidos? ¿Quién es responsable de las decenas de miles de personas que fueron encarceladas inocentemente? ¿Quién debe responder por los cientos de militares y policías que fueron asesinados en el ficticio combate a la delincuencia? ¿Quién debe pagar por el crecimiento impune de los cárteles de las drogas? ¿Quién va a responder por la deuda que la justicia tiene con el pueblo de México?

La justicia no tiene fecha de caducidad. Siempre termina por llegar. El tiempo lo dirá.

Anexo documental

El siguiente diagrama contribuye a entender uno de los complejos entramados de relaciones y contactos que permitieron a Genaro García Luna, *el Licenciado,* acumular un poder inusitado en los sexenios anteriores. El autor ha puesto a disposición del lector varios otros diagramas y documentos que retratan la red de alianzas y contratos que el mal denominado superpolicía tejió para incrementar sus operaciones y negocios multimillonarios.

Más de 50 documentos que sustentan esta investigación se pueden consultar en:

www.ellicenciado.mx

Diagrama completo

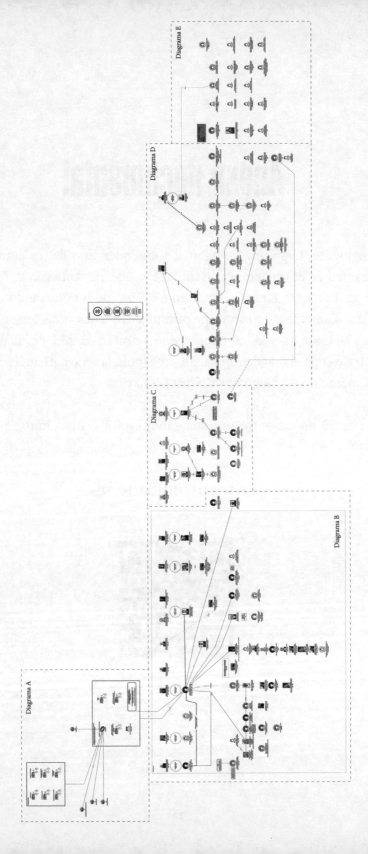

Diagrama A

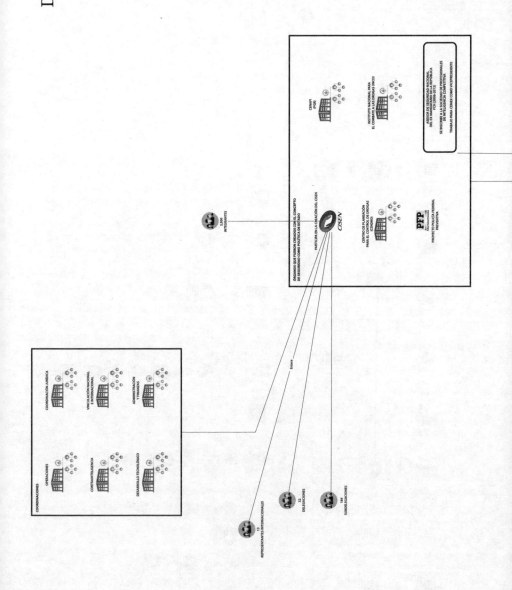

ACOTACIONES

GRUPO CARRILLO OLEA TELLO PEÑON ALEGRE

GRUPO PROCESO ROBLEDO GARCÍA OPERADORES ANALISTAS SE POSICIONAN AL

GRUPO NUEVA ESFERA WILFRIDO ROBLEDO MADRID GENARO GARCÍA

GRUPO MORA MEDINA MORA ICZA GERARDO RÍOS GARCÍA JOAQUÍN

DIRECCIÓN

PARTICIPARON EN

INCLUGE

COORDINACIONES

COORDINACIÓN JURÍDICA

VINCULACIÓN NACIONAL E INTERNACIONAL

ADMINISTRACIÓN Y FINANZAS

OPERACIONES

CONTRAINTELIGENCIA

DESARROLLO TECNOLÓGICO

REPRESENTANTES INTERNACIONALES

Enlace

13 DELEGACIONES

184 SUBDELEGACIONES

3,500 INTEGRANTES

CISEN

ÓRGANO QUE FUERON CREADOS CON EL CONCEPTO DE SEGURIDAD COMO POLÍTICA DE ESTADO

PARTICIPA EN LA CREACIÓN DEL CISEN

CENAPI (PGR)

INSTITUTO NACIONAL PARA EL COMBATE A LAS DROGAS (INCD)

CENTRO DE PLANEACIÓN PARA EL CONTROL DE DROGAS (CENDRO)

PFP PROTECTO POLICÍA FEDERAL PREVENTIVA

ASESOR DE SEGURIDAD NACIONAL DEL SE MANDO MEDIO A LA REPÚBLICA FCH (2006-2012)

SE INSCRIBE A LA SOCIEDAD DE PROFESIONALES DE INTELIGENCIA COMPETITIVA

TRABAJO PARA CEMEX COMO VICEPRESIDENTE

Diagrama B

Diagrama C

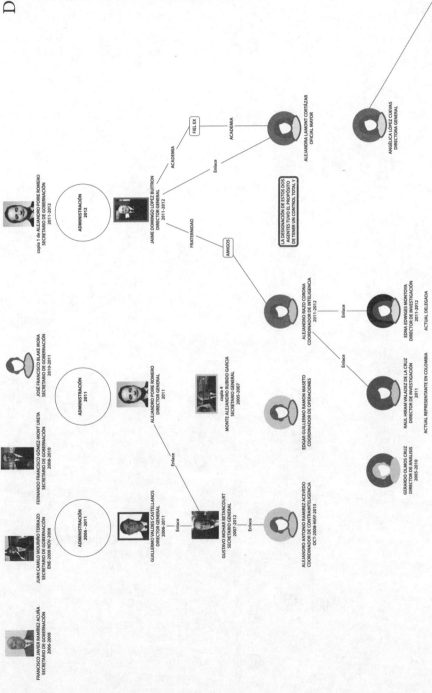

ACOTACIONES

GRUPO
CARRILLO
OLEA
TELLO PEÓN
ALEGRE

GRUPO
PROCESO
RUBIDO GARCÍA
OPERADORES
ANALISTAS SE
POSICIONAN AL

GRUPO NUEVA
ESFERA
WILFRIDO
ROBLEDO
MADRID
GERARDO GARCÍA

GRUPO MORA
MEDINA MORA
ICAZA
GERARDO RÍOS
GARCÍA
JOAQUÍN

DIRECCIÓN

PARTICIPARON EN

NEGUJE

FRANCISCO JAVIER RAMÍREZ ACUÑA
SECRETARIO DE GOBERNACIÓN
2006-2008

JUAN CAMILO MOURIÑO TERRAZO
SECRETARIO DE GOBERNACIÓN
ENE-2008 NOV-2008

FERNANDO FRANCISCO GÓMEZ-MONT URETA
SECRETARIO DE GOBERNACIÓN
2008-2010

JOSÉ FRANCISCO BLAKE MORA
SECRETARIO DE GOBERNACIÓN
2010-2011

copia 1 de ALEJANDRO POIRE ROMERO
SECRETARIO DE GOBERNACIÓN
2011-2012

ADMINISTRACIÓN
2006 - 2011

ADMINISTRACIÓN
2011

ADMINISTRACIÓN
2012

GUILLERMO VALDÉS CASTELLANOS
DIRECTOR GENERAL
2006-2011

ALEJANDRO POIRE ROMERO
DIRECTOR GENERAL
2011

JAIME DOMINGO LÓPEZ BUITRÓN
DIRECTOR GENERAL
2011-2012

FELIX

ACADEMIA

ACADEMIA

Enlace

ALEJANDRA LAMONT CORTÁZAR
OFICIAL MAYOR

ÁNGELICA LÓPEZ CUEVAS
DIRECTORA GENERAL

GUSTAVO MOHAR BETANCOURT
SECRETARIO GENERAL
2007-2012

copia 4
MONTE ALEJANDRO RUBIDO GARCÍA
SECRETARIO GENERAL
2005-2007

FRATERNIDAD

AMIGOS

Enlace

Enlace

LA DESIGNACIÓN DE ESTOS DOS
AGENTES TUVO EL PROPÓSITO
DE TENER UN CONTROL TOTAL Y

ALEJANDRO ANTONIO RAMÍREZ ACEVEDO
COORDINADOR DE CONTRAINTELIGENCIA
OCT-2008-MAY-2013

EDGAR GUILLERMO RAMON MASETO
COORDINADOR DE OPERACIONES

ALEJANDRO RAZO CORONA
COORDINADOR DE INTELIGENCIA
2011-2012

Enlace

Enlace

GERARDO OLMOS CRUZ
DIRECTOR DE ANÁLISIS
2005-2010

RAÚL HIRAM VALADEZ DE LA CRUZ
DIRECTOR DE INVESTIGACIÓN
2011

ACTUAL REPRESENTANTE EN COLOMBIA

EDNA EDWIGES MONTOYA
DIRECTOR DE INVESTIGACIÓN
2011-2012

ACTUAL DELEGADA

Diagrama D

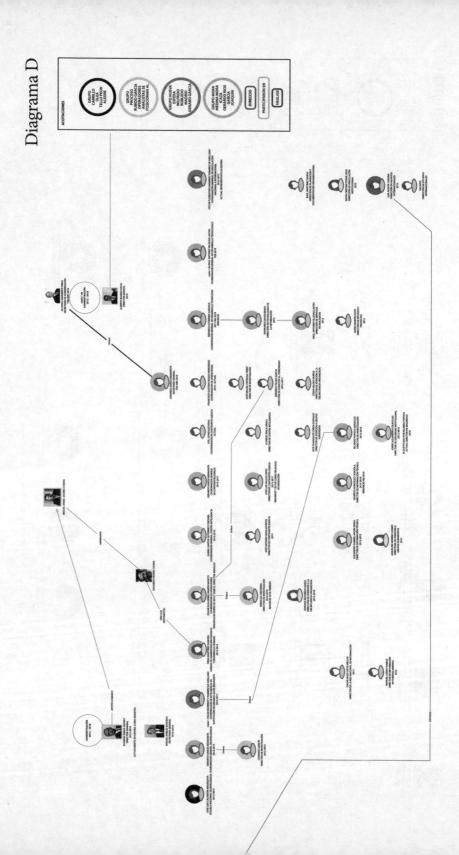

Diagrama E

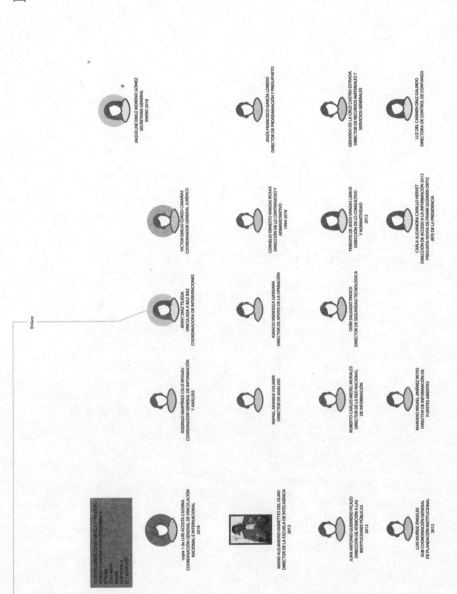

ACOTACIONES

GRUPO
CARRILLO
OLEA
TELLO PEÓN
ALEGRE

GRUPO
PROCESO
RUBIDO GARCÍA
OPERADORES
ANALISTAS SE
POSICIONAN AL

GRUPO NUEVA
ESFERA
WILFRIDO
ROBLEDO
MADRID
GENARO GARCÍA

GRUPO MORA
MEDINA MORA
ICAZA
GERARDO RÍOS
GARCÍA
JOAQUÍN

DIRECCIÓN

PARTICIPACIÓN EN

NEGLIGÉ

Enlace

JAQUELINE EMILE MORENO GÓMEZ
SECRETARIA GENERAL
ENERO 2018

VÍCTOR EMILIO CORZO CABAÑAS
COORDINADOR GENERAL JURÍDICO

JERÓNIMO DÍAZ TEJEDA
VINCULADA A BAZ BAZ
COORDINADORA DE INTERVENCIONES

RODRIGO MARTÍNEZ CELIS WOGAU
COORDINADOR GENERAL DE INFORMACIÓN
Y ANÁLISIS

copia 1 de LUIS ACOSTA CASSINA
COORDINACIÓN GENERAL DE VINCULACIÓN
NACIONAL E INTERNACIONAL
2018

JESÚS FRANCISCO GARCÍA LOREDO
DIRECTOR DE PROGRAMACIÓN Y PRESUPUESTO

CORNELIO ERNESTO VARGAS ROSAS
DIRECCIÓN DE LO CONTENCIOSO Y
ADMINISTRATIVO
1994-2018

IGNACIO MENDOZA GANDARA
DIRECTOR DE APOYO DE LA OPERACIÓN

RAFAEL ARANDA VOLMER
DIRECTOR DE ANÁLISIS

MARIO ALEJANDRO VIGNETTES DEL OLMO
DIRECTOR DE LA ESCUELA DE INTELIGENCIA
2012

GERARDO DE LA CRUZ CASTRO ESTRADA
DIRECTOR DE RECURSOS MATERIALES Y
SERVICIOS GENERALES

TERESITA DE JESÚS VARGAS LEMUS
DIRECCIÓN DE LO CONSULTIVO
Y NORMATIVIDAD
2012

ODÍN SALGADO TINOCO
DIRECTOR DE SEGURIDAD TECNOLÓGICA

ROBERTO CARLOS MEDEL MORALES
DIRECTOR DE LA RED NACIONAL
DE INFORMACIÓN

JUAN ANTONIO GUERRERO PICAZO
DIRECCIÓN DE ATENCIÓN A LAS
INSTITUCIONES PÚBLICAS
2012

LUZ DEL CARMEN DÍAZ GALINDO
DIRECTORA DE CONTROL DE CONFIANZA

CARLA ALEJANDRA CARRILLO HERVERT
DIRECCIÓN DE ACCESO A LA INFORMACIÓN 2013
PRESUNTA NOVIA DE FRANK GUZMÁN ORTIZ
JEFE DE LA PRESIDENCIA

MARIANO MISAEL JIMÉNEZ REYES
DIRECTOR DE INFORMACIÓN DE
FUENTES ABIERTAS

LUIS MUÑOZ ÁNGELES
SUB COORDINACIÓN GENERAL
DE PLANEACIÓN INSTITUCIONAL
2012

ES RED PLENIPARACIÓN 1 EN EL EXTRANJERO /
ESTADOS UNIDOS DE NORTEAMÉRICA
ESPAÑA
COLOMBIA
BRASIL
GUATEMALA
EL SALVADOR